Straßenverkehrsrecht
Nachtrag

Sammlung Guttentag

Full/Möhl/Rüth

Straßenverkehrsrecht

Kommentar

Nachtrag
bearbeitet von

Karl Rüth
Oberstaatsanwalt, München

1981

Walter de Gruyter · Berlin · New York

CIP-Kurztitelaufnahme der Deutschen Bibliothek

Full, Werner:
Strassenverkehrsrecht : Kommentar zu Strassenverkehrsordnung (StVO), Strassenverkehrsgesetz (StVG), Strassenverkehrszulassungsordnung (StVZO) u. d. verkehrsrechtl. Bestimmungen aus Strafgesetzbuch (StGB) u. Strafprozessordnung (StPO) sowie zum Haftpflichtgesetz / von Werner Full ; Wolfgang Möhl ; Karl Rüth. – Berlin ; New York : de Gruyter
(Sammlung Guttentag)
NE: Möhl, Wolfgang: ; Rüth, Karl: ; GT
Nachtr. Bearb. von Karl Rüth. – 1981.
ISBN 3-11-008512-7

Printed in Germany.
Satz und Druck: Saladruck, 1000 Berlin 36
Bindearbeiten: Lüderitz & Bauer, Buchgewerbe GmbH, 1000 Berlin

Vorwort

Die schnelle Fluktuation der verkehrsrechtlichen Vorschriften bedingt oftmals, daß ein umfangreicher Kommentar schon bei seinem Erscheinen nicht mehr den geltenden Rechtszustand wiedergeben kann. Bei dem im März 1980 erschienenen Kommentar zum Straßenverkehrsrecht von Full/Möhl/Rüth mußte schon die Verordnung vom 3.7.1979 (BGBl. I 1901) in den fertiggestellten Umbruch eingearbeitet werden. Sie betraf allerdings nur die §§ 23 und 60 der StVZO. Eine Einarbeitung der ÄnderungsVO vom 6.11.1979 (BGBl. I 1794) war nicht mehr möglich. Sie wurde deshalb insgesamt am Ende des Kommentars abgedruckt. Ein Hinweis bei den von der Änderung betroffenen Bestimmungen konnte noch angebracht werden. Unberücksichtigt mußte die VO vom 15.1.1980 (BGBl. I 37) bleiben, weil im Zeitpunkt ihrer Veröffentlichung das Werk sich bereits in der Buchbinderei befand. Außerdem wäre mit einem bloßen Abdruck der ÄnderungsVO der Praxis nicht gedient gewesen; denn durch die beiden ÄnderungsVOen vom 6.11.1979 und vom 15.1.1980 wurden insgesamt 5 Paragraphen neu eingefügt und 47 Paragraphen der StVZO geändert. Nicht zuletzt wurde § 69a StVZO an 20 Stellen und § 72 StVZO an 49 Stellen umgestaltet. Nach Erscheinen des Kommentars wurde durch Gesetz vom 6.4.1980 (BGBl. I 413) das StVG geändert. Es bildet vor allem die Grundlage für die umfangreichen Änderungen der StVO durch die VO vom 21.7.1980 (BGBl. I 1060), durch die 20 Paragraphen betroffen sind. Zugleich wurde die Gelegenheit wahrgenommen, die am 1.1.1980 in Kraft getretene, geänderte Verwaltungsvorschrift zur StVO, die auch zahlreiche Verkehrszeichen miteinbezog, an den entsprechenden Stellen in der jetzt gültigen Fassung vollständig wiederzugeben. Um die infolge der zahlreichen Änderungsvorschriften geschaffene Unübersichtlichkeit zu beheben, haben sich Verlag und Verfasser entschlossen, alle von den Änderungen berührten Bestimmungen im vollständigen Wortlaut ihrer gegenwärtig gültigen Fassung in einem Nachtrag zusammenzustellen, um dem Benutzer ein mühevolles Suchen zu ersparen. Eine ausführliche Kommentierung gestattete der sowieso schon sehr umfangreiche Nachtrag allerdings nicht. Man mußte sich auf kurze Anmerkungen beschränken, die vor allem auf die vorgenommenen Änderungen, auf deren Inkrafttreten, sowie die Übergangsbestimmungen und die Bußgeldvorschriften hinweisen. Nur vereinzelt waren darüber hinausgehende Bemerkungen veranlaßt. Soweit strittige Fragen auftauchten, wurden diese in der Vorbemerkung behandelt, auf die in den Anmerkungen verwiesen wird. Für eine Reihe von Einzelfällen gilt die im Kommentar abgedruckte Fassung, so insbesondere für die vor Inkrafttreten der Neufassung festgestellten Vorkommnisse.

Leider war es unvermeidlich, die während der Drucklegung des Nachtrages bekanntgemachten Änderungen am Schluß zusammenzufassen (vgl. IV., S. 173 ff.); auf sie ist aber durch genauen Verweis im Text Bezug genommen.

Ich hoffe, mit dem Nachtrag ein für die Praxis brauchbares Hilfswerk gefertigt zu haben.

München, im Februar 1981

Karl Rüth

Inhaltsübersicht

* Die Einzelheiten des Inhalts und der Änderungen ergeben sich aus den Übersichten, die den einzelnen Teilen jeweils vorangestellt sind.

I. Die durch die Verordnung vom 21.7.1980 (BGBl. I 1060) geänderten Bestimmungen der Straßenverkehrs-Ordnung (StVO) (nebst geänderter Verwaltungsvorschrift)

Übersicht

Vorbemerkung

Das Gesetz vom 6.4.1980 (BGBl. I 413), durch das vor allem die Ermächtigungsvorschriften des § 6 StVG erweitert wurden, bietet die Grundlage für die meisten der durch die VO vom 21.7.1980 (BGBl. I 1060) vorgenommenen Änderungen der StVO. Als wesentliche Neuerungen mögen hervorgehoben werden: 1. Die Pflicht für Kinder bis zum vollendeten 8. Lebensjahr mit Fahrrädern Gehwege zu benutzen, falls keine Radwege vorhanden sind (§ 2 Abs. 5); 2. die Einschränkung des zulässigen Parkens für schwere Fahrzeuge (§ 12 Abs. 3a); 3. Verbot des Abschleppens über eine längere Strecke auf der Autobahn (§ 15a); 4. Beleuchtungspflicht für schwere Fahrzeuge (§ 17 Abs. 4); 5. das Verbot nicht nur unnötigen Lärms, sondern auch vermeidbarer Abgasbelästigungen (§ 13 Abs. 1 S. 1); 6. Einführung eines gelb blinkenden, schräg nach unten gerichteten Pfeils (§ 37 Abs. Nr. 3); 7. die Pflicht für Kraftfahrer, Schrittgeschwindigkeit einzuhalten, wenn auf einem Fußweg Fahrzeugverkehr zugelassen (Zeichen 241); 8. die Möglichkeit, das Parken nach Zeichen 314, 315 auf bestimmte Fahrzeugarten oder zu Gunsten der Anwohner und Schwerbehinderten zu beschränken; 9. Einführung verkehrsberuhigter Bereiche (Zeichen 325, 326); 10. Erweiterung der zulässigen Maßnahmen der Straßenverkehrsbehörden (§ 45 Abs. 1, 1a, 1b, 1c, 4).

Die Änderung der Verwaltungsvorschrift vom 22.6.1979 (VkBl. 79, 390), die am 1.1.1980 in Kraft trat, war insbesondere notwendig geworden, um einige Vorschriften entsprechend den inzwischen gewonnenen Erfahrungen praktikabler und verkehrssicherer zu gestalten. Im wesentlichen handelt es sich um die Neufassung über die Genehmigung von: a) motorsportlichen Veranstaltungen, b) Großraum- und Schwerverkehr, sowie c) Neuregelung für Sonderfahrstreifen für Linienomnibusse nach Zeichen 245 (vgl. amtl. Begr. in VkBl. 79, 401).

Die allgemeine Bezeichnung Vwv-StVO wurde in VwV-StVO geändert. Außerdem wurde die allgemeine Verwaltungsvorschrift in die Abschnitte A bis C unterteilt (im Nachtrag blieb dies unberücksichtigt, weil es auf die Benutzung der VwV keinen Einfluß hat).

Auf eine umfassende Kommentierung der neuen Regelungen mußte verzichtet werden. Außerdem bieten sie nur selten einen Spielraum für Zweifelsfragen. Wo diese in Erscheinung treten, ist bei den einzelnen Bestimmungen hingewiesen.

Die Verwaltungsvorschrift zur Änderung der VwV-StVO vom 21.7.1980 (VkBl. 80, 520) wurde im Rahmen der „Ergänzungen" (S. 173ff.) berücksichtigt.

§ 2

Straßenbenutzung durch Fahrzeuge

(1) Fahrzeuge müssen die Fahrbahn benutzen, von zwei Fahrbahnen die rechte.

(2) Es ist möglichst weit rechts zu fahren, nicht nur bei Gegenverkehr, beim Überholtwerden, an Kuppen, in Kurven oder bei Unübersichtlichkeit.

(3) Fahrzeuge, die in Längsrichtung einer Schienenbahn verkehren, müssen diese, soweit möglich, durchfahren lassen.

(4) Radfahrer müssen einzeln hintereinander fahren; nebeneinander dürfen sie nur fahren, wenn dadurch der Verkehr nicht behindert wird. Sie haben rechte Radwege zu benutzen; linke Radwege dürfen sie nur benutzen, wenn diese für die Gegenrichtung freigegeben sind (Zeichen 237). Sie haben ferner rechte Seitenstreifen zu benutzen, wenn keine Radwege vorhanden sind und Fußgänger nicht behindert werden. Das gilt auch für Fahrräder mit Hilfsmotor, die

1. auf ebener Strecke nicht schneller als 25 km/h fahren können oder

2. durch Treten fortbewegt werden.

(5) Kinder bis zum vollendeten achten Lebensjahr müssen mit Fahrrädern Gehwege benutzen. Das gilt nicht, wenn Radwege vorhanden sind. Auf Fußgänger ist besondere Rücksicht zu nehmen.

1 Durch die VO v. 21.7.1980, BGBl. I 1060, wurde der frühere Satz 2 des Abs. 4 durch die Sätze 2 bis 4 ersetzt und Abs. 5 angefügt.

2 Bislang war es umstritten, unter welchen Voraussetzungen Radfahrer auch den linken Radweg benutzen dürfen (vgl. § 2 StVO Rdn 16 des Kommentars). Die Neufassung klärt die Rechtslage. Die Sätze 3 und 4 entsprechen der bisherigen Regelung.

3 Abs. 5 entspricht einer Empfehlung des Verkehrsgerichtstages 1979. Verantwortlich für die Einhaltung der Bestimmungen sind die Erziehungsberechtigten und Aufsichtspflichtigen.

Bußgeldvorschrift: § 49 Abs. 1 Nr. 2 StVO. Bei Verstößen gegen Abs. 5 können nur die Aufsichtspflichtigen bzw. Erziehungsberechtigten zur Verantwortung gezogen werden (§§ 12, 14 OWiG). 4

§ 3

Geschwindigkeit

(1) Der Fahrzeugführer darf nur so schnell fahren, daß er sein Fahrzeug ständig beherrscht. Er hat seine Geschwindigkeit insbesondere den Straßen-, Verkehrs-, Sicht- und Wetterverhältnissen sowie seinen persönlichen Fähigkeiten und den Eigenschaften von Fahrzeug und Ladung anzupassen. Er darf nur so schnell fahren, daß er innerhalb der übersehbaren Strecke halten kann. Auf Fahrbahnen, die so schmal sind, daß dort entgegenkommende Fahrzeuge gefährdet werden könnten, muß er jedoch so langsam fahren, daß er mindestens innerhalb der Hälfte der übersehbaren Strecke halten kann.

(2) Ohne triftigen Grund dürfen Kraftfahrzeuge nicht so langsam fahren, daß sie den Verkehrsfluß behindern.

(2 a) Die Fahrzeugführer müssen sich gegenüber Kindern, Hilfsbedürftigen und älteren Menschen, insbesondere durch Verminderung der Fahrgeschwindigkeit und durch Bremsbereitschaft, so verhalten, daß eine Gefährdung dieser Verkehrsteilnehmer ausgeschlossen ist.

(3) Die zulässige Höchstgeschwindigkeit beträgt auch unter günstigsten Umständen

1. innerhalb geschlossener Ortschaften für alle Fahrzeuge 50 km/h,

2. außerhalb geschlossener Ortschaften

a) für Kraftfahrzeuge mit einem zulässigen Gesamtgewicht über 2,8 t bis 7,5 t ausgenommen Personenkraftwagen, für Personenkraftwagen mit Anhängern und Lastkraftwagen bis zu einem zulässigen Gesamtgewicht von 2,8 t mit Anhänger und für Kraftomnibusse, auch mit Gepäckanhänger 80 km/h,

b) für Kraftfahrzeuge mit einem zulässigen Gesamtgewicht über 7,5 t, für alle Kraftfahrzeuge mit Anhänger, ausgenommen Personenkraftwagen sowie Lastkraftwagen bis zu einem zulässigen Gesamtgewicht von 2,8 t und für Kraftomnibusse mit Fahrgästen, für die keine Sitzplätze mehr zur Verfügung stehen 60 km/h,

c) für Personenkraftwagen sowie für andere Kraftfahrzeuge mit einem zulässigen Gesamtgewicht bis 2,8 t 100 km/h,

Diese Geschwindigkeitsbeschränkung gilt nicht auf Autobahnen (Zeichen 330) sowie auf anderen Straßen mit Fahrbahnen für eine Richtung, die durch Mittelstreifen oder sonstige bauliche Einrichtungen getrennt sind. Sie gilt ferner nicht auf Straßen, die mindestens zwei durch Fahrstreifenbegrenzung (Zeichen 295) oder durch Leitlinien (Zeichen 340) markierte Fahrstreifen für jede Richtung haben.

(4) Die zulässige Höchstgeschwindigkeit beträgt für Kraftfahrzeuge mit Schneeketten auch unter günstigsten Umständen 50 km/h.

1 Die Abs. 2a und 4 wurden durch die VO vom 21. 7. 1980 BGBl. I 1060 eingefügt. Ermächtigungsvorschrift: § 6 Abs. 1 Nr. 3 StVG.

2 *Der Abs. 2a* stellt klar, daß

„die Verminderung der Geschwindigkeit und die Bremsbereitschaft für sich allein nicht genügen; vielmehr wird durch die Formulierung „Gefährdung dieser Verkehrsteilnehmer ausgeschlossen" deutlich gemacht, daß von dem Fahrzeugführer das Äußerste an Sorgfalt verlangt wird, um eine Gefährdung der Kinder, Hilfsbedürftigen und älteren Menschen zu vermeiden" (amtl. Begr.).

3 Abs. 2a übernimmt die von der Rechtsprechung schon bisher entwickelten Grundsätze (vgl. § 1 StVO Rdn. 57 bis 68 des Kommentars), geht jedoch insoweit über die bisherige Rechtsprechung hinaus, als gegenüber Kindern, Hilfsbedürftigen und älteren Menschen jeder Vertrauensgrundsatz auf verkehrsgerechtes Verhalten entfällt. Eine klare Abgrenzung, bis zu welchem Alter der Begriff „Kind" reicht, ist nicht möglich. Zu den „Kindern" zählen aber nicht nur die Kleinkinder (bis etwa 6 Jahren, vgl. Rdn. 71, 72 a. a. O.), sondern auch Schulkinder zumindest bis 14 Jahren (vgl. Rdn. 70, 73 bis 77 a. a. O.). Gleichgültig ist, ob die in Abs. 2a besonders geschützten Personen als Fußgänger, Radfahrer, im Rollstuhl oder die Kinder mit Rollschuhen oder ähnlichen Fortbewegungsmitteln in Erscheinung treten. Abs. 2a gilt nicht gegenüber kraftfahrenden Verkehrsteilnehmern.

4 Zu *Abs. 4* führt die amtl. Begr. aus:

„Nach § 37 Abs. 2 StVZO müssen Einrichtungen, die das sichere Fahren auf schneebedeckter oder vereister Fahrbahn ermöglichen sollen (Schneeketten), so beschaffen und angebracht sein, daß sie die Fahrbahn nicht beschädigen können. Ein Nachweis dieser Eigenschaften, z. B. durch eine Bauartgenehmigung, wird nicht gefordert.

Einrichtungen, die die Greifwirkung bei Fahrten außerhalb befestigter Straßen erhöhen sollen, brauchen nach § 37 Abs. 1 StVZO beim Befahren befestigter Straßen nicht abgenommen werden, wenn sie so beschaffen und angebracht sind, daß sie die Fahrbahn nicht beschädigen können. Solche Einrichtungen sind bauartgenehmigungspflichtig. Eine Prüfungskommission beim Kraftfahrt-Bundesamt führt auf Antrag Prüfungen durch.

Wie eine Untersuchung der Bundesanstalt für Straßenwesen zeigt, sind auch bauartgenehmigte Schneeketten nur bedingt straßenschonend. Dabei darf die Tatsache nicht übersehen werden, daß eine Schneekette, die einerseits auf Schnee und Eis wirkungsvoll sein soll, andererseits auf schnee- und eisfreier Straße nur bedingt straßenschonend sein kann.

Infolge der Aufhebung der Zulassung von Spikes-Reifen werden bei winterlichen Straßenverhältnissen wieder verstärkt Schneeketten verwendet. Aus Gründen der Straßenschonung und der Verkehrssicherheit hat die Bundesanstalt für Straßenwesen und der Fachausschuß Kraftfahrzeugtechnik vorgeschlagen, die zulässige Höchstgeschwindigkeit beim Fahren mit Schneeketten auf 50 km/h festzulegen. Dieser Wert ist nicht neu; denn bereits in den Bauartgenehmigungen wird eine zulässige Höchstgeschwindigkeit, in der Regel 50 km/h, festgelegt."

5 Bußgeldvorschrift: § 49 Abs. 1 Nr. 3 StVO.

§ 5

Überholen

(1) Es ist links zu überholen.

(2) Überholen darf nur, wer übersehen kann, daß während des ganzen Überholvorganges jede Behinderung des Gegenverkehrs ausgeschlossen ist. Überholen darf ferner nur, wer mit wesentlich höherer Geschwindigkeit als der zu Überholende fährt.

(3) Das Überholen ist unzulässig:

1. bei unklarer Verkehrslage oder

2. wo es durch Verkehrszeichen (Zeichen 276, 277) verboten ist.

(4) Wer zum Überholen ausscheren will, muß auf den nachfolgenden Verkehr achten. Beim Überholen muß ein ausreichender Seitenabstand zu anderen Verkehrsteilnehmern, insbesondere zu Fußgängern und Radfahrern, eingehalten werden. Der Überholende muß sich sobald wie möglich wieder nach rechts einordnen. Er darf dabei den Überholten nicht behindern.

(4a) Das Ausscheren zum Überholen und das Wiedereinordnen sind rechtzeitig und deutlich anzukündigen; dabei sind die Fahrtrichtungsanzeiger zu benutzen.

(5) Außerhalb geschlossener Ortschaften darf das Überholen durch kurze Schall- oder Leuchtzeichen angekündigt werden. Wird mit Fernlicht geblinkt, so dürfen entgegenkommende Fahrzeugführer nicht geblendet werden.

(6) Wer überholt wird, darf seine Geschwindigkeit nicht erhöhen. Der Führer eines langsameren Fahrzeugs muß seine Geschwindigkeit an geeigneter Stelle ermäßigen, notfalls warten, wenn nur so mehreren unmittelbar folgenden Fahrzeugen das Überholen möglich ist. Hierzu können auch geeignete Mehrzweckstreifen in Anspruch genommen werden.

(7) Wer seine Absicht, nach links abzubiegen, ankündigt und sich eingeordnet hat, ist rechts zu überholen. Schienenfahrzeuge sind rechts zu überholen. Nur wer das nicht kann, weil die Schienen zu weit rechts liegen, darf links überholen. Auf Fahrbahnen für eine Richtung dürfen Schienenfahrzeuge auch links überholt werden.

Die VO vom 21.7.1980, BGBl. I 1060, hat lediglich in Abs. 6 den S. 3 angefügt.
Bußgeldvorschrift: § 49 Abs. 1 Nr. 5 StVO.

§ 8

Vorfahrt

(1) An Kreuzungen und Einmündungen hat die Vorfahrt, wer von rechts kommt. Das gilt nicht,

1. wenn die Vorfahrt durch Verkehrszeichen besonders geregelt ist (Zeichen 205, 206, 301, 306) oder

2. für Fahrzeuge, die aus einem Feld- oder Waldweg auf eine andere Straße kommen.

(2) Wer die Vorfahrt zu beachten hat, muß rechtzeitig durch sein Fahrverhalten, insbesondere durch mäßige Geschwindigkeit, erkennen lassen, daß er warten wird. Er darf nur weiterfahren, wenn er übersehen kann, daß er den, der die Vorfahrt hat, weder gefährdet noch wesentlich behindert. Kann er das nicht übersehen, weil die Straßenstelle unübersichtlich ist, so darf er sich vorsichtig in die Kreuzung oder Einmündung hineintasten, bis er die Übersicht hat. Auch wenn der, der die Vorfahrt hat, in die andere Straße abbiegt, darf ihn der Wartepflichtige nicht wesentlich behindern.

(3) Diese Vorschriften gelten für Fahrzeuge aller Art. Fußgänger, die Fahrzeuge mitführen, müssen stets warten.

VwV zu § 8:

Zu Absatz 1
Verkehrsregelung an Kreuzungen und Einmündungen

I. 1. Kreuzungen und Einmündungen sollten auch für den Ortsfremden erkennbar sein. Wünschenswert ist es, daß sie schon durch ihre bauliche Beschaffenheit auffallen. Wenn das nicht der Fall ist, sollten bei der Straßenbaubehörde bauliche Veränderungen angeregt werden. Ist eine ausreichende Erkennbarkeit nicht gewährleistet, sollten die zu der Kreuzung oder Einmündung gehörenden Verkehrszeichen (positive und negative Vorfahrtszeichen oder Gefahrzeichen 102 „Kreuzung") in der Regel auf beiden Seiten der Straße und ausnahmsweise auch über der Fahrbahn angebracht werden. Auch ergänzende Maßnahmen, wie Veränderung des Unterbrechungsverhältnisses der Leitlinien in der untergeordneten Straße, verzerrte Wiedergabe der aufgestellten Schilder auf der Fahrbahn (Nummer 3 vor Zeichen 350) in ausreichender Entfernung oder eine besondere Beleuchtung können sich empfehlen.

2. Bei schiefwinkligen Kreuzungen und Einmündungen ist zu prüfen, ob für den Wartepflichtigen die Tatsache, daß er an dieser Stelle andere durchfahren lassen muß, deutlich erkennbar ist, und ob die Sicht aus dem schräg an der Straße mit Vorfahrt wartenden Fahrzeug ausreicht. Ist das nicht der Fall, so ist mit den Maßnahmen zu I 1 und II zu helfen; des öfteren wird es sich empfehlen, bei der Straßenbaubehörde eine Änderung des Kreuzungswinkels anzuregen.

II. Die Verkehrsregelung an Kreuzungen und Einmündungen soll so sein, daß es für den Verkehrsteilnehmer möglichst einfach ist, sich richtig zu verhalten. Es dient der Sicherheit, wenn die Regelung dem natürlichen Verhalten des Verkehrsteilnehmers entspricht. Unter diesem Gesichtspunkt sollte, wenn möglich, die Entscheidung darüber getroffen werden, ob an Kreuzungen der Grundsatz „Rechts vor Links" gelten soll oder eine Regelung durch Verkehrszeichen vorzuziehen ist und welche Straße dann die Vorfahrt erhalten soll. Bei jeder Regelung durch Verkehrszeichen ist zu prüfen, ob die Erfaßbarkeit der Regelung durch Längsmarkierungen (Mittellinien und Randlinien, die durch rückstrahlende Bodennägel verdeutlicht werden können) im Verlauf der Straße mit Vorfahrt verbessert werden kann.

1. Im Verlauf einer durchgehenden Straße sollte die Regelung stetig sein. Ist eine solche Straße an einer Kreuzung oder Einmündung mit einer Lichtzeichenanlage versehen oder positiv beschildert, so sollte an der nächsten nicht „Rechts vor Links" gelten, wenn nicht der Abstand zwischen den Kreuzungen oder Einmündungen sehr groß ist oder der Charakter der Straße sich von einer Kreuzung oder Einmündung zur anderen grundlegend ändert.

2. Einmündungen von rechts sollte die Vorfahrt grundsätzlich genommen werden. Nur wenn beide Straßen überwiegend dem Anliegerverkehr dienen (z. B. Wohnstraßen) und auf beiden nur geringer Verkehr herrscht, bedarf es nach der Erfahrung einer Vorfahrtbeschilderung nicht.

3. An Kreuzungen sollte der Grundsatz „Rechts vor Links" nur gelten, wenn

a) die kreuzenden Straßen einen annähernd gleichen Querschnitt und annähernd gleiche, geringe Verkehrsbedeutung haben.

b) keine der Straßen, etwa durch Straßenbahngleise, Baumreihen, durchgehende Straßenbeleuchtung, ihrem ortsfremden Benutzer den Eindruck geben kann, er befinde sich auf der wichtigeren Straße,

c) die Sichtweite nach rechts aus allen Kreuzungszufahrten etwa gleich groß ist und

d) in keiner der Straßen in Fahrstreifen nebeneinander gefahren wird.

4. Müßte wegen des Grundsatzes der Stetigkeit (Nummer 1) die Regelung „Rechts vor Links" für einen ganzen Straßenzug aufgegeben werden, weil für eine einzige Kreuzung eine solche Regelung nach Nummer 3 nicht in Frage kommt, so ist zu prüfen, ob nicht die hindernde Eigenart dieser Kreuzung, z. B. durch Angleichung der Sichtweiten, durch Fällen von Bäumen im Kreuzungsbereich beseitigt werden kann.

5. Der Grundsatz „Rechts vor Links" sollte außerhalb geschlossener Ortschaften nur für Kreuzungen und Einmündungen im Verlauf von Straßen mit ganz geringer Verkehrsbedeutung gelten.

6. Scheidet die Regelung „Rechts vor Links" aus, so ist die Frage, welcher Straße die Vorfahrt zu geben ist, unter Berücksichtigung des Straßencharakters, der Verkehrsbelastung, der übergeordneten Verkehrslenkung und des optischen Eindrucks der Straßenbenutzer zu entscheiden. Keinesfalls darf die amtliche Klassifizierung der Straßen entscheidend sein.

a) Ist eine der beiden Straßen eine Vorfahrtstraße oder sind auf einer der beiden Straßen die benachbarten Kreuzungen positiv beschildert, so sollte in der Regel diese Straße die Vorfahrt erhalten. Davon sollte nur abgewichen werden, wenn die Verkehrsbelastung der anderen Straße wesentlich stärker ist oder wenn diese wegen ihrer baulichen Beschaffenheit dem, der sie befährt, den Eindruck vermitteln kann, er befände sich auf der wichtigeren Straße (z. B. Straßen mit Mittelstreifen oder mit breiter Fahrbahn oder mit Straßenbahngleisen).

b) Sind beide Straßen Vorfahrtstraßen oder sind auf beiden Straßen die benachbarten Kreuzungen positiv beschildert, so sollte der optische Eindruck, den die Fahrer von der von ihnen befahrenen Straße haben, für die Wahl der Vorfahrt wichtiger sein als die Verkehrsbelastung.

c) Wird entgegen diesen Grundsätzen entschieden oder sind aus anderen Gründen Mißverständnisse über die Vorfahrt zu befürchten, so muß die Wartepflicht entweder besonders deutlich gemacht werden (z. B. durch Markierung, mehrfach wiederholte Beschilderung), oder es sind Lichtzeichenanlagen anzubringen. Erforderlichenfalls sind bei der Straßenbaubehörde bauliche Maßnahmen anzuregen.

7. Bei Kreuzungen mit mehr als vier Zufahrten ist zu prüfen, ob nicht einzelne Kreuzungszufahrten verlegt oder gesperrt werden können. In anderen Fällen kann die Einrichtung von der Kreuzung wegführender Einbahnstraßen in Betracht kommen.

8. Bei der Vorfahrtregelung sind die Interessen der öffentlichen Verkehrsmittel besonders zu berücksichtigen; wenn es mit den unter Nummer 6 dargelegten Grundsätzen vereinbart ist, sollten diejenigen Kreuzungsfahrten Vorfahrt erhalten, in denen öffentliche Verkehrsmittel linienmäßig verkehren. Kann einer Straße, auf der eine Schienenbahn verkehrt, die Vorfahrt durch Verkehrszeichen nicht gegeben werden, so ist eine Regelung durch Lichtzeichen erforderlich; keinesfalls darf auf einer solchen Kreuzung die Regel „Rechts vor Links" gelten.

III. 1. Als Vorfahrtstraßen sollen nur Straßen gekennzeichnet sein, die über eine längere Strecke die Vorfahrt haben und an zahlreichen Kreuzungen bevorrechtigt sind. Dann sollte die Straße solange Vorfahrtstraße bleiben, wie sich das Erscheinungsbild der Straße und ihre Verkehrsbedeutung nicht ändern. Bei der Auswahl von Vorfahrtstraßen ist der Blick auf das gesamte Straßennetz wichtig.

a) Bundesstraßen, auch in ihren Ortsdurchfahrten, sind in aller Regel als Vorfahrtstraßen zu kennzeichnen.

b) Innerhalb geschlossener Ortschaften gilt das auch für sonstige Straßen mit durchgehendem Verkehr.

c) Außerhalb geschlossener Ortschaften sollten alle Straßen mit erheblicherem Verkehr Vorfahrtstraßen werden.

2. Im Interesse der Verkehrssicherheit sollten im Zuge von Vorfahrtstraßen außerhalb geschlossener Ortschaften Linksabbiegestreifen angelegt werden, auch wenn der abbiegende Verkehr nicht stark ist. Linksabbiegestreifen sind um so dringlicher, je schneller die Straße befahren wird.

3. Über die Beschilderung von Kreuzungen und Einmündungen vgl. VII zu Zeichen 205 und 206, von Vorfahrtstraßen vgl. II zu Zeichen 306 und 307, von Bundes- und Europastraßen vgl. zu Zeichen 401 und 410.

IV. Über die Verkehrsregelung durch Polizeibeamte und Lichtzeichen vgl. zu § 36 Abs. 2 und 4 sowie IV zu den Nummern 1 und 2 zu § 37 Abs. 2.

1 Durch die Bek. des BMV vom 22. 6. 1979, VKBl. 79, 390, wurde der letzte Satz in Nr. II 6 der VwV („Dies gilt in der Regel auch, wenn eine Einmündung über einen Gehweg mit abgesenktem Bordstein führt") gestrichen. Die Streichung steht im Zusammenhang mit der Änderung der VwV-StVO zu Zeichen 205 u. 206 (amtl. Begr. VKBl. 79, 401).

2 Bußgeldvorschrift: § 49 Abs. 1 Nr. 8 StVO.

§ 9

Abbiegen, Wenden und Rückwärtsfahren

(1) Wer abbiegen will, muß dies rechtzeitig und deutlich ankünigen; dabei sind die Fahrtrichtungsanzeiger zu benutzen. Wer nach rechts abbiegen will, hat sein Fahrzeug möglichst weit rechts, wer nach links abbiegen will, bis zur Mitte, auf Fahrbahnen für eine Richtung möglichst weit links einzuordnen, und zwar rechtzeitig. Wer nach links abbiegen will, darf sich auf längs verlegten Schienen nur einordnen, wenn er kein Schienenfahrzeug behindert. Vor dem Einordnen und nochmals vor dem Abbiegen ist auf den nachfolgenden Verkehr zu achten; vor dem Abbiegen ist es dann nicht nötig, wenn eine Gefährdung nachfolgenden Verkehrs ausgeschlossen ist.

(2) Radfahrer, die abbiegen wollen, müssen an der rechten Seite der in gleicher Richtung abbiegenden Kraftfahrzeuge bleiben.

(3) Wer abbiegen will, muß entgegenkommende Fahrzeuge durchfahren lassen, Schienenfahrzeuge, Fahrräder mit Hilfsmotor und Radfahrer auch dann, wenn sie auf oder neben der Fahrbahn in der gleichen Richtung fahren. Dies gilt auch gegenüber Linienomnibussen und sonstigen Fahrzeugen, die gekennzeichnete Sonderfahrstreifen benutzen. Auf Fußgänger muß er besondere Rücksicht nehmen; wenn nötig, muß er warten.

(4) Wer nach links abbiegen will, muß entgegenkommende Fahrzeuge, die ihrerseits nach rechts abbiegen wollen, durchfahren lassen.

(5) Beim Abbiegen in ein Grundstück, beim Wenden und beim Rückwärtsfahren muß sich der Fahrzeugführer darüber hinaus so verhalten, daß eine Gefährdung anderer Verkehrsteilnehmer ausgeschlossen ist; erforderlichenfalls hat er sich einweisen zu lassen.

1 Durch die VO vom 21. 7. 1980, BGBl. I 1060, wurde in Abs. 3 der Satz 2 eingefügt. Dies war erforderlich, um klarzustellen, daß die auf Sonderfahrstreifen fahrenden Fahrzeuge dem Gegenverkehr zuzurechnen sind. Vgl. amtl. Begr. in VKBl. 80, 515.

2 Bußgeldvorschrift: § 49 Abs. 1 Nr. 9 StVO

§ 10

Einfahren und Anfahren

Wer aus einem Grundstück oder aus einem verkehrsberuhigten Bereich (Zeichen 325/326) auf eine Straße oder von anderen Straßenteilen auf die Fahrbahn einfahren oder

vom Fahrbahnrand anfahren will, hat sich dabei so zu verhalten, daß eine Gefährdung anderer Verkehrsteilnehmer ausgeschlossen ist; erforderlichenfalls hat er sich einweisen zu lassen. Er hat seine Absicht rechtzeitig und deutlich anzukündigen; dabei sind die Fahrtrichtungsanzeiger zu benutzen.

Die VO vom 21. 7. 1980, BGBl. I 1060, fügte in Satz 1 „oder aus einem verkehrsberuhigten Bereich (Zeichen 325/326)" ein. **1**

Bußgeldvorschrift: § 49 Abs. 1 Nr. 10 StVO. **2**

§ 12

Halten und Parken

(1) Das Halten ist unzulässig

1. an engen und an unübersichtlichen Straßenstellen,

2. im Bereich von scharfen Kurven,

3. auf Beschleunigungsstreifen und auf Verzögerungsstreifen,

4. auf Fußgängerüberwegen sowie bis zu 5 m davor,

5. auf Bahnübergängen,

6. soweit es durch folgende Verkehrszeichen oder Lichtzeichen verboten ist:

a) Halteverbot (Zeichen 283),
b) eingeschränktes Halteverbot (Zeichen 286),
c) Fahrbahnbegrenzung (Zeichen 295 Buchstabe b), bb)
d) Richtungspfeile auf der Fahrbahn (Zeichen 297),
e) rotes Dauerlicht (§ 37 Abs. 3) und

7. bis zu 10 m vor Lichtzeichen und den Zeichen „Dem Schienenverkehr Vorrang gewähren" (Zeichen 201), „Vorfahrt gewähren!" (Zeichen 205) und „Halt! Vorfahrt gewähren!" (Zeichen 206), wenn sie dadurch verdeckt werden.

(1a) Taxen ist das Halten verboten, wenn sie einen Fahrstreifen benutzen, der ihnen und den Linienomnibussen vorbehalten ist, ausgenommen an Bushaltestellen zum sofortigen Ein- und Aussteigenlassen von Fahrgästen.

(2) Wer sein Fahrzeug verläßt oder länger als drei Minuten hält, der parkt.

(3) Das Parken ist unzulässig

1. vor und hinter Kreuzungen und Einmündungen bis zu je 5 m von den Schnittpunkten der Fahrbahnkanten,

2. wenn es die Benutzung gekennzeichneter Parkflächen verhindert,

3. vor Grundstücksein- und ausfahrten, auf schmalen Fahrbahnen auch ihnen gegenüber,

4. bis zu je 15 m vor und hinter Haltestellenschildern (Zeichen 224 und 226),

5. an Taxenständen (Zeichen 229),

6. vor und hinter Andreaskreuzen (Zeichen 201)

a) innerhalb geschlossener Ortschaften (Zeichen 310 und 311) bis zu je 5 m,
b) außerhalb geschlossener Ortschaften bis zu je 50 m,

7. über Schachtdeckeln und anderen Verschlüssen, wo durch Zeichen 315 oder eine Parkflächenmarkierung (§ 41 Abs. 3 Nr. 7) das Parken auf Gehwegen erlaubt ist und

8. soweit es durch folgende Verkehrszeichen verboten ist:

a) Vorfahrtstraße (Zeichen 306), außerhalb geschlossener Ortschaften,
b) Fahrstreifenbegrenzung (Zeichen 295 Buchstabe a)) oder einseitige Fahrstreifenbegrenzung (Zeichen 296 Buchstabe b)),
c) Parken auf Gehwegen (Zeichen 315), auch mit Zusatzschild,
d) Grenzmarkierung für Parkverbote (Zeichen 299) und
e) Parkplatz (Zeichen 314) mit Zusatzschild.

(3a) Mit Kraftfahrzeugen mit einem zulässigen Gesamtgewicht über 7,5 t sowie mit Kraftfahrzeuganhängern über 2 t zulässiges Gesamtgewicht ist innerhalb geschlossener Ortschaften

1. in reinen und allgemeinen Wohngebieten,

2. in Sondergebieten, die der Erholung dienen,

3. in Kurgebieten und

4. in Klinikgebieten

das regelmäßige Parken in der Zeit von 22.00 bis 06.00 Uhr sowie an Sonn- und Feiertagen unzulässig.

Das gilt nicht auf entsprechend gekennzeichneten Parkplätzen sowie für das Parken von Linienomnibussen an Endhaltestellen.

(4) Zum Parken ist der rechte Seitenstreifen, dazu gehören auch entlang der Fahrbahn angelegte Parkstreifen, zu benutzen, wenn er dazu ausreichend befestigt ist, sonst ist an den rechten Fahrbahnrand heranzufahren. Das gilt in der Regel auch für den, der nur halten will; jedenfalls muß auch er dazu auf der rechten Seite rechts bleiben. Soweit auf der rechten Seite Schienen liegen sowie in Einbahnstraßen (Zeichen 220) darf links gehalten und geparkt werden. Taxen dürfen, wenn die Verkehrslage es zuläßt, neben anderen Fahrzeugen, die auf dem Seitenstreifen oder am rechten Fahrbahnrand halten oder parken, halten, um Fahrgäste ein- und aussteigen zu lassen.

(4a) Ist das Parken auf dem Gehweg erlaubt, so ist hierzu nur der rechte Gehweg, in Einbahnstraßen der rechte oder linke Gehweg zu benutzen.

(4b) Ist Schwerbehinderten mit außergewöhnlicher Gehbehinderung und Blinden sowie Anwohnern das Parken mit besonderem Parkausweis erlaubt (Zusatzschilder zu den Zeichen 286, 314 und 315), so ist der Ausweis am Kraftfahrzeug gut sichtbar anzubringen.

(5) Es ist platzsparend zu parken; das gilt in der Regel auch für das Halten.

Geänderte VwV vgl. unten S. 173, Rdn. 1.

1 **I.** Die VO vom 21.7.80, BGBl. I 1060, fügte Abs. 3a und Abs. 4b ein und ergänzte Abs. 4. Abs. 3a tritt am 1.8.1981, die übrigen neuen Regelungen am 1.8.1980 in Kraft

(Art. 3 der VO vom 21.7.1980). Ermächtigungsgrundlage sind die neu geschaffenen Bestimmungen des § 6 StVG (Abs. 1 Nr. 3d, e, Nr. 13, 14, 15). Auf die amtl. Begr. zu § 6 StVG wird verwiesen.

II. „Die Regelung in § 12 Abs. 3a trägt dem § 6 Abs. 1 Nr. 3d, e Rechnung. Das Park- **2**
verbot wird beschränkt auf die reinen, allgemeinen und besonderen Wohngebiete, auf die Sondergebiete, die der Erholung dienen (z. B. Wochenendhausgebiete, Ferienhausgebiete, Campingplatzgebiete), auf Kurgebiete und Klinikgebiete. Diese Begriffe sind der Baunutzungsverordnung vom 15. September 1977 BGBl. I S. 1763) entnommen. Sie sind dort auch näher definiert. Bei Auswahl der Gebiete, in denen das Parkverbot gelten soll, ist der Bundesminister für Verkehr von folgenden Erwägungen ausgegangen: Im Interesse des Schutzes der Nachtruhe der Wohnbevölkerung vor Lärm- und Abgasbelästigungen durch ankommende und abfahrende Lkw ist das Nachtparkverbot dort unerläßlich, wo die Wohn- und Erholungsfunktion eines Gebietes eindeutig im Vordergrund steht. Da es sich auf der anderen Seite um einen nicht ganz unerheblichen Eingriff in den Gewerbebetrieb eines Unternehmers handelt, sollen die Gebiete vom Parkverbot ausgenommen sein, die nicht in erster Linie dem Wohnen oder der Erholung dienen, z. B. Kerngebiete, Gewerbegebiete, Industriegebiete, aber auch die sogenannten Mischgebiete." (amtl. Begr.)

Der Verordnungsgeber hat auf eine Konkretisierung des Begriffs „regelmäßig" in **3**
Abs. 3a bewußt verzichtet. Die amtl. Begr. führt dazu u.a. aus:

„Zur Verdeutlichung sei bemerkt, daß nicht gewollt ist, das Parken im Einzelfall zu verbieten. Das wäre zu weitgehend.

Nicht der Unternehmer soll getroffen werden, der selbst oder dessen Fahrer den Lkw ein- oder zweimal, d.h. in Ausnahmefällen, in den betroffenen Gebieten parkt. Das Parkverbot soll sich vielmehr auf den Unternehmer beziehen, der die Straße dadurch als Betriebshof mißbraucht, daß er Nacht für Nacht oder an den Wochenenden, und damit regelmäßig, seinen Lkw dort parkt oder parken läßt. Dabei würde ein gelegentliches Aussparen einiger Nächte oder einiger Wochenenden der Regelmäßigkeit nicht entgegenstehen.

Daß das Nachtparkverbot auf für schwere Kraftfahrzeuge entsprechend ausgewiesenen Parkplätzen nicht gelten soll, ist selbstverständlich. Die zuständigen Behörden haben es in der Hand, diese Parkplätze so auszuwählen, daß sich der Lkw-Betrieb darauf nicht störend auf die Nachbarschaft auswirkt."

III. Bußgeldvorschrift: § 49 Abs. 1 Nr. 12 StVO. **4**

§ 13

Einrichtungen zur Überwachung der Parkzeit

(1) An Parkuhren darf nur während des Laufens der Uhr, an Parkscheinautomaten nur mit einem Parkschein, der am oder im Fahrzeug von außen gut sichtbar angebracht sein muß, für die Dauer der zulässigen Parkzeit gehalten werden.

Die Parkzeitregelungen können auf bestimmte Stunden oder Tage beschränkt sein.

(2) Im Bereich eines Zonenhalteverbots (Zeichen 290 und 292) oder wo durch ein Zusatzschild zum Zeichen 314 oder 315 die Benutzung einer Parkscheibe (Bild 291) vorgeschrieben ist, ist das Parken (§ 12 Abs. 2) nur erlaubt

1. für die Zeit, die auf dem Zeichen 290 oder dem Zusatzschild zum Zeichen 314 oder 315 angegeben ist und

2. wenn das Fahrzeug eine von außen gut lesbare Parkscheibe hat und wenn der Zeiger der Scheibe auf den Strich der halben Stunde eingestellt ist, die dem Zeitpunkt des Anhaltens folgt.

Wo in der Halteverbotszone Parkuhren oder Parkscheinautomaten aufgestellt sind, gelten deren Anordnungen.

Im übrigen bleiben die Halt- und Parkverbote des § 12 unberührt.

(3) Einrichtungen zur Überwachung der Parkzeit brauchen nicht betätigt zu werden

1. beim Ein- und Aussteigen sowie

2. zum Be- und Entladen.

Geänderte VwV vgl. unten S. 173, Rdn. 2.

1 Die VO vom 21. 7. 1980, BGBl. I 1060, änderte die Überschrift, faßte Abs. 1 und Satz 2 des Abs. 2 neu und fügte Abs. 3 an. In Kraft seit 1. 8. 1980.

2 Bußgeldvorschrift: § 49 Abs. 1 Nr. 13 StVO.

§ 15a

Abschleppen von Fahrzeugen

(1) Beim Abschleppen eines auf der Autobahn liegengebliebenen Fahrzeugs ist die Autobahn (Zeichen 330) bei der nächsten Ausfahrt zu verlassen.

(2) Beim Abschleppen eines außerhalb der Autobahn liegengebliebenen Fahrzeugs darf nicht in die Autobahn eingefahren werden.

(3) Während des Abschleppens haben beide Fahrzeuge Warnblinklicht einzuschalten.

1 Die Bestimmung wurde eingefügt durch die VO vom 21. 7. 1980, BGBl. I 1060; in Kraft seit 1. 8. 1980.

2 Bußgeldvorschrift: § 49 Abs. 1 Nr. 15 a StVO.

§ 16

Warnzeichen

(1) Schall- und Leuchtzeichen darf nur geben

1. wer außerhalb geschlossener Ortschaften überholt (§ 5 Abs. 5) oder

2. wer sich und andere gefährdet sieht.

(2) Der Führer eines Schulbusses muß Warnblinklicht einschalten, solange Kinder ein- und aussteigen. Im übrigen darf außer beim Liegenbleiben (§ 15) und beim Abschleppen

von Fahrzeugen (§ 15a) Warnblinklicht nur einschalten, wer andere durch sein Fahrzeug gefährdet.

(3) Schallzeichen dürfen nicht aus einer Folge verschieden hoher Töne bestehen.

Die Fassung von Abs. 2 Satz 2 beruht auf der VO vom 21. 7. 1980, BGBl. I 1060; in Kraft seit 1. 8. 1980. **1**

Bußgeldvorschrift: § 49 Abs. 1 Nr. 16 StVO. **2**

§ 17

Beleuchtung

(1) Während der Dämmerung, bei Dunkelheit oder wenn die Sichtverhältnisse es sonst erfordern, sind die vorgeschriebenen Beleuchtungseinrichtungen zu benutzen. Die Beleuchtungseinrichtungen dürfen nicht verdeckt oder verschmutzt sein.

(2) Mit Begrenzungsleuchten (Standlicht) allein darf nicht gefahren werden. Auf Straßen mit durchgehender, ausreichender Beleuchtung darf auch nicht mit Fernlicht gefahren werden. Es ist rechtzeitig abzublenden, wenn ein Fahrzeug entgegenkommt oder mit geringem Abstand vorausfährt oder wenn es sonst die Sicherheit des Verkehrs auf oder neben der Straße erfordert. Wenn nötig, ist entsprechend langsamer zu fahren.

(3) Behindert Nebel, Schneefall oder Regen die Sicht erheblich, dann ist auch am Tage mit Abblendlicht zu fahren. Nur bei solcher Witterung dürfen Nebelscheinwerfer eingeschaltet sein. Bei zwei Nebelscheinwerfern genügt statt des Abblendlichts die zusätzliche Benutzung der Begrenzungsleuchten. An Krafträdern ohne Beiwagen braucht nur der Nebelscheinwerfer benutzt zu werden. Nebelschlußleuchten dürfen nur dann benutzt werden, wenn durch Nebel die Sichtweite weniger als 50 m beträgt.

(4) Haltende Fahrzeuge sind außerhalb geschlossener Ortschaften mit eigener Lichtquelle zu beleuchten. Innerhalb geschlossener Ortschaften genügt es, nur die der Fahrbahn zugewandte Fahrzeugseite durch Parkleuchten oder auf andere zugelassene Weise kenntlich zu machen; eigene Beleuchtung ist entbehrlich, wenn die Straßenbeleuchtung das Fahrzeug auf ausreichende Entfernung deutlich sichtbar macht. Auf der Fahrbahn haltende Fahrzeuge, ausgenommen Personenkraftwagen, mit einem zulässigen Gesamtgewicht von mehr als 2,8 t und Anhänger sind innerhalb geschlossener Ortschaften stets mit eigener Lichtquelle zu beleuchten oder durch andere zugelassene lichttechnische Einrichtungen kenntlich zu machen. Fahrzeuge, die ohne Schwierigkeiten von der Fahrbahn entfernt werden können, wie Krafträder, Fahrräder mit Hilfsmotor, Fahrräder, Krankenfahrstühle, einachsige Zugmaschinen, einachsige Anhänger, Handfahrzeuge oder unbespannte Fuhrwerke dürfen bei Dunkelheit dort nicht unbeleuchtet stehengelassen werden.

(5) Führen Fußgänger einachsige Zug- oder Arbeitsmaschinen an Holmen oder Handfahrzeuge mit, so ist mindestens eine nach vorn und hinten gut sichtbare, nicht blendende Leuchte mit weißem Licht auf der linken Seite anzubringen oder zu tragen.

(6) Suchscheinwerfer dürfen nur kurz und nicht zum Beleuchten der Fahrbahn benutzt werden.

Abs. 4 Satz 3 erhielt neue jetzt gültige Fassung durch die VO vom 21. 7. 1980. BGBl. I 1060; in Kraft seit 1. 8. 1980. **1**

Bußgeldvorschrift: § 49 Abs. 1 Nr. 17 StVO. **2**

§ 23

Sonstige Pflichten des Fahrzeugführers

(1) Der Fahrzeugführer ist dafür verantwortlich, daß seine Sicht und das Gehör nicht durch die Besetzung, die Ladung, Geräte oder den Zustand des Fahrzeugs beeinträchtigt werden. Er muß dafür sorgen, daß das Fahrzeug, der Zug, das Gespann sowie die Ladung und die Besetzung vorschriftsmäßig sind und daß die Verkehrssicherheit des Fahrzeugs durch die Ladung oder die Besetzung nicht leidet. Er muß auch dafür sorgen, daß die vorgeschriebenen Kennzeichen stets gut lesbar sind. Vorgeschriebene Beleuchtungseinrichtungen müssen an Kraftfahrzeugen und ihren Anhängern sowie an Fahrrädern auch am Tage vorhanden und betriebsbereit sein, sonst jedoch nur, falls zu erwarten ist, daß sich das Fahrzeug noch im Verkehr befinden wird, wenn Beleuchtung nötig ist (§ 17 Abs. 1).

(2) Der Fahrzeugführer muß das Fahrzeug, den Zug oder das Gespann auf dem kürzesten Weg aus dem Verkehr ziehen, falls unterwegs auftretende Mängel, welche die Verkehrssicherheit wesentlich beeinträchtigen, nicht alsbald beseitigt werden; dagegen dürfen Kleinkrafträder, Fahrräder mit Hilfsmotor und Fahrräder dann geschoben werden.

(3) Radfahrer und Führer von Krafträdern dürfen sich nicht an Fahrzeuge anhängen. Sie dürfen nicht freihändig fahren. Die Füße dürfen sie nur dann von den Pedalen oder den Fußrasten nehmen, wenn der Straßenzustand das erfordert.

1 Die Fassung von Abs. 1 Satz 1 beruht auf der VO vom 21. 7. 1980, BGBl. I 1060, in Kraft seit 1. 8. 1980.

2 Bußgeldvorschrift: § 49 Abs. 1 Nr. 22 StVO.

§ 26

Fußgängerüberwege

(1) An Fußgängerüberwegen haben Fahrzeuge mit Ausnahme von Schienenfahrzeugen den Fußgängern, welche die Fahrbahn auf dem Überweg erkennbar überschreiten wollen, das Überqueren zu ermöglichen. Deshalb dürfen sie nur mit mäßiger Geschwindigkeit heranfahren; wenn nötig, müssen sie warten.

(2) Stockt der Verkehr, so dürfen Fahrzeuge nicht auf den Überweg fahren, wenn sie auf ihm warten müßten.

(3) An Überwegen darf nur überholen oder an anderen Fahrzeugen vorbeifahren, wer übersehen kann, daß eine Gefährdung von Fußgängern ausgeschlossen ist. Wartet ein Fahrzeug vor dem Überweg, weil Fußgänger die Fahrbahn überschreiten, so dürfen andere Fahrzeuge es nicht überholen.

(4) Führt die Markierung über einen Radweg oder einen anderen Straßenteil, so gelten diese Vorschriften entsprechend.

VwV zu § 26

I. Allgemeines

Fußgängerüberwege kommen im allgemeinen nur an Kreuzungen und Einmündungen in Frage. An anderen Stellen sind sie nur in Ausnahmefällen zu erwägen.

Ob und wie Fußgängerüberwege über bevorrechtigte Zufahrten zu Kreuzungen oder Einmündungen und Fußgängerüberwege außerhalb von Kreuzungen und Einmündungen anzulegen sind, ist besonders sorgfältig zu prüfen.

II. Örtliche Voraussetzungen

1. Fußgängerüberwege dürfen nicht auf Straßen angelegt werden, auf denen schneller als 50 km/h gefahren werden darf.
2. Die Anlage von Fußgängerüberwegen kommt in der Regel nur in Frage, wenn auf beiden Straßenseiten Gehwege vorhanden sind.
3. Fußgängerüberwege dürfen nur an Stellen angebracht werden, an denen nicht nur sie rechtzeitig in ihrer ganzen Länge stets sichtbar sind, sondern auch Fußgänger, die auf dem Gehweg auf eine Möglichkeit zum Überschreiten der Fahrbahn warten.
4. Fußgängerüberwege dürfen nur angelegt werden, wenn der Fußgängerquerverkehr ohnehin auf einen bestimmten Punkt konzentriert ist oder wo dies durch die Markierung oder durch Absperrung erreicht werden kann.
5. Fußgängerüberwege müssen ausreichend weit voneinander entfernt sein; das gilt nicht, wenn ausnahmsweise zwei Überwege hintereinander an einer Kreuzung oder Einmündung liegen.
6. Im Zuge von Grünen Wellen, in der Nähe von Lichtzeichenanlagen oder über gekennzeichneten Sonderfahrstreifen nach Zeichen 245 dürfen Fußgängerüberwege nicht angelegt werden.
7. Für Fußgängerüberwege eignen sich vor allem Straßen mit insgesamt zwei oder drei Fahrstreifen für den Verkehr in beiden Richtungen.

III. Verkehrliche Voraussetzungen

1. Fußgängerüberwege sollten in der Regel nur angelegt werden, wenn es erforderlich ist, dem Fußgänger Vorrang zu geben, weil er sonst nicht sicher über die Straße kommt.
2. Bei schwachem Fahrzeugverkehr ist die Anlage von Fußgängerüberwegen in der Regel nicht erforderlich, weil für die Fußgänger Lücken zum Überschreiten der Straße zur Verfügung stehen.
3. Bei – unter Umständen auch nur in der Spitzenstunde – starkem Fahrzeugverkehr ist die Anlage von Fußgängerüberwegen nicht zweckmäßig, weil durch die Bevorrechtigung der Fußgänger Stockungen im Verkehrsfluß entstehen können.
4. Bei sehr schwachem Fußgängerverkehr ist die Anlage von Fußgängerüberwegen häufig deswegen nicht zweckmäßig, weil die wenigen Fußgänger ihren Vorrang den Fahrzeugen gegenüber nicht durchsetzen können.
5. Demnach kommt die Anlage von Fußgängerüberwegen vor allem an solchen Stellen in Frage, wo eine mäßig befahrene Straße von einem mittelstarken oder jedenfalls doch ständigen Fußgängerverkehr gekreuzt wird. Auch bei ausgesprochen schwachem Fahrzeugverkehr kann die Markierung eines Fußgängerüberweges aber zweckmäßig sein, wenn der Fußgängerverkehr besonders stark ist. Soweit in der Literatur Zahlenwerte über die maßgebende Stärke des Fußgänger- und des Fahrzeugverkehrs angegeben sind, handelt es sich um Richtwerte, die nicht für alle denkbaren Fälle gelten können. Örtliche Gesichtspunkte können Einfluß haben; so gelten z. B. für Geschäftsstraßen mit vielen Fußgängern andere Maßstäbe, als für Straßen, die in erster Linie dem Fahrzeugverkehr dienen.

IV. Lage von Fußgängerüberwegen

1. Fußgängerüberwege sollten in der Gehrichtung der Fußgänger liegen. Müssen die Fußgänger Umwege machen, um den Zebrastreifen zu erreichen, so empfehlen sich häufig Geländer.
2. Fußgängerüberwege sollten möglichst so angelegt werden, daß die Fußgänger die Fahrbahn auf dem kürzesten Wege überschreiten.
3. In Kreuzungszufahrten mit Wartepflicht empfiehlt es sich häufig den Fußgängerüberweg zurückzusetzen, um abbiegenden Fahrzeugen die Möglichkeit zu geben, ohne Störung des nachfolgenden Verkehrs vor dem Überweg zu warten. Geländer können in solchen Fällen geboten sein.
4. Bei Fußgängerüberwegen an Kreuzungen und Einmündungen ist zu prüfen, ob es nicht ausreicht, über die Straße mit Vorfahrt nur einen Fußgängerüberweg anzulegen. Bei Einbahnstraßen sollte

dieser vor der Kreuzung oder Einmündung liegen. An Kreuzungen und Einmündungen mit abknikkender Vorfahrt sollten Fußgängerüberwege über die Straße mit Vorfahrt nicht angelegt werden.

5. Vor Schulen, Werksausgängen und dergleichen sollten Fußgänger nicht unmittelbar auf den Fußgängerüberweg stoßen, sondern durch Geländer geführt werden.

6. Auf Straßen mit Straßenbahnlinien ohne besonderen Bahnkörper sollen Fußgängerüberwege nur an Zwangshaltestellen (Anlage 4 Signal A 5 der BOStrab) und nur so angelegt werden, daß die Straßenbahn in jedem Fall vor dem Überweg hält. Fußgängerüberwege über Straßen mit Schienenbahnen auf besonderem Bahnkörper sollen an den Übergängen über den Gleisraum mit versetzten Geländern abgeschrankt werden.

V. Markierung und Beschilderung

1. Die Markierung sollte mindestens drei Meter breit sein. Sie besteht aus Breitstrichen von 50 cm mit ebenso großen Abständen. Der erste Breitstrich sollte etwa 50 cm vom Fahrbahnrand entfernt sein. Über Straßenbahngleise sollen Zebrastreifen durchgeführt werden, über Radwege jedenfalls dann, wenn das nach den örtlichen Verhältnissen zum Schutz der Fußgänger erforderlich ist. Im Bereich von Fußgängerschutzinseln sollte die Markierung dagegen unterbrochen werden.

2. Die Fahrbahnmarkierung der Fußgängerüberwege muß sich immer in einem guten Zustand befinden. Die Markierung sollte möglichst griffig und verschleißfest sein und ihre weiße Farbe behalten.

3. Die Markierung sollte so beschaffen sein, daß sich die weißen Streifen auch bei nasser Fahrbahn von der übrigen Straßenfläche abheben. Wo nötig, sind zur Verdeutlichung weiße Bodenrückstrahler zu verwenden.

4. Auf Fußgängerüberwege, die nicht an Kreuzungen und Einmündungen liegen, und auf solche, die auf Kreuzungen und Einmündungen liegen, über die Kreuzungszufahrten mit Vorfahrt angelegt sind, ist stets durch Zeichen 350 hinzuweisen. Es steht immer an dem Fußgängerüberweg. In der Regel sollte es auf beiden Straßenseiten aufgestellt werden. Eine Wiederholung des Zeichens 350 über der Fahrbahn kann sich empfehlen, besonders wenn das Verkehrszeichen so in Verbindung mit einer Beleuchtungseinrichtung angebracht werden kann. Wenn die Zeichen 134 oder 350 auf der linken Straßenseite wiederholt werden, so sind sie dort spiegelbildlich auszuführen. Die Zeichen müssen voll rückstrahlen oder bei Dämmerung und Dunkelheit von innen oder außen beleuchtet sein. Sie können auch als Fahrbahnmarkierung wiederholt werden. Wegen der Verwendung von gelbem Blinklicht vgl. II zu § 38 Abs. 3.

5. Vor Überwegen, die nicht an Kreuzungen oder Einmündungen liegen, und vor solchen außerhalb geschlossener Ortschaften, ist stets durch das Zeichen 134 mit Entfernungsangabe auf einem Zusatzschild zu warnen.

6. Vor Überwegen außerhalb geschlossener Ortschaften ist die Geschwindigkeit auf eine ausreichende lange Strecke auf höchstens 50 km/h zu beschränken. Das Geschwindigkeitsbeschränkungsschild soll am gleichen Pfosten wie das Gefahrenzeichen 134 angebracht werden.

7. Es ist immer zu prüfen, ob nicht verkehrsbeschränkende Anordnungen vor dem Überweg zu treffen sind. In Frage kommen z. B. Überholverbote (Zeichen 276).

VI. Beleuchtung

1. Durch Beleuchtung muß dafür gesorgt werden, daß auf dem Fußgängerüberweg befindliche und am Gehwegrand wartende Fußgänger bei Dunkelheit auch bei ungünstigen Verhältnissen (z. B. bei nasser Straße) vom Kraftfahrer rechtzeitig wahrgenommen werden können. Das gilt nicht für Fußgängerüberwege an Kreuzungszufahrten mit Wartepflicht.

2. Werden durch die allgemeine Straßenbeleuchtung die Fahrbahn und der Gehwegrand so hell und gleichmäßig ausgeleuchtet, daß die Fußgänger vom Kraftfahrer rechtzeitig wahrgenommen werden können, so sind zusätzliche Beleuchtungseinrichtungen nicht erforderlich. Bevor Zusatzleuchten angebracht werden, ist zu prüfen, ob durch eine Verbesserung der Helligkeit und der Gleichmäßigkeit der vorhandenen Straßenbeleuchtung erreicht werden kann, daß die Fußgänger ausreichend sichtbar werden.

3. Reicht die vorhandene Straßenbeleuchtung nicht aus und kann sie auch nicht ausreichend verbessert werden, so kommt eine Anstrahlung in Betracht, die den Fußgänger, aus der Verkehrsrichtung gesehen, hell von dem dunklen Hintergrund abhebt. In solchen Fällen ist der Verwendung andersfarbigen Lichtes zu erwägen.

Die Fassung der VwV II 6 beruht auf der Bek. des BMV vom 22. 6. 1979, VKBl. 79, 390, in Kraft ab 1. 1. 1980. Nach der früheren Fassung sollten nur an den bezeichneten Stellen Fußgängerüberwege nicht angelegt werden, ab 1. 8. 1980 dürfen sie sich dort nicht befinden. Vorhandene müssen ab 1. 8. 1980 beseitigt sein. Außerdem war die Ergänzung hinsichtlich der Sonderfahrstreifen durch die Einführung des Zeichens 245 (Linienomnibusse) notwendig (amtl. Begr.: VKBl. 79, 401). **1**

Bußgeldvorschrift: § 49 Abs. 1 Nr. 24 b StVO. **2**

§ 29

Übermäßige Straßenbenutzung

(1) Rennen mit Kraftfahrzeugen sind verboten.

(2) Veranstaltungen, für die Straßen mehr als verkehrsüblich in Anspruch genommen werden, bedürfen der Erlaubnis. Das ist der Fall, wenn die Benutzung der Straße für den Verkehr wegen der Zahl oder des Verhaltens der Teilnehmer oder der Fahrweise der beteiligten Fahrzeuge eingeschränkt wird; Kraftfahrzeuge in geschlossenem Verband nehmen die Straße stets mehr als verkehrsüblich in Anspruch. Der Veranstalter hat dafür zu sorgen, daß die Verkehrsvorschriften sowie etwaige Bedingungen und Auflagen befolgt werden.

(3) Einer Erlaubnis bedarf der Verkehr mit Fahrzeugen und Zügen, deren Abmessungen, Achslasten oder Gesamtgewichte die gesetzlich allgemein zugelassenen Grenzen überschreiten. Das gilt für den Verkehr mit Fahrzeugen, deren Bauart dem Führer kein ausreichendes Sichtfeld läßt.

VwV zu § 29 in der Fassung der Bekanntmachung vom 22. 6. 1979, VKBl. 79, 390, amtl. Begr.: VKBl. 79, 401. In Kraft ab 1. 1. 1980.

Zu Absatz 1

I.

Rennen im Sinne des § 29 Abs. 1 sind Wettbewerbe oder Teile eines Wettbewerbes (z. B. Sonderprüfungen mit Renncharakter) sowie Veranstaltungen (z. B. Rekordversuche) zur Erzielung von Höchstgeschwindigkeiten mit Kraftfahrzeugen. Auf die Art des Starts (Gemeinsamer Start, Gruppenstart, Einzelstart) kommt es dabei nicht an.

II.

Das Verbot gilt auch für nichtorganisierte Rennen.

III.

Eine Ausnahmegenehmigung für eine Rennveranstaltung mit Kraftfahrzeugen darf in der Regel nur dann erteilt werden, wenn Straßen benutzt werden, die nur geringe Verkehrsbedeutung haben. Die von der Veranstaltung in Anspruch genommenen Straßen sind zu sperren. In jedem Fall ist zu prüfen, ob eine zumutbare Umleitung für den Verkehr vorhanden ist und ob das Interesse an der Veranstaltung so stark überwiegt, daß die Beeinträchtigung des allgemeinen Verkehrs hingenommen werden kann.

IV.

Die genehmigende oberste Landesbehörde kann es der zuständigen Straßenverkehrsbehörde oder höheren Verwaltungsbehörde überlassen, im Erlaubnisverfahren die erforderlichen Maßnahmen zu treffen, Bedingungen zu stellen und Auflagen zu machen.

Zu Absatz 2

I. Erlaubnispflichtige Veranstaltungen

1. Motorsportliche Veranstaltungen sind stets dann erlaubnispflichtig, wenn 30 Fahrzeuge und mehr am gleichen Platz starten oder ankommen. Unabhängig von der Zahl der teilnehmenden Fahrzeuge besteht eine Erlaubnispflicht nach Maßgabe folgender Grundsätze:

Faktor	Merkmal	erlaubnispflichtig ja	erlaubnispflichtig nein
1. Geschwindigkeit	a) vorgeschriebene Durchschnittsgeschwindigkeit	x	
	b) vorgeschriebene Mindestgeschwindigkeit	x	
2. Strecke	a) vorgeschriebene Streckenführung	x	
	b) Ermittlung des Siegers nach meistgefahrenen Kilometern	x	
	c) freie Streckenwahl ohne Kontrollstelle		x
	d) freie Streckenwahl mit Kontrollstellen (Dauer bis zu einer Woche)	x	
3. Zeit	a) vorgeschriebene Fahrzeit	x	
	b) ohne Bewertung der Fahrtzeit		x
4. Besonderheiten	a) Sonderprüfungen	x	
	b) geschlossener Verband	x	

Wenn in der Ausschreibung einer motorsportlichen Veranstaltung ein Faktor enthalten ist, der eine Erlaubnis erforderlich macht, so ist diese Veranstaltung erlaubnispflichtig, auch wenn die anderen Faktoren eine Erlaubnis nicht erfordern. Auch Rennen, die ausnahmsweise genehmigt werden, bedürfen der Erlaubnis.

Nicht erlaubt werden dürfen:

a) Ballon-Begleitfahrten,

b) Moto-Ball,

c) Fahrten mit Motorschlitten,

d) Stock-Car-Rennen,

e) Autovernichtungs- oder Karambolagerennen.

Dasselbe gilt für vergleichbare Veranstáltungen.

2. Veranstaltungen mit Fahrrädern

Erlaubnispflichtig sind

a) Radrennen,

b) Mannschaftsfahrten.

Dasselbe gilt für vergleichbare Veranstaltungen.

3. Sonstige Veranstaltungen

Erlaubnispflichtig sind

a) Volksmärsche und Volksläufe, wenn mehr als 500 Personen teilnehmen oder das überörtliche Straßennetz (ab Kreisstraße) beansprucht werden,

b) Radmärsche

c) Umzüge bei Volksfesten u. ä.

Dasselbe gilt für vergleichbare Veranstaltungen.

II. Allgemeine Grundsätze

01. Die nachfolgenden Vorschriften verpflichten den Veranstalter nicht unmittelbar; die Erlaubnisbehörde hat die erforderlichen Maßnahmen zu treffen, insbesondere entsprechende Auflagen zu machen oder Bedingungen zu stellen.

1. Veranstaltungen sollen in der Regel auf abgesperrtem Gelände durchgeführt werden. Ist das wegen der Eigenart der Veranstaltung nicht möglich, so sollen Straßen nur benutzt werden, wenn dadurch die Sicherheit oder Ordnung des allgemeinen Verkehrs nicht beeinträchtigt wird.

2. Die Erlaubnispflicht erstreckt sich auch auf Straßen mit tatsächlich öffentlichem Verkehr; für deren Benutzung ist zusätzlich die Zustimmung des Verfügungsberechtigten erforderlich.

3. Auf das Erholungs- und Ruhebedürfnis der Bevölkerung ist besonders Rücksicht zu nehmen. Veranstaltungen, gleich welcher Art, die geeignet sind, die Nachtruhe der Bevölkerung zu stören, dürfen für die Zeit von 22.00 bis 6.00 Uhr nicht erlaubt werden.

4. Eine Erlaubnis darf nur für solche Veranstaltungen erteilt werden, die von einem Veranstalter organisiert und verantwortlich durchgeführt werden.

5. Eine Erlaubnis darf nur solchen Veranstaltern erteilt werden, die die Gewähr dafür bieten, daß die Veranstaltung entsprechend der Ausschreibung und den Bedingungen und Auflagen der Erlaubnisbehörde abgewickelt wird. Diese Gewähr bietet ein Veranstalter in der Regel nicht, wenn er eine erlaubnispflichtige Veranstaltung ohne Erlaubnis durchgeführt oder die Nichtbeachtung von Bedingungen oder Auflagen einer erlaubten Veranstaltung zu vertreten hat. In diesen Fällen soll für eine angemessene Dauer keine Erlaubnis mehr erteilt werden.

6. Der Veranstalter muß sich durch eine gegenüber der Erlaubnisbehörde abzugebende schriftliche Erklärung verpflichten, den Bund, die Länder, die Landkreise, die Gemeinden und sonstige Körperschaften des öffentlichen Rechts von allen Ersatzansprüchen freizustellen, die aus Anlaß der Veranstaltung aufgrund gesetzlicher Haftpflichtbestimmungen von Teilnehmern oder Dritten erhoben werden könnten. Er muß sich ferner verpflichten, die Wiedergutmachung aller Schäden zu übernehmen, die – auch ohne eigenes Verschulden von Teilnehmern – durch die Veranstaltung oder aus Anlaß ihrer Durchführung an den zu benutzenden Straßen einschließlich der Verkehrszeichen und Verkehrseinrichtungen sowie an Grundstücken (Flurschäden) enstehen. Im übrigen bleiben die gesetzlichen Vorschriften über die Haftpflicht des Veranstalters unberührt.

7. Der Veranstalter muß eine Veranstaltungshaftpflichtversicherung, die auch die sich aus Nummer 6 ergebenden Wagnisse deckt, mit folgenden Mindestversicherungssummen abschließen:

a) Bei Veranstaltungen mit Kraftwagen und bei gemischten Veranstaltungen
1 000 000 DM für Personenschäden (für die einzelne Person mindestens 300 000 DM),
200 000 DM für Sachschäden,
40 000 DM für Vermögensschäden;

b) bei Veranstaltungen mit Motorrädern und Karts
500 000 DM für Personenschäden (für die einzelne Person, mindestens 300 000 DM),
100 000 DM für Sachschäden,
10 000 DM für Vermögensschäden;

c) Bei Radsportveranstaltungen
(als vereinigte Sport-, Unfall- und Haftpflichtversicherung zulässig)
500 000 DM für Personenschäden (für die einzelne Person mindestens 200 000 DM),
100 000 DM für Sachschäden,
10 000 DM für Vermögensschäden;

d) Bei sonstigen Veranstaltungen
50 000 DM bis 500 000 DM
je nach Größe der Veranstaltung (als Rahmendeckungssumme); Abweichungen sind zulässig.

8. Unabhängig von Nummer 7 muß bei motorsportlichen Veranstaltungen, die auf nichtabgesperrten Straßen stattfinden, für jedes teilnehmende Fahrzeug der Abschluß eines für die Teilnahme an der Veranstaltung geltenden Haftpflichtversicherungsvertrages mit folgenden Mindestversicherungssummen nachgewiesen werden:

a) Bei Veranstaltungen mit Kraftwagen
2 000 000 DM pauschal;

b) Bei Veranstaltungen mit Motorrädern und Karts
1 000 000 DM pauschal.

9. Bei Rennen und Sonderprüfungen mit Renncharakter haften Veranstalter, Fahrer und Halter nach Maßgabe der gesetzlichen Bestimmungen über Verschuldens- und Gefährdungshaftung für die Schäden, die durch die Veranstaltung an Personen und Sachen verursacht worden sind. Haftungsausschlußvereinbarungen sind zu untersagen, soweit sie nicht Haftpflichtansprüche der Fahrer, Beifahrer, Fahrzeughalter, Fahrzeugeigentümer sowie der Helfer dieser Personen betreffen.

Für ausreichenden Versicherungsschutz zur Deckung von Ansprüchen aus vorbezeichneten Schäden hat der Veranstalter zu sorgen. Mindestversicherungssummen sind:

a) Für jede Rennveranstaltung mit Kraftwagen
1 000 000 DM für Personenschäden pro Ereignis,
300 000 DM für die einzelne Person,
200 000 DM für Sachschäden,
40 000 DM für Vermögensschäden.

b) Für jede Rennveranstaltung mit Motorrädern und Karts
500 000 DM für Personenschäden pro Ereignis,
300 000 DM für die einzelne Person,
100 000 DM für Sachschäden,
20 000 DM für Vermögensschäden

Außerdem hat der Veranstalter für eine Unfallversicherung für den einzelnen Zuschauer in Höhe folgender Versicherungssummen zu sorgen:

30 000 DM für den Todesfall,
60 000 DM für den Invaliditätsfall
(Kapitalzahlung je Person).

Hierbei muß sichergestellt sein, daß die Beträge der Unfallversicherung im Schadensfall ohne Berücksichtigung der Haftungsfrage an die Geschädigten gezahlt werden. In den Unfallversicherungsbedingungen ist den Zuschauern ein unmittelbarer Anspruch auf die Versicherungssumme gegen die Versicherungsgesellschaften einzuräumen.

Der Veranstalter hat ferner dafür zu sorgen, daß an der Veranstaltung nur Personen als Fahrer, Beifahrer oder deren Helfer teilnehmen, für die einschließlich etwaiger freiwilliger Zuwendungen der Automobilklubs folgender Unfallversicherungsschutz besteht:

15 000 DM für den Todesfall,
30 000 DM für den Invaliditätsfall
(Kapitalzahlung je Person).

Nummer 7 und 8 bleiben unberührt.

10. Die Erlaubnisbehörde hat vom Veranstalter schriftliche Erklärungen zu verlangen, wonach er und die Teilnehmer auf Schadensersatzansprüche gegen den Straßenbaulastträger verzichten, die durch die Beschaffenheit der bei der Veranstaltung zu benützenden Straßen samt Zubehör verursacht sein können. Die Straßenbaulastträger und Erlaubnisbehörden übernehmen keine Gewähr dafür, daß die Straßen uneingeschränkt benutzt werden können.

11. Wenn notwendig sind im Streckenverlauf, insbesondere an Gefahrenstellen (z. B. vor Kreuzungen oder Einmündungen mit Vorfahrtregelung, vor Bahnübergängen) zuverlässige, durch Armbinden kenntlich gemachte Ordner aufzustellen. Polizeiliche Befugnisse stehen den Ordnern nicht zu. Die Ordner haben Weisungen der Polizei zu befolgen.

12. Anfang und Ende der Teilnehmerfelder sind durch besonders gekennzeichnete Fahrzeuge (Spitzen- und Schlußfahrzeuge) oder durch Personen anzuzeigen, soweit die Art der Veranstaltung das zuläßt.

13. Dem Veranstalter kann aufgegeben werden, in der Tagespresse und in sonst geeigneter Weise rechtzeitig auf die Veranstaltung hinzuweisen.

14. Die Teilnehmer an einer Veranstaltung genießen kein Vorrecht im Straßenverkehr; sie haben die Straßenverkehrsvorschriften, ausgenommen auf gesperrten Straßen, zu beachten.

III. Erlaubnisverfahren

1. Allgemeines

a) Der Antragsteller ist darauf hinzuweisen, daß die Bearbeitung der Anträge in der Regel zwei Monate erfordert.

b) Für das Verfahren werden vom Bundesminister für Verkehr nach Abstimmung mit den zuständigen obersten Landesbehörden Formblätter herausgegeben und im Verkehrsblatt veröffentlicht.

c) Wagenrennen, Motorradrennen und Sonderprüfungen mit Renncharakter betreffende Anträge sind nur zu bearbeiten, wenn zugleich Gutachten von Sachverständigen, vor allem über die Geeignetheit der Fahrtstrecken und über die gebotenen Sicherungsmaßnahmen vorgelegt werden.

Das Streckenabnahmeprotokoll der ONS/OMK ist in der Regel ein Gutachten in diesem Sinne.

d) Neben der Polizei sind stets auch die Straßenverkehrsbehörden, die Straßenbaubehörden, die Straßenbaulastträger, die Forstbehörden und die Naturschutzbehörden, soweit ihr Zuständigkeitsbereich berührt wird, zu hören. Die Beteiligung der Bahnunternehmen – für die Bundesbahn deren Bundesbahndirektionen – im Anhörverfahren ist erforderlich, wenn Bahnstrecken höhengleich (Bahnübergänge) oder nicht höhengleich (Überführungen) gekreuzt oder Bahnanlagen berührt werden. Eine von der Straßenbaubehörde etwa geforderte Sondernutzungsgebühr ist im Erlaubnisbescheid gesondert festzusetzen.

e) Forderungen der nach Buchstabe d gehörten Stellen werden grundsätzlich im Erlaubnisbescheid durch entsprechende Bedingungen und Auflagen berücksichtigt. Kann die Polizei, eine Straßenbaubehörde, ein Straßenbaulastträger oder ein Bahnunternehmen Erstattung von Aufwendungen für besondere Maßnahmen aus Anlaß der Veranstaltung verlangen, so hat sich der Antragsteller schriftlich zur Erstattung zu verpflichten.

f) Die Erlaubnis soll erst dann erteilt werden, wenn die beteiligten Behörden und Dienststellen gegen die Veranstaltung keine Bedenken geltend gemacht haben.

2. Rennen mit Kraftfahrzeugen

a) Rennen nach Nummer I zu Absatz 1 dürfen nur auf abgesperrten Straßen durchgeführt werden. Die Absperrung hat durch Absperrschranken längs und quer zur gesperrten Straßenstrecke oder durch ähnlich wirksame Maßnahmen zu geschehen.

b) Bevor die Erlaubnis erteilt wird, müssen

aa) die Ausnahmegenehmigung von der Vorschrift des § 29 Abs. 1,

bb) das Streckenabnahmeprotokoll der ONS/OMK oder das Gutachten eines von dem betreffenden Land im Einzelfall zugelassenen oder von einer zuständigen Behörde beauftragten Sachverständigen über die Eignung der Strecke für das Rennen und

cc) der Nachweis des Abschlusses der in den Nummern II 7, 8, 9 genannten Versicherungen

vorliegen.

c) Ein Streckenabnahmeprotokoll der ONS/OMK oder ein sonstiges Gutachten ist nicht erforderlich, wenn das Rennen auf der gleichen Strecke wiederholt wird. Dann genügt eine rechtsverbindliche Erklärung der ONS/OMK oder des Gutachters, daß sich die Strecke seit der letzten Abnahme weder in baulicher noch in rennmäßiger Hinsicht verändert hat.

d) Dem Rennen muß stets ein Training, das Teil des Wettbewerbs ist, vorausgehen; das gilt nicht für Sonderprüfungen mit Renncharakter.

Fahrer, die am Pflichttraining nicht teilgenommen haben, sind für das Rennen nicht zugelassen.

e) Beginn und Ende des Rennens sind auf geeignete Weise bekanntzugeben, damit die erforderlichen Sicherheitsmaßnahmen der zuständigen Stellen eingeleitet und wieder aufgehoben werden können.

f) Vor und während des Rennens hat der Veranstalter Verbindung mit der Polizeieinsatzleitung herzustellen und zu halten. Besondere Vorkommnisse während des Rennens sind der Einsatzleitung der Polizei sofort bekanntzugeben. Es ist ausschließlich Sache des Veranstalters, für die Sicherheit der Teilnehmer, Sportwarte und Zuschauer innerhalb des Sperrbereichs zu sorgen. Die Polizei hat lediglich die Aufgabe, verkehrsregelnde Maßnahmen außerhalb des Sperrbereichs – soweit erforderlich – zu treffen, es sei denn, daß ausnahmsweise (z. B. weil die Zuschauer den Anordnungen der Ordner nicht nachkommen) auf ausdrückliche Weisung ihres Leiters ein Einsatz innerhalb des Sperraums erforderlich ist.

g) Dem Veranstalter ist der Einsatz einer ausreichenden Zahl von Ordnern entlang der Absperrung aufzuerlegen. Umfang, Art und Beschaffenheit der Sicherungen ergeben sich aus den örtlichen Verhältnissen. Dabei sind die Auflagen im Streckenabnahmeprotokoll oder im Sachverständigengutachten zu beachten.

h) Der Veranstalter

aa) darf nur solche Fahrer am Rennen teilnehmen lassen, die eine gültige Fahrerlizenz der ONS/OMK oder bei Ausländern eine gültige Lizenz der zuständigen ausländischen Organisationen besitzen,

bb) hat die bei der Abnahme der Rennstrecke festgesetzten Sperrzonen abzugrenzen, zu beschildern und mit eigenen Kräften zu überwachen,

cc) hat einen Sanitätsdienst mit den erforderlichen Ärzten, Unfallstationen und Krankentransportwagen, einzurichten,

dd) hat für ausreichenden Feuerschutz zu sorgen und die notwendigen hygienischen Anlagen bereitzustellen,

ee) hat auf Verlangen der Erlaubnisbehörde eine Lautsprecheranlage um die Rennstrecke aufzubauen und während des Rennens in Betrieb zu halten; diese Anlage und andere vorhandene Verständigungseinrichtungen müssen der Polizei zur Verfügung gestellt werden, falls das im Interesse der öffentlichen Sicherheit oder Ordnung notwendig ist,

ff) hat dafür zu sorgen, daß die Rennstrecke während des Wettbewerbs nicht betreten wird. Ausgenommen davon sind Sportwarte mit besonderem Auftrag der Rennleitung und Personen, die von der Rennleitung zur Beseitigung von Ölspuren und sonstigen Hindernissen sowie für den Sanitäts- und Rettungsdienst eingesetzt werden; sie müssen eine auffällige Warnkleidung tragen,

gg) hat die Untersuchung sämtlicher Rennfahrzeuge vor dem Rennen durch Sachverständige zu veranlassen. Hierbei sind vornehmlich die Teile genau zu untersuchen, die die Verkehrssicherheit der Fahrzeuge beeinflussen können,

hh) hat die Fahrzeuge der Rennleitung besonders deutlich zu kennzeichnen.

i) Das Rennen darf erst beginnen, wenn die Rennstrecke durch den Veranstalter freigegeben worden ist.

3. Sonstige motorsportliche Veranstaltungen

a) Es dürfen nur solche Fahrer zum Start zugelassen werden, die

aa) eine gültige Fahrerlaubnis besitzen und

bb) nachweisen können, daß ihr Fahrzeug ausreichend versichert ist.

b) Fahrzeuge, die nicht den Vorschriften der StVZO entsprechen, sind von der Teilnahme auszuschließen. Teilnehmer, die ihr Fahrzeug, insbesondere die Auspuffanlagen oder die Beleuchtungseinrichtungen nach dem Start verändern, sind unverzüglich aus der Wertung zu nehmen.

c) Jedem Teilnehmer ist eine Startnummer zuzuteilen, die deutlich sichtbar rechts oder links am Fahrzeug anzubringen ist. Von einer entsprechenden Auflage kann abgesehen werden, wenn die Art der Veranstaltung diese Kennzeichnung entbehrlich macht. Die Startnummernschilder dürfen erst bei der Fahrzeugabnahme angebracht und müssen nach Beendigung des Wettbewerbs oder beim vorzeitigen Ausscheiden sofort entfernt werden.

d) Alle an der Veranstaltung teilnehmenden Fahrzeuge sind vor dem Start von einem Sachverständigen zu überprüfen.

Hierbei sind vornehmlich die Teile genau zu untersuchen, die die Verkehrssicherheit der Fahrzeuge beeinflussen können.

e) Der Abstand der Fahrzeuge beim Start darf 1 Minute nicht unterschreiten.

f) Kontrollstellen dürfen nur abseits von bewohnten Grundstücken an geeigneten Stellen eingerichtet werden. Der allgemeine Verkehr darf durch die Kontrollstellen nicht beeinträchtigt werden.

g) Bei Wettbewerben, die ohne Fahrerwechsel über mehr als 450 km geführt werden oder die mehr als 8 Stunden Fahrzeit erfordern, muß eine Zwangspause von mindestens 30 Minuten eingelegt werden.

h) Die Fahrzeugbesatzung muß aus mindestens 2 Personen bestehen, wenn die Art der Veranstaltung (z. B. Suchfahrt) dies erfordert.

i) Im Rahmen einer Veranstaltung dürfen je 30 km Streckenlänge je eine, insgesamt jedoch nicht mehr als fünf Sonderprüfungen mit Renncharakter auf öffentlichen Straßen durchgeführt werden. Der Veranstalter kann nach Maßgabe landesrechtlicher Vorschriften zusätzlich abseits öffentlicher Straßen weitere Sonderprüfungen mit Renncharakter abhalten. Sonderprüfungsstrekken auf öffentlichen Straßen dürfen in der Regel während einer Veranstaltung nur einmal durchfahren werden.

k) Die Polizei wird nicht nur Verstöße der Teilnehmer gegen die Verkehrsvorschriften verfolgen, sondern sie auch dem Veranstalter anzeigen. Dem Veranstalter ist daher aufzugeben, die Teilnehmer zu verpflichten, die Bordbücher oder -karten auf Verlangen Polizeibeamten zur Eintragung festgestellter Verstöße gegen straßenverkehrsrechtliche Bestimmungen auszuhändigen. Der Veranstalter ist verpflichtet, bei Feststellung solcher Eintragungen den betreffenden Teilnehmer aus der Wertung zu nehmen. Er ist ferner verpflichtet, während der Fahrt verkehrs- oder betriebsunsicher gewordene Fahrzeuge aus dem Wettbewerb zu nehmen.

l) Die Fahrtzeiten sind unter Berücksichtigung der Straßenverhältnisse so zu bemessen, daß jeder Teilnehmer in der Lage ist, die Verkehrsvorschriften zu beachten.

4. Radsportveranstaltungen

a) Eine Radsportveranstaltung soll in der Regel nur auf Straßen erlaubt werden, die keine oder nur eine geringe Verkehrsbedeutung haben.

b) Die Zahl der zur Sicherung erforderlichen Begleitfahrzeuge ist im Erlaubnisbescheid festzulegen, die Höchstzahl der Begleitfahrzeuge kann beschränkt werden; die Begleitfahrzeuge müssen gekennzeichnet sein. Werbung an diesen Fahrzeugen ist gestattet.

c) In der Regel muß die Straße zumindest im ersten und letzten Teilabschnitt gesperrt werden. Der Gegenverkehr kann an Ausweichstellen vorübergehend angehalten werden.

5. Sonstige Veranstaltungen

a) Volksmärsche, Volksläufe und Radmärsche sollen nur auf abgelegenen Straßen (Gemeindestraßen, Feld- und Waldwegen) zugelassen werden.

b) Für ausreichenden Feuerschutz (Waldbrände), Sanitätsdienst und hygienische Anlagen ist zu sorgen.

c) Es empfiehlt sich, die Teilnehmer in Gruppen starten zu lassen.

d) Bei Umzügen wird der Verkehr, soweit erforderlich, von den Straßenverkehrsbehörden in Zusammenarbeit mit anderen Stellen, insbesondere mit der Polizei, geregelt.

IV. Öffentliche Versammlungen und Aufzüge

Öffentliche Versammlungen unter freiem Himmel und Aufzüge, für die die Bestimmungen der §§ 14 bis 16 des Versammlungsgesetzes gelten, bedürfen keiner Erlaubnis. Notwendige Maßnahmen verkehrlicher Art hat die Straßenverkehrsbehörde der für Versammlungen zuständigen Behörde vorzuschlagen, damit sie bei den Anordnungen nach den Bestimmungen des Versammlungsgesetzes berücksichtigt werden.

V. Veranstaltungen auf nichtöffentlichen Straßen

Für Veranstaltungen auf nicht gewidmeten Straßen ohne tatsächlich öffentlichen Verkehr gilt Landesrecht.

Zu Absatz 3 Großraum- und Schwerverkehr

I.

Fahrzeuge und Züge, deren Abmessungen, Achslasten oder Gesamtgewichte die nach den §§ 32 und 34 StVZO zulässigen Grenzen überschreiten oder bei denen das Sichtfeld (§ 35 b Abs. 2 StVZO) eingeschränkt ist, bedürfen einer Ausnahmegenehmigung nach § 70 StVZO.

II.

Die Abmessungen eines Fahrzeugs oder eines Zuges sind auch dann überschritten, wenn die Vorschriften über die Kurvenläufigkeit (§ 32 Abs. 2 StVZO) nicht eingehalten werden.

III.

Eine Erlaubnis ist nicht erforderlich, wenn

1. nicht das Fahrzeug oder der Zug, sondern nur die Ladung zu breit oder zu hoch ist oder die Vorschriften über die Abmessungen nur deshalb nicht eingehalten werden, weil die Ladung nach vorn oder nach hinten zu weit hinausragt; in diesem Fall ist nur eine Ausnahme von den in Betracht kommenden Vorschriften des § 22 und ggf. des § 18 Abs. 1 Satz 2 erforderlich, (vgl. I bis VI zu § 46 Abs. 1 Nr. 5),
2. eine konstruktiv vorgesehene Verlängerung oder Verbreiterung des Fahrzeugs, z. B. durch Ausziehen der Ladefläche oder Ausklappen oder Anstecken von Konsolen usw., nicht oder nur teilweise erfolgt und das Fahrzeug in diesem Zustand den Bestimmungen des § 32 Abs. 1 StVZO entspricht.
3. bei einem Fahrzeug, dessen Zulassung einer Ausnahmegenehmigung nach § 70 StVZO bedarf, im Einzelfall das tatsächliche Gesamtgewicht und die tatsächlichen Achslasten nicht die in § 34 Abs. 3 StVZO festgelegten Grenzen überschreiten.

IV. Voraussetzungen der Erlaubnis

1. Eine Erlaubnis darf nur erteilt werden, wenn
   a) der Verkehr nicht – wenigstens zum größten Teil der Strecke – auf der Schiene oder auf dem Wasser möglich ist oder wenn durch einen Verkehr auf dem Schienen- oder Wasserweg unzumutbare Mehrkosten (auch andere als die reinen Transportmehrkosten) entstehen würden und
   b) für den gesamten Fahrweg Straßen zur Verfügung stehen, deren baulicher Zustand durch den Verkehr nicht beeinträchtigt wird und für deren Schutz keine besonderen Maßnahmen erforderlich sind, oder wenn wenigstens die spätere Wiederherstellung der Straßen oder die Durchführung jener Maßnahmen vor allem aus verkehrlichen Gründen nicht zu zeitraubend oder zu umfangreich wäre.
2. eine Erlaubnis darf außerdem nur erteilt werden:
   a) Für die Überführung eines Fahrzeugs oder Zuges, dessen tatsächliche Abmessungen, Achslasten oder Gesamtgewichte die nach den §§ 32 und 34 StVZO zulässigen Grenzen überschreiten oder
      aa) Einer unteilbaren Ladung
      Unteilbar ist eine Ladung, wenn ihre Zerlegung aus technischen Gründen unmöglich ist oder unzumutbare Kosten verursachen würde.

bb) Einer aus zwei Teilen bestehenden Ladung, wenn die Teile aus Festigkeitsgründen nicht als Einzelstücke befördert werden können und diese unteilbar sind.

cc) Mehrerer einzelner Teile, die je für sich wegen ihrer Länge, Breite oder Höhe die Benutzung eines Fahrzeugs mit einer Ausnahmegenehmigung nach § 70 StVZO erfordern und unteilbar sind, jedoch unter Einhaltung der nach § 34 StVZO zulässigen Gesamtgewichte und Achslasten.

dd) Container und Wechselaufbauten bis zu einem Gesamtgewicht von 44 t bei Zügen und Sattelkraftfahrzeugen, jedoch unter Einhalt der nach § 34 StVZO zulässigen Achslasten und nur im kombinierten Verkehr Schiene/Straße vom Versender bis zum nächstgelegenen geeigneten Verladebahnhof oder vom Entladebahnhof bis zum Empfänger.

ee) Zubehör zu unteilbaren Ladungen; es darf 10 % des Gesamtgewichts der Ladung nicht überschreiten und muß in dem Begleitpapier mit genauer Bezeichnung aufgeführt sein.

3. Hat der Antragsteller vorsätzlich oder grobfahrlässig zuvor einen Verkehr ohne die erforderliche Erlaubnis durchgeführt oder gegen die Bedingungen und Auflagen einer Erlaubnis verstoßen, so soll ihm für einen angemessenen Zeitraum keine Erlaubnis mehr erteilt werden.

V. Das Verfahren

1. Der Antragsteller ist darauf hinzuweisen, daß die Bearbeitung der Anträge in der Regel zwei Wochen erfordert und bei statischer Nachrechnung von Brückenbauwerken längere Fristen erforderlich sind. Von diesem Hinweis kann nur dann abgesehen werden, wenn der Antragsteller nachweist, daß die Beförderung eilbedürftig ist, nicht vorhersehbar war und geeigneter Eisenbahn- oder Schifftransportraum nicht mehr rechtzeitig zur Verfügung gestellt werden kann; dabei ist ein strenger Maßstab anzulegen.

   Aus dem Antrag müssen mindestens folgende technische Daten des Fahrzeuges oder Zuges einschließlich der Ladung ersichtlich sein:

   Länge, Breite, Höhe, zulässiges und tatsächliches Gesamtgewicht, zulässige und tatsächliche Achslasten, Anzahl der Achsen, Achsabstände, Anzahl der Räder je Achse, Motorleistung, Art der Federung, Kurvenlaufverhalten, Abmessungen und Gewicht der Ladung, Höchstgeschwindigkeit des Transports, amtliches Kennzeichen von Zugfahrzeugen und Anhängern sowie die Bodenfreiheit.

2. Außer in den Fällen der Nummer 4 hat die zuständige Straßenverkehrsbehörde die nach § 8 Abs. 6 Bundesfernstraßengesetz oder den entsprechenden landesrechtlichen Bestimmungen zu beteiligenden Straßenbaubehörden sowie die Polizei und, wenn Bahnstrecken höhengleich (Bahnübergänge) oder nicht höhengleich (Überführungen) gekreuzt oder Bahnanlagen berührt werden, auch die Bahnunternehmen – für die Bundesbahn deren Bundesbahndirektionen – zu hören. Geht die Fahrt über den Bezirk einer Straßenverkehrsbehörde hinaus, so sind außerdem die Straßenverkehrsbehörden zu hören, durch deren Bezirk der Fahrweg führt; diese verfahren für ihren Bezirk nach Satz 1. Die zuständige Erlaubnisbehörde hat im Anhörverfahren ausdrücklich zu bestätigen, daß die Abwicklung des Transports auf dem Schienen- oder Wasserweg unmöglich oder unzumutbar ist.

   Ist die zeitweise Sperrung einer Autobahn-Richtungsfahrbahn erforderlich, bedarf es der Zustimmung der höheren Verwaltungsbehörde. Den beteiligten Behörden sind die in Nummer V 1 aufgeführten technischen Daten des Fahrzeugs oder Zuges mitzuteilen.

3. Geht die Fahrt über das Gebiet eines Landes hinaus, so ist unter Mitteilung der in Nummer V 1 aufgeführten technischen Daten des Fahrzeugs oder Zuges die Zustimmung derjenigen höheren Verwaltungsbehörde einzuholen, durch deren Bezirk die Fahrt in den anderen Ländern jeweils zuerst geht. Auch für diese Behörden gilt Nummer 2 Satz 1. Ihre Zustimmung dürfen sie nur mit der Begründung versagen, daß die Voraussetzungen nach Nummer IV 1 Buchstabe b in ihrem Bezirk nicht vorliegen. Die zuständigen obersten Landesbehörden können die für das Anhörverfahren bei der Erteilung von Dauererlaubnissen ohne festgelegten Fahrtweg zuständigen höheren Verwaltungsbehörden bestimmen. Führt die Fahrt nur auf kurze Strecken in ein anderes Land, so genügt es, statt mit der dortigen höheren Verwaltungsbehörde unmittelbar mit der örtlichen Straßenverkehrsbehörde und der örtlichen Straßenbaubehörde des Nachbarlandes Verbindung aufzunehmen.

4. Von dem in Nummer 2 und 3 angeführten Anhörverfahren ist abzusehen, wenn folgende tatsächliche Abmessungen, Achslasten und Gesamtgewichte im Einzelfall nicht überschritten werden und Zweifel an der Geeignetheit des Fahrweges, insbesondere an der Tragfähigkeit der Brücken und Tunnelanlagen, nicht bestehen:

a) Höhe über alles	4,0 m
b) Breite über alles	3,0 m
c) Länge über alles bei Einzelfahrzeugen (ausgenommen Sattelanhänger)	15,0 m
bei Sattelkraftfahrzeugen	19,0 m
bei Zügen	22,0 m
d) Achslasten	110 % der nach § 34 StVZO zulässigen Werte
e) Gesamtgewichte	110 % der nach § 34 StVZO zulässigen Werte

Das gilt auch, wenn das Sichtfeld eines Kraftfahrzeugs (§ 35b Abs. 2 StVZO) geringfügig eingeschränkt ist.

5. a) An den Nachweis der Voraussetzungen der Erlaubniserteilung nach Nummer IV sind strenge Anforderungen zu stellen. Über das Verlangen von Sachverständigengutachten vgl. § 46 Abs. 3 Satz 2. Die Erteilungsvoraussetzungen dürfen nur dann als amtsbekannt behandelt werden, wenn in den Akten dargelegt wird, worauf sich diese Kenntnis gründet.

b) Die Straßenverkehrsbehörde hat, wenn es sich um einen Verkehr über eine Wegstrecke von mehr als 250 km handelt, nach Nummer V 2 und 3 ein Anhörverfahren vorgeschrieben ist und eine Gesamtbreite von 4,20 m oder eine Gesamthöhe von 4,80 m (jeweils von Fahrzeug und Ladung) nicht überschritten wird, sich vom Antragsteller vorlegen zu lassen.

aa) eine Bescheinigung der für den Versandort zuständigen Güterabfertigung darüber, ob und ggf. innerhalb welcher Fristen und unter welchen Gesamtkosten die Schienenbeförderung bzw. die gebrochene Beförderung Schiene/Straße möglich ist,

bb) im gewerblichen Verkehr eine Bescheinigung des Frachtführers oder des Spediteurs über die tarifmäßigen Beförderungsentgelte und die Entgelte für zusätzliche Leistungen,

cc) im Werkverkehr den Nachweis über die gesamten Beförderungskosten; wird der Nachweis nicht erbracht, kann das tarifmäßige Beförderungsentgelt zuzüglich der Entgelte für zusätzliche Leistungen als Richtwert herangezogen werden.

c) Die Straßenverkehrsbehörde hat, wenn es sich um einen Verkehr über eine Wegstrecke von mehr als 250 km handelt und eine Gesamtbreite von 4,20 m oder eine Gesamthöhe von 4,80 m (jeweils von Fahrzeug und Ladung) oder ein Gesamtgewicht von 72 t überschritten wird, sich vom Antragsteller vorlegen zu lassen:

aa) eine Bescheinigung der nächsten Wasser- und Schiffahrtsdirektion darüber, ob und ggf. innerhalb welcher Fristen und unter welchen Gesamtkosten die Beförderung auf dem Wasser bzw. die gebrochene Beförderung Wasser/Straße möglich ist,

bb) im gewerblichen Verkehr eine Bescheinigung des Frachtführers oder des Spediteurs über die tarifmäßigen Beförderungsentgelte und die Entgelte für zusätzliche Leistungen,

cc) im Werkverkehr den Nachweis über die gesamten Beförderungskosten; wird der Nachweis nicht erbracht, kann das tarifmäßige Beförderungsentgelt zuzüglich der Entgelte für zusätzliche Leistungen als Richtwert herangezogen werden.

Die Vorlage der Bescheinigungen nach den Buchstaben aa, bb oder cc ist nicht erforderlich, wenn ein Transport auf dem Wasserweg offensichtlich nicht in Betracht kommt.

VI. Der Inhalt des Erlaubnisbescheides

1. Der Fahrweg ist in den Fällen festzulegen, in denen nach Nummer V 2 und 3 ein Anhörverfahren vorgeschrieben ist. Dabei müssen sämtliche Möglichkeiten des gesamten Straßennetzes bedacht werden. Eine Beeinträchtigung des Verkehrsflusses in den Hauptverkehrszeiten muß vermieden werden. Auch sollte der Fahrweg so festgelegt werden, daß eine Verkehrsregelung nicht erforderlich ist.

2. Erforderlichenfalls ist auch die Fahrzeit festzulegen. Jedenfalls in den Fällen, in denen nach Nummer V 2 und 3 ein Anhörverfahren vorgeschrieben ist, soll für Straßenabschnitte, die erfahrungsge-

mäß zu bestimmten Zeiten einen erheblichen Verkehr aufweisen, die Fahrzeit in der Regel wie folgt beschränkt werden:

a) Die Benutzung von Autobahnen ist in der Regel von Freitag 15.00 Uhr bis Montag 9.00 Uhr zu verbieten und, falls diese Straßen starken Berufsverkehr aufweisen, auch an den üblichen Wochentagen von 6.00 Uhr bis 8.30 Uhr und von 15.30 bis 19.00 Uhr. Vom 15. Juni bis 15. September sowie von Gründonnerstag bis Dienstag nach Ostern und von Freitag vor Pfingsten bis Dienstag danach sollte solchem Verkehr die Benutzung der Autobahnen möglichst nur von 22.00 Uhr bis 6.00 Uhr erlaubt werden. Gegebenenfalls kommt auch ein Verbot der Autobahnbenutzung an anderen Feiertagen (z. B. Weihnachten) sowie an den Tagen davor und danach in Betracht.

b) Auf Bundesstraßen samt ihren Ortsdurchfahrten und auf anderen Straßen mit erheblichem Verkehr außerhalb geschlossener Ortschaften darf solcher Verkehr in der Regel nur von Montag 9.00 Uhr bis Freitag 15.00 Uhr erlaubt werden. Die Benutzung von Straßen mit starkem Berufsverkehr ist in der Regel werktags von 6.00 Uhr bis 8.30 Uhr und von 15.30 Uhr bis 19.00 Uhr zu verbieten.

Zu Buchstabe a und b:

Ist die Sperrung einer Autobahn, einer ganzen Fahrbahn oder die teilweise Sperrung einer Straße mit erheblichem Verkehr notwendig, so ist das in der Regel nur in der Zeit von 22.00 Uhr bis 6.00 Uhr zu erlauben.

3. Von der Fahrzeitbeschränkung nach Nummer VI 2 kann abgesehen werden, wenn der Antragsteller nachweist, daß die Beförderung eilbedürftig ist und bei einer Beschränkung der Fahrzeit die termingerechte Durchführung des Transportauftrags nicht gewährleistet ist. Das gilt jedoch nicht, wenn die Eilbedürftigkeit durch Verschulden des Antragstellers entstanden ist.

   Ein Abweichen soll nicht zugelassen werden, wenn es erhebliche Einschränkungen des allgemeinen Verkehrs zu Verkehrsspitzenzeiten oder auf Strecken mit starkem Verkehrsaufkommen zur Folge haben wird. In diesen Fällen muß der Transport auf weniger bedeutende Straßen ausweichen.

4. Um einen reibungslosen Ablauf des Schwer- und Großraumverkehrs sicherzustellen, kann die zuständige Polizeidienststelle im Einzelfall von der im Erlaubnisbescheid festgesetzten zeitlichen Beschränkung abweichen, wenn es die Verkehrslage erfordert oder gestattet.

5. a) Soweit es die Sicherheit oder Ordnung des Verkehrs erfordert, sind Bedingungen zu stellen und Auflagen zu machen; insbesondere werden die von den Straßenverkehrsbehörden, den Straßenbaubehörden und Bahnunternehmen mitgeteilten Bedingungen, Auflagen und Sondernutzungsgebühren grundsätzlich in die Erlaubnis aufgenommen. Erforderlicherfalls ist für den ganzen Fahrweg oder für bestimmte Fahrstrecken die zulässige Höchstgeschwindigkeit zu beschränken.

   b) Es ist vorzuschreiben, daß die Fahrt bei erheblicher Sichtbehinderung durch Nebel, Schneefall oder Regen oder bei Glatteis zu unterbrechen und das Fahrzeug möglichst außerhalb der Fahrbahn abzustellen und zu sichern ist.

   c) Die Auflage, das Fahrzeug oder den Zug besonders kenntlich zu machen, ist häufig geboten, etwa durch Verwendung von Kennleuchten mit gelbem Blinklicht oder durch Anbringung weiß-rot-weißer Warnfahnen oder weiß-roter Warntafeln am Fahrzeug oder Zug selbst oder an einem begleitenden Fahrzeug. Auf die „Richtlinien für die Kenntlichmachung überbreiter und überlanger Straßenfahrzeuge sowie bestimmter hinausragender Ladungen" wird verwiesen.

   d) Außerdem ist die Auflage aufzunehmen, daß vor Fahrtantritt zu prüfen ist, ob die im Erlaubnisbescheid festgelegten Abmessungen, insbesondere die vorgeschriebene Höhe, eingehalten werden.

6. Der Antragsteller hat bei der Antragstellung folgende Haftungserklärung bzw. folgenden Haftungsverzicht abzugeben: „Soweit durch den Transport Schäden entstehen, verpflichte ich mich, für Schäden an Staßen und deren Einrichtungen sowie an Eisenbahnanlagen, Eisenbahnfahrzeugen, sonstigen Eisenbahngegenständen und Grundstücken aufzukommen und Straßenbaulastträger, Polizei, Verkehrssicherungspflichtige und Eisenbahnunternehmer von Ersatzansprüchen Dritter, die aus diesen Schäden hergeleitet werden, freizustellen. Ich verzichte ferner darauf, Ansprüche daraus herzuleiten, daß die Straßenbeschaffenheit nicht den besonderen Anforderungen des Transportes entspricht."

7. Es kann geboten sein, einen Beifahrer, weiteres Begleitpersonal oder Begleitfahrzeuge vorzuschreiben. Polizeiliche Begleitung darf nur vorgeschrieben werden, wenn wegen besonderer Umstände verkehrsregelnde Maßnahmen unumgänglich sind (z. B. schwierige Straßen- oder Verkehrsverhältnisse, außergewöhnlich umfangreiches Beförderungsgut). In diesem Fall ist dem Erlaubnisinhaber aufzugeben, die Polizeidienststellen frühzeitig, in der Regel mindestens aber 48 Stunden vor Beginn des Transports, zu unterrichten. Eine polizeiliche Begleitung erfolgt grundsätzlich nicht

   a) auf Autobahnen und Straßen, die wie eine Autobahn ausgebaut sind, bis zu

einer Höhe über alles von	4,3 m,
einer Breite über alles von	4,0 m,
einer Länge über alles von	35,0 m,

   b) auf anderen Straßen bis zu

einer Höhe über alles von	4,0 m,
einer Breite über alles von	3,0 m,
einer Länge über alles von	25,0 m

   des Fahrzeugs oder Zuges.

   Ausnahmen sind von der Straßenverkehrsbehörde zu begründen.

8. Entfällt nach Nummer V 4 das Anhörverfahren, so ist dem Erlaubnisnehmer die Auflage zu erteilen, vor der Durchführung des Verkehrs in eigener Verantwortung zu prüfen, ob der beabsichtigte Fahrweg für den Verkehr geeignet ist.

VII. Dauererlaubnis

1. Einem Antragsteller kann, wenn die Voraussetzungen nach Nummer IV vorliegen und er nachweist, daß er häufig entsprechenden Verkehr durchführt, eine auf höchstens ein Jahr befristete Dauererlaubnis für Großraum- und Schwerverkehr erteilt werden.

2. Eine Dauererlaubnis darf nur erteilt werden, wenn

   a) polizeiliche Begleitung nicht erforderlich ist und

   b) der Antragsteller Großraum- und Schwertransporte schon längere Zeit mit sachkundigen, zuverlässigen Fahrern und verkehrssicheren Fahrzeugen ohne Beanstandung durchgeführt hat.

3. Die Dauererlaubnis ist auf Fahrten zwischen bestimmten Orten zu beschränken; statt eines bestimmten Fahrwegs können dem Antragsteller auch mehrere zur Verfügung gestellt werden. Eine Dauererlaubnis kann auch für alle Straßen im Zuständigkeitsbereich der Erlaubnisbehörde und der benachbarten Straßenverkehrsbehörden erteilt werden. Für Straßenverkehrsbehörden mit kleinen räumlichen Zuständigkeitsbereichen können die obersten Landesbehörden Sonderregelungen treffen.

4. In die Dauererlaubnis ist die Auflage aufzunehmen, daß der Antragsteller vor der Durchführung des Verkehrs in eigener Verantwortung zu überprüfen hat, ob der beabsichtigte Fahrweg für den Verkehr geeignet ist. Die Maße und Gewichte, die einzuhalten sind, und die Güter, die befördert werden dürfen, sind genau festzulegen.

5. Für die Zustellung und Abholung von Eisenbahnwagen zwischen einem Bahnhof und einer Versand- oder Empfangsstelle kann eine befristete Dauererlaubnis erteilt werden, wenn der Verkehr auf der Straße und deren Zustand dies zulassen.

6. Die höhere Verwaltungsbehörde, die nach § 70 Abs. 1 Nr. 1 StVZO eine Ausnahmegenehmigung von den Vorschriften der §§ 32 und 34 StVZO erteilt, kann zugleich eine allgemeine Dauererlaubnis für eine Überschreitung bis zu den in Nummer V 4 aufgeführten Abmessungen, Achslasten und Gesamtgewichten erteilen. Dies gilt auch, wenn das Sichtfeld (§ 35b Abs. 2 StVZO) geringfügig eingeschränkt ist. Die Dauererlaubnis ist auf die Geltungsdauer und den Geltungsbereich der Ausnahmegenehmigung nach § 70 Abs. 1 Nr. 1 StVZO zu beschränken.

7. Eine Dauerbelastung darf nur unter dem Vorbehalt des Widerrufs erteilt werden. Sie ist zu widerrufen, wenn der Verkehrsablauf unzumutbar beeinträchtigt wird oder sonstige erhebliche Belästigungen oder Gefährdungen der Verkehrsteilnehmer eingetreten sind. Die Dauererlaubnis kann widerrufen werden, wenn der Erlaubnisinhaber eine Auflage nicht erfüllt.

8. Im übrigen sind die Vorschriften in Nummer I bis VI sinngemäß anzuwenden.

VIII. Sonderbestimmungen für Autokrane

1. Die Vorschriften in Numer IV 1a sowie in Nummer V 5b und V 5c sind nicht anzuwenden.

2. Die Vorschriften in Nummer VI 2 sind nicht anzuwenden, wenn folgende Abmessungen, Achslasten und zulässige Gesamtgewichte nicht überschritten werden:

a) Höhe über alles	4,0 m
b) Breite über alles	3,0 m
c) Länge über alles	15,0 m
d) Einzelachslast	12,0 t
Doppelachslast	24,0 t
e) Zulässiges Gesamtgewicht	45,0 t

3. Im übrigen sind die Vorschriften in Nummer I bis VII sinngemäß anzuwenden.

IX. Sonderbestimmungen für den Berlin- und DDR-Verkehr:

Die Nummer IV 1a, V 1 Satz 2, V 5b, V 5c, VI 2 Satz 2 (einschließlich Buchstabe a und b) und Nummer VI 2 letzter Satz sind auf Fahrten von und nach Berlin sowie im Verkehr mit der DDR nicht anzuwenden.

§ 30

Umweltschutz und Sonntagsfahrverbot

(1) Bei der Benutzung von Fahrzeugen sind unnötiger Lärm und vermeidbare Abgasbelästigungen verboten. Es ist insbesondere verboten, Fahrzeugmotoren unnötig laufen zu lassen und Fahrzeugtüren übermäßig laut zu schließen. Unnützes Hin- und Herfahren ist innerhalb geschlossener Ortschaften verboten, wenn andere dadurch belästigt werden.

(2) Veranstaltungen mit Kraftfahrzeugen bedürfen der Erlaubnis, wenn sie die Nachtruhe stören können.

(3) An Sonntagen und Feiertagen dürfen in der Zeit von 0 bis 22 Uhr Lastkraftwagen mit einem zulässigen Gesamtgewicht über 7,5 t sowie Anhänger hinter Lastkraftwagen nicht verkehren. Das Verbot gilt nicht für Fahrten von und nach Berlin sowie im Verkehr mit der DDR.

(4) Feiertage im Sinne des Absatzes 3 sind:

**Neujahr,
Karfreitag,
Ostermontag,
Tag der Arbeit (1. Mai),
Christi Himmelfahrt,
Pfingstmontag,
Fronleichnam, jedoch nur in Baden-Württemberg, Hessen, Nordrhein-Westfalen, Rheinland-Pfalz, dem Saarland,
17. Juni,
Allerheiligen (1. November), jedoch nur in Baden-Württemberg, Nordrhein-Westfalen, Rheinland-Pfalz, dem Saarland,
Buß- und Bettag, jedoch nicht in Bayern,
1. und 2. Weihnachtstag.**

Geänderte VwV vgl. unten S. 173, Rdn. 3

Die Fassung der Überschrift wie auch des Abs. 1 Satz 1 beruht auf der VO vom 21.7.1980, BGBl. I 1060; in Kraft seit 1.8.1980. **1**

2 Die frühere Fassung des § 30 Abs. 1 Satz 1 schützte nur vor unnötigem Lärm (BGH NJW 76, 1699). Abgasbelästigungen waren nur nach der Generalklausel des § 1 Abs. 2 erfaßbar und bußgeldbewehrt. Die ausdrückliche Erwähnung vermeidbarer Abgasbelästigungen in § 30 Abs. 1 soll nach der amtl. Begr. dem Kraftfahrer mit Nachdruck nahebringen, daß er ein derartiges Verhalten auf jeden Fall zu unterlassen hat.

3 Das in Satz 2 verbotene unnötige Laufenlassen von Fahrzeugmotoren, das sich früher nur auf unnötiges Lärmen bezog, hat nunmehr auch eine Beziehung zur verbotenen Abgasbelästigung und ist insoweit nur noch eine Erläuterung zu Satz 1, hat somit durch den neu geschaffenen Satz 1 eine andere Bedeutung erlangt.

4 Bußgeldvorschrift: § 49 Abs. 1 Nr. 25.

§ 34

Unfall

(1) Nach einem Verkehrsunfall hat jeder Beteiligte

1. unverzüglich zu halten,

2. den Verkehr zu sichern und bei geringfügigem Schaden unverzüglich beiseite zu fahren,

3. sich über die Unfallfolgen zu vergewissern,

4. Verletzten zu helfen (§ 323c des Strafgesetzbuches),

5. anderen am Unfallort anwesenden Beteiligten und Geschädigten

a) anzugeben, daß er am Unfall beteiligt war und

b) auf Verlangen seinen Namen und Anschrift anzugeben sowie ihnen Führerschein und Fahrzeugschein vorzuweisen und nach bestem Wissen Angaben über seine Haftpflichtversicheurng zu machen,

6.

a) so lange am Unfallort zu bleiben, bis er zugunsten der anderen Beteiligten und der Geschädigten die Feststellung seiner Person, seines Fahrzeugs und der Art seiner Beteiligung durch seine Anwesenheit ermöglicht hat oder

b) eine nach den Umständen angemessene Zeit zu warten und am Unfallort Namen und Anschrift zu hinterlassen, wenn niemand bereit war, die Feststellung zu treffen.

7. unverzüglich die Feststellungen nachträglich zu ermöglichen, wenn er sich berechtigt, entschuldigt oder nach Ablauf der Wartefrist (Nummer 6 Buchstabe b) vom Unfallort entfernt hat. Dazu hat er mindestens den Berechtigten (Nummer 6 Buchstabe a) oder einer nahegelegenen Polizeidienststelle mitzuteilen, daß er am Unfall beteiligt gewesen ist, und seine Anschrift, seinen Aufenthalt sowie das Kennzeichen und den Standort seines Fahrzeugs anzugeben und dieses zu unverzüglichen Feststellungen für eine ihm zumutbare Zeit zur Verfügung zu halten.

(2) Beteiligt an einem Verkehrsunfall ist jeder, dessen Verhalten nach den Umständen zum Unfall beigetragen haben kann.

(3) Unfallspuren dürfen nicht beseitigt werden, bevor nicht die notwendigen Feststellungen getroffen worden sind.

Die VO vom 21.7.1989, BGBl. I 1060, paßte Abs. 1 Nr. 4 nur dem StGB an.

§ 37
Wechsellichtzeichen und Dauerlichtzeichen

(1) Lichtzeichen gehen Vorrangregeln, vorrangregelnden Verkehrsschildern und Fahrbahnmarkierungen vor.

(2) Wechsellichtzeichen haben die Farbfolge Grün – Gelb – Rot – Rot und Gelb (gleichzeitig) – Grün. Rot ist oben, Gelb in der Mitte und Grün unten.

1. an Kreuzungen bedeuten:
Grün „Der Verkehr ist freigegeben."
Er kann nach den Regeln des § 9 abbiegen, nach links jedoch nur, wenn er Schienenfahrzeuge dadurch nicht behindert.

Grüner Pfeil:

„Nur in Richtung des Pfeiles ist der Verkehr freigegeben."

Ein grüner Pfeil links hinter der Kreuzung zeigt an, daß der Gegenverkehr durch Rotlicht angehalten ist und daß Linksabbieger die Kreuzung in Richtung des grünen Pfeils ungehindert befahren und räumen können.

Gelb ordnet an:

„Vor der Kreuzung auf das nächste Zeichen warten."

Keines dieser Zeichen entbindet von der Sorgfaltspflicht.
Rot ordnet an: „Halt vor der Kreuzung."
Roter Pfeil oder schwarzer Pfeil auf Rot ordnet das Halten, gelber Pfeil oder schwarzer Pfeil auf Gelb das Warten nur für die angegebene Richtung an.

2. An anderen Straßenstellen, wie an Einmündungen und an Markierungen für den Fußgängerverkehr, haben die Lichtzeichen entsprechende Bedeutung.

3. Lichtzeichenanlagen können auf die Farbfolge Gelb – Rot beschränkt sein.

4. Für jeden von mehreren markierten Farbstreifen (Zeichen 295, 296 oder 340) kann ein eigenes Lichtzeichen gegeben werden. Für Schienenbahnen können besondere Zeichen, auch in abweichenden Phasen, gegeben werden; das gilt auch für Linienomnibusse und Taxen, wenn sie einen vom übrigen Verkehr freigehaltenen Verkehrsraum benutzen.

5. Gelten die Lichtzeichen nur für Fußgänger oder nur für Radfahrer, so wird das durch das Sinnbild eines Fußgängers oder eines Fahrrades angezeigt. Für Fußgänger ist die Farbfolge Grün – Rot – Grün, für Radfahrer kann sie so sein. Wechselt Grün auf Rot, während Fußgänger die Fahrbahn überschreiten, so haben sie ihren Weg zügig fortzusetzen.

(3) Dauerlichtzeichen über jedem Fahrstreifen lassen den Verkehr nur in der einen oder anderen Richtung zu.
Rote gekreuzte Schrägbalken ordnen an:
„Der Fahrstreifen darf nicht benutzt werden, davor darf nicht gehalten werden."
Ein grüner, nach unten gerichteter Pfeil bedeutet:
„Der Verkehr auf dem Fahrstreifen ist freigegeben."

Ein gelb blinkender, schräg nach unten gerichteter Pfeil ordnet an:

„Fahrstreifen in Pfeilrichtung wechseln"

(4) Wo Lichtzeichen den Verkehr regeln, darf nebeneinander gefahren werden, auch wenn die Verkehrsdichte das nicht rechtfertigt.

VwV zu § 37

Die Gleichungen der Farbgrenzlinien in der Farbtafel nach DIN 6163, Blatt 5, sind einzuhalten.

Zu Absatz 1

So bleiben z. B. die Zeichen 209 ff. „Vorgeschriebene Fahrtrichtung" neben Lichtzeichen gültig, ebenso die die Benutzung von Fahrstreifen „regelnden Längsmarkierungen" (Zeichen 295, 296, 297, 340).

Zu Absatz 2

I. Die Regelung des Verkehrs durch Lichtzeichen setzt eine genaue Prüfung der örtlichen Gegebenheiten baulicher und verkehrlicher Art voraus und trägt auch nur dann zu einer Verbesserung des Verkehrsablaufs bei, wenn die Regelung unter Berücksichtigung der Einflüsse und Auswirkungen im Gesamtstraßennetz sachgerecht geplant wird. Die danach erforderlichen Untersuchungen müssen von Sachverständigen durchgeführt werden.

II. Wechsellichtzeichen dürfen nicht blinken, auch nicht vor Farbwechsel.

III. Die Lichtzeichen sind rund, soweit sie nicht Pfeile oder Sinnbilder darstellen. Die Unterkante der Lichtzeichen soll in der Regel 2,10 m und, wenn die Lichtzeichen über der Fahrbahn angebracht sind, 4,50 m vom Boden entfernt sein.

IV. Die Haltlinie (Zeichen 294) sollte nur so weit vor der Lichtzeichenanlage angebracht werden, daß die Lichtzeichen aus einem vor ihr wartenden Personenkraftwagen noch ohne Schwierigkeit beobachtet werden können (vgl. aber III 3 zu § 25). Befindet sich z. B. die Unterkannte des grünen Lichtzeichens 2,10 m über dem Gehweg, so sollte der Abstand zur Haltlinie 3,50 m betragen, jedenfalls über 2,50 m. Sind die Lichtzeichen wesentlich höher angebracht oder muß die Haltlinie in geringerem Abstand markiert werden, so empfiehlt es sich, die Lichtzeichen verkleinert weiter unten am gleichen Pfosten zu wiederholen.

Zu den Nummern 1 und 2

I. An Kreuzungen und Einmündungen sind Lichtzeichenanlagen für den Fahrverkehr erforderlich,

1. wo es wegen fehlender Übersicht immer wieder zu Unfällen kommt und es nicht möglich ist, die Sichtverhältnisse zu verbessern oder den kreuzenden oder einmündenden Verkehr zu verbieten,

2. wo immer wieder die Vorfahrt verletzt wird, ohne daß dies mit schlechter Erkennbarkeit der Kreuzung oder mangelnder Verständlichkeit der Vorfahrtregelung zusammenhängt, was jeweils durch Unfalluntersuchungen zu klären ist,

3. wo auf einer der Straßen, sei es auch nur während der Spitzenstunden, der Verkehr so stark ist, daß sich in den wartepflichtigen Kreuzungszufahrten ein großer Rückstau bildet oder einzelne Wartepflichtige unzumutbar lange warten müssen.

II. Auf Straßenabschnitten, die mit mehr als 70 km/h befahren werden dürfen, sollen Lichtzeichenanlagen nicht eingerichtet werden; sonst ist die Geschwindigkeit durch Zeichen 274 in ausreichender Entfernung zu beschränken.

III. Bei Lichtzeichen, vor allem auf Straßen, die mit mehr als 50 km/h befahren werden dürfen, soll geprüft werden, ob es erforderlich ist, durch geeignete Maßnahmen (z. B. Blenden hinter den Lichtzeichen, übergroße oder wiederholte Lichtzeichen, entsprechende Gestaltung der Optik) dafür zu sorgen, daß sie auf ausreichende Entfernung erkennbar sind. Ferner ist die Wiederholung von Lichtzeichen links von der Fahrbahn, auf Inseln oder über der Straße zu erwägen, weil nur rechts stehende Lichtzeichen durch voranfahrende größere Fahrzeuge verdeckt werden können.

IV. Sind im Zuge einer Straße mehrere Lichtzeichenanlagen eingerichtet, so empfiehlt es sich in der Regel, sie aufeinander abzustimmen (z. B. auf eine Grüne Welle). Jedenfalls sollte dafür gesorgt werden, daß bei dicht benachbarten Kreuzungen der Verkehr, der eine Kreuzung noch bei „Grün" durchfahren konnte, auch an der nächsten Kreuzung „Grün" vorfindet.

V. Häufig kann es sich empfehlen, Lichtzeichenanlagen verkehrsabhängig so zu schalten, daß die Stärke des Verkehrs die Länge der jeweiligen Grünphase bestimmt. An Kreuzungen und Einmündungen, an denen der Querverkehr schwach ist, kann sogar erwogen werden, der Hauptrichtung ständig Grün zu geben, das von Fahrzeugen und Fußgängern aus der Querrichtung erforderlichenfalls unterbrochen werden kann.

VI. Lichtzeichenanlagen sollten in der Regel auch nachts in Betrieb gehalten werden; ist die Verkehrsbelastung nachts schwächer, so empfiehlt es sich, für diese Zeit ein besonderes Lichtzeichenprogramm zu wählen, das alle Verkehrsteilnehmer möglichst nur kurz warten läßt. Nächtliches Ausschalten ist nur dann zu verantworten, wenn eingehend geprüft ist, daß auch ohne Lichtzeichen ein sicherer Verkehr möglich ist. Solange die Lichtzeichenanlagen, die nicht nur ausnahmsweise in Betrieb sind, nachts abgeschaltet sind, soll in den wartepflichtigen Kreuzungszufahrten gelbes Blinklicht gegeben werden. Darüber hinaus kann es sich empfehlen, negative Vorfahrtszeichen (Zeichen 205 und 206) von innen zu beleuchten. Solange Lichtzeichen gegeben werden, dürfen diese Vorfahrtszeichen dagegen nicht beleuchtet sein.

VII. Bei der Errichtung von Lichtzeichenanlagen an bestehenden Kreuzungen und Einmündungen muß immer geprüft werden, ob neue Markierungen (z. B. Abbiegestreifen) anzubringen sind oder alte Markierungen (z. B. Fußgängerüberwege) verlegt oder aufgehoben werden müssen, ob Verkehrseinrichtungen (z. B. Geländer für Fußgänger) anzubringen oder ob bei der Straßenbaubehörde anzuregende bauliche Maßnahmen (Verbreiterung der Straßen zur Schaffung von Stauraum) erforderlich sind.

VIII. Die Schaltung von Lichtzeichenanlagen bedarf stets gründlicher Prüfung. Dabei ist auch besonders auf die sichere Führung der Abbieger zu achten.

IX. Besonders sorgfältig sind die Zeiten zu bestimmen, die zwischen dem Ende der Grünphase für die eine Verkehrsrichtung und dem Beginn der Grünphase für die andere (kreuzende) Verkehrsrichtung liegen. Die Zeiten für Gelb und Rot-Gelb sind unabhängig von dieser Zwischenzeit festzulegen. Rot–Gelb sollte immer zwei Sekunden, darf aber nicht länger als drei Sekunden dauern. Die Gelbzeit richtet sich nach der Fahrgeschwindigkeit; sie soll etwa drei Sekunden, bei Fahrgeschwindigkeit über 50 km/h nicht mehr als 5 Sekunden betragen.

X. Pfeile in Lichtzeichen

1. Solange ein grüner Pfeil gezeigt wird, darf kein anderer Verkehrsstrom Grün haben, der den durch den Pfeil kreuzt; auch darf Fußgängern, die in der Nähe den gelenkten Verkehrsstrom kreuzen, nicht durch Markierung eines Fußgängerüberwegs Vorrang gegeben werden. Schwarze Pfeil auf Grün dürfen nicht verwendet werden.

2. In Lichtzeichen, die für einen Verkehrsstrom bestimmt sind, der in der Kreuzung langsamer fahren muß (vor allem Abbieger), sollten rote und gelbe Pfeile gezeigt werden. Schwarze Pfeile auf Rot und Gelb sind dagegeben vorzuziehen, wenn die Lichtzeichen einen Verkehrsstrom über die Kreuzung geradeaus oder annähernd geradeaus führen.

3. Wen in einem von drei Leuchtfeldern ein Pfeil erscheint, müssen auch in den anderen Feldern Pfeile gezeigt werden, die in die gleiche Richtung weisen (vgl. X 6).

4. Darf aus einer Kreuzungszufahrt, die durch ein Lichtzeichen geregelt ist, nicht in allen Richtungen weitergefahren werden, so ist die Fahrtrichtung durch die Zeichen 209 bis 214 vorzuschreiben. Vgl. dazu VI zu den Zeichen 209 bis 214. Dort, wo Mißverständnisse sich auf andere Weise nicht beheben lassen, kann es sich empfehlen, zusätzlich durch Pfeile in den Lichtzeichen die vorgeschriebene Fahrtrichtung zum Ausdruck zu bringen; dabei sind schwarze Pfeile auf Rot und Gelb zu verwenden.

5. Pfeile in Lichtzeichen dürfen nicht in Richtungen weisen, die durch die Zeichen 209 bis 214 verboten sind.

6. Werden nicht alle Fahrstreifen einer Kreuzungsfahrt zur gleichen Zeit durch Lichtzeichen freigegeben, so kann auf Pfeile in den Lichtzeichen dann verzichtet werden, wenn die in die verschiedenen Richtungen weiterführenden Fahrstreifen baulich so getrennt sind, daß zweifelsfrei erkennbar ist, für welche Richtung die verschiedenen Lichtzeichen gelten. Sonst ist die Richtung, für die die Lichtzeichen gelten, durch Pfeile in den Lichtzeichen zum Ausdruck zu bringen. Hierbei sind Pfeile in allen Lichtzeichen nicht immer erforderlich. Hat z. B. eine Kreuzungsfahrt mit Abbiegestreifen ohne bauliche Trennung ein besonderes Lichtzeichen für den Abbiegeverkehr, so genügen in der Regel Pfeile in diesen Lichtzeichen. Für den anderen Verkehr sollten Lichtzeichen ohne Pfeile gezeigt werden. Werden kombinierte Pfeile in solchen Lichtzeichen verwendet, dann darf in keinem Fall gleichzeitig der zur Hauptrichtung parallel gehende Fußgängerverkehr freigegeben werden (vgl. X 1).

7. Wo für verschiedene Fahrstreifen besondere Lichtzeichen gegeben werden sollen, ist die Anbringung der Lichtzeichen besonders sorgfältig zu prüfen (z. B. Lichtzeichenbrücken, Peitschenmaste, Wiederholung am linken Fahrbahnrand). Wo der links abbiegende Verkehr vom übrigen Verkehr getrennt geregelt ist, sollte das Lichtzeichen für den Linksabbieger nach Möglichkeit zusätzlich über der Fahrbahn angebracht werden; eine Anbringung allein links ist in der Regel nur bei Fahrbahnen für eine Richtung möglich, wenn es für Linksabbieger lediglich einen Fahrstreifen gibt.

8. Wo der Gegenverkehr durch Rotlicht aufgehalten wird, um Linksabbiegern, die sich bereits auf der Kreuzung oder Einmündung befinden, die Räumung zu ermöglichen, kann das diesen durch einen nach links gerichteten grünen Pfeil, der links hinter der Kreuzung angebracht ist, angezeigt werden. Gelbes Licht darf zu diesem Zweck nicht verwendet werden.

9. Eine getrennte Regelung des abbiegenden Verkehrs setzt in der Regel voraus, daß für ihn auf der Fahrbahn ein besonderer Fahrstreifen mit Richtungspfeilen markiert ist (Zeichen 297).

Zu Nummer 2

Vgl. für verengte Fahrbahn II zu Zeichen 208; bei Festlegung der Phasen ist sicherzustellen, daß auch langsamer Fahrverkehr das Ende der Engstelle erreicht hat, bevor der Gegenverkehr freigegeben wird.

Zu Nummer 3

Die Farbfolge Gelb-Rot darf lediglich dort verwendet werden, wo Lichtzeichenanlagen nur in größeren zeitlichen Abständen in Betrieb gesetzt werden müssen, z. B. an Bahnübergängen, an Ausfahrten aus Feuerwehr- und Straßenbahnhallen und Kasernen. Diese Farbfolge empfiehlt sich häufig auch an Wendeschleifen von Straßenbahnen und Oberleitungsomnibussen. Auch an Haltebuchten von Oberleitungsomnibussen und anderen Linienomnibussen ist ihre Anbringungen zu erwägen, wenn auf der Straße starker Verkehr herrscht. Sie oder Lichtzeichenanlagen mit drei Farben sollten in der Regel da nicht fehlen, wo Straßenbahnen in eine andere Straße abbiegen.

Zu Nummer 4

I. Vgl. X 6 bis 8 zu den Nummern 1 und 2.

II. Besondere Zeichen sind die in der Anlage 4 der BO-Strab aufgeführten. Zur Markierung vorbehaltener Fahrstreifen vgl. zu Zeichen 245.

Zu Nummer 5

I. Im Lichtzeichen für Fußgänger muß das rote Sinnbild einen stehenden, das grüne einen schreitenden Fußgänger zeigen.

II. Lichtzeichen für Radfahrer sollten in der Regel das Sinnbild eines Fahrrades zeigen. Besondere Lichtzeichen für Radfahrer, die vor der kreuzenden Straße angebraht werden, sollten in der Regel auch

Gelb sowie Rot und Gelb (gleichzeitig) zeigen. Sind solche Lichtzeichen für einen abbiegenden Radfahrverkehr bestimt, kann entweder in den Lichtzeichen zusätzlich zu dem farbigen Sinnbild des Fahrrades ein farbiger Pfeil oder über den Lichtzeichen das leuchtende Sinnbild eines Fahrrades und in den Lichtzeichen ein farbiger Pfeil gezeigt werden.

In den Fällen, in denen Radfahrer- und Fußgängerfurten nebeneinanderliegen, bieten sich folgende Lösungen an:

1. Für Radfahrer wird kein besonderes Lichtzeichen gegeben. Durch ein Zusatzschild kann deutlich gemacht werden, daß die Radfahrer die Lichtzeichen für Fußgänger zu beachten haben.

2. In den roten und grünen Lichtzeichen der Lichtzeichenanlage für Fußgänger werden jeweils die Sinnbilder für Radfahrer und Fußgänger gezeigt.

3. Über der Lichtzeichenanlage für Fußgänger wird ein kombiniertes Zeichen 237 und 241 StVO angebracht.

4. Neben dem Lichtzeichen für Fußgänger wird ein zweifarbiges Lichtzeichen für Radfahrer angebracht.
Beide Lichtzeichenanlagen müssen jeweils die gleiche Farbe zeigen.

Zu Absatz 3

I. Dauerlichtzeichen dürfen nur über markierten Fahrstreifen (Zeichen 295, 296, 340) gezeigt werden. Über jedem Fahrstreifen einer Fahrbahn muß dann eines der beiden Lichtzeichen leuchten.

II. Die Unterkante der Lichtzeichen soll in der Regel 4,50 m vom Boden entfernt sein.

III. Die Lichtzeichen sind an jeder Kreuzung und Einmündung und erforderlichenfalls auch sonst in angemessenen Abständen zu wiederholen.

IV. Umkehrstreifen im besonderen:

Sie empfehlen sich auf Straßen, auf denen zu gewissen Tageszeiten der Verkehr in der einen Richtung den in der anderen Richtung stark überwiegt (z. B. morgens stadteinwärts, abends stadtauswärts). Umkehrstreifen sollen in der Regel an Kreuzungen oder Einmündungen beginnen und enden. Über den Fahrstreifen, deren Verkehr umgestellt werden soll, müssen zuvor ausreichend lange Zeit gekreuzte rote Balken für beide Richtungen gezeigt werden.

Die VO vom 21.7.1980, BGBl. I 1060, hat in § 37 Abs. 1 Nr. 1 die Bedeutung des „Grünen Pfeils" und des „Gelblichts" neu gefaßt und dem Abs. 3 den Satz 4 angefügt. Neu ist die letztgenannte Einfügung, sowie die Ersetzung des Diagonalgelblichts durch den grünen Pfeil. Muß beim Aufleuchten des gelben Pfeils der Fahrstreifen gewechselt werden, greift § 7 Abs. 5 StVO ein. In Kraft ab 1.8.1980.

Die VwV zu Abs. 2 zu Nr. 4 II erhielt seine Fassung durch die Bek. des BMV vom 22.6.1979, VKBl. 79, 390. Nr. 4 III wurde gestrichen.

Bußgeldvorschrift: § 49 Abs. 3 Nr. 2 StVO.

§ 39

Verkehrszeichen

(1) Verkehrszeichen sind Gefahrzeichen, Vorschriftszeichen und Richtzeichen.

Abweichend von den abgebildeten Verkehrszeichen können die weißen Flächen schwarz und die schwarzen Sinnbilder weiß dargestellt werden.

(2) Auch Zusatzschilder sind Verkehrszeichen. Sie sind rechteckig und zeigen auf weißem Grund mit schwarzem Rand schwarze Zeichnungen oder Aufschriften. Sie sind dicht unter den Verkehrsschildern angebracht.

(3) Werden Sinnbilder auf anderen Verkehrsschildern als den in §§ 40 bis 42 dargestellten gezeigt, so bedeuten die Sinnbilder in den Zeichen

251 „Kraftwagen“,
253 „Kraftfahrzeuge mit einem zulässigen Gesamtgewicht über 2,8 t und Zugmaschinen, ausgenommen Personenkraftwagen und Kraftomnibusse“
237 „Radfahrer“,
134 „Fußgänger“,
239 „Reiter“,
140 „Treiber und Führer von Großtieren“.

Folgende Sinnbilder bedeuten

Straßenbahn

„Personenkraftwagen“

Personenkraftwagen mit Anhänger

Kraftomnibus

Lastkraftwagen mit Anhänger

Kraftfahrzeuge und Züge, die nicht schneller als 25 km/h fahren können oder dürfen.

Krafträder, auch mit Beiwagen, Kleinkrafträder und Fahrräder mit Hilfsmotor.

„Fahrräder mit Hilfsmotor“

Gespannfuhrwerke

„Kennzeichnungspflichtige Kraftfahrzeuge mit explosionsgefährlichen oder leicht entzündlichen Stoffen".

Fußgänger mit Handfahrzeugen oder sperrigen Gegenständen

(4) Regelungen durch Verkehrszeichen gehen den allgemeinen Verkehrsregeln vor.

VwV zu § 39:

Zu den §§ 39 bis 43 (Allgemeines über Verkehrszeichen und Verkehrseinrichtungen)

I. Die behördlichen Maßnahmen zur Regelung und Lenkung des Verkehrs durch Verkehrszeichen und Verkehrseinrichtungen stellen eine sinnvolle und notwendige Ergänzung der allgemeinen Verkehrsvorschriften dar. Die damit gegebenen Möglichkeiten sind, wo immer das im Interesse der Sicherheit oder im Interesse der Leichtigkeit des Verkehrs und der bestmöglichen Nutzung des Straßenraumes als geboten erscheint, voll auszunutzen. Auch an Stellen, für die bereits Verkehrsplanungen und Bauprogramme bestehen, bedarf es oft alsbaldiger Maßnahmen die ihrerseits im Blick auf das gesamte Straßennetz planvoll getroffen werden müssen.

1. Beim Einsatz moderner Mittel zur Regelung und Lenkung des Verkehrs ist auf die Sicherheit besonders Bedacht zu nehmen. Die Lenkung durch Verkehrsschilder, Markierungen, Verkehrseinrichtungen, Straßenleuchten darf sich nirgends auch nur rein optisch widersprechen. Diese Mittel sollen sich vielmehr sinnvoll ergänzen und so den Verkehr sicher führen. Wo eine im Interesse der Flüssigkeit des Verkehrs unumgängliche Maßnahme eine Minderung der Sicherheit besorgen läßt, ist diese auf andere Weise zu gewährleisten.

2. Die Flüssigkeit des Verkehrs ist mit den zur Verfügung stehenden Mitteln nachdrücklich zu erhalten und zu fördern. Dazu eignen sich vor allem verkehrsabhängig betriebene Lichtzeichenanlagen, erforderlichenfalls mit Sonderregelung für bestimmte Fahrstreifen und für öffentliche Verkehrsmittel (X 6 bis 8 zu § 37 Abs. 2 Nr. 1 und 2), Parkbeschränkungen, auch für alle Straßen eines Stadtbezirks (Zeichen 290), Einbahnstraßen (IV zu Zeichen 220), Vorfahrtstraßen (III zu § 8 Abs. 1), Abbiegeverbote (VII zu Zeichen 209–214), Mindest- und Höchstgeschwindigkeiten (III bis V zu Zeichen 275) und die Entmischung des Verkehrs z. B. durch ständige Verkehrsumleitungen für den Durchgangsverkehr oder den Schwerverkehr (III zu Zeichen 421 und 442). Wesentliche Voraussetzung für einen flüssigen Verkehrsablauf ist vor allem eine lückenlose Wegweisung (zu Zeichen 415 ff.). Auch die Markierung von Fahrstreifen für den gleichgerichteten Verkehr (I zu § 7 Abs. 1–3) und von Abbiegestreifen (I und II zu § 9 Abs. 1) fördert den Verkehrsfluß.

3. Die öffentlichen Verkehrsmittel bedürfen besonderer Förderung durch verkehrsregelnde und -lenkende Maßnahmen.

II. Soweit die StVO und diese allgemeine Verwaltungsvorschrift für Ausgestaltung und Beschaffenheit, für den Ort und die Art der Anbringung von Verkehrszeichen und Verkehrseinrichtungen nur Rahmenvorschriften geben, soll im einzelnen nach dem jeweiligen Stand der Wissenschaft und Technik verfahren werden, den der Bundesminister für Verkehr nach Anhörung der zuständigen obersten Landesbehörden im Verkehrsblatt erforderlichenfalls bekanntgibt (s. VkBl. 76, 723).

III. Allgemeines über Verkehrsschilder:

1. Es dürfen nur die in der StVO genannten Verkehrsschilder verwendet werden oder solche, die der Bundesminister für Verkehr nach Anhörung der zuständigen obersten Landesbehörden durch Verlautbarung im Verkehrsblatt zuläßt.

2. Die Formen der Verkehrsschilder müssen den Mustern der StVO entsprechen.

3. Bei den einzelnen Schildern werden nur die Außenmaße angegeben. Die übrigen Maße gibt, soweit sie sich nicht aus den Abbildungen der Schilder ergeben, der Bundesminister für Verkehr nach Anhörung der zuständigen obersten Landesbehörden im Verkehrsblatt bekannt. Übergrößen können verwendet werden, wenn das an wichtigen Straßenstellen zur besseren Sichtbarkeit aus größerer Entfernung zweckmäßig ist. In verkleinerter Ausführung dürfen nur diejenigen Verkehrsschilder angebracht werden, bei denen das in dieser Verwaltungsvorschrift ausdrücklich zugelassen ist. Das Verhältnis der vorgeschriebenen Maße soll auch bei Übergrößen und Verkleinerungen gegeben sein. Im übrigen sind nur kleine Abweichungen von den Maßen, die keine auffällige Veränderung des Schildes bewirken, bei allen Verkehrsschildern aus besonderen Gründen zulässig.

3. a. Die Ausführung der Verkehrszeichen darf nicht unter den Anforderungen anerkannter Gütebedingungen liegen.

4. Als Schrift ist die Schrift für den Straßenverkehr DIN 1451, Teil 2 zu verwenden.

5. Die Farben müssen den Bestimmungen und Abgrenzungen des Normblattes „Aufsichtsfarben für Verkehrszeichen – Farben und Farbgrenzen“ (DIN 6171) entsprechen.

6. Alle Verkehrsschilder dürfen rückstrahlen oder von außen oder innen beleuchtet sein, soweit dies nicht ohnehin vorgeschrieben ist.

a) Vor allem bei Gefahrzeichen (§ 40) und Vorschriftszeichen (§ 41) empfiehlt sich in der Regel solche Ausführung (vgl. aber I zu Zeichen 283 und 286).

b) Bei Verkehrsschilder, die rückstrahlen oder beleuchtet sind, ist darauf zu achten, daß die Wirkung der übrigen Verkehrsschilder nicht beeinträchtigt wird und Verkehrsteilnehmer durch die beleuchteten Verkehrszeichen nicht geblendet werden. Wo Verkehrszeichen von innen oder außen beleuchtet sind, müssen in der Nähe befindliche Verkehrsschilder, durch die eine Wartepflicht angeordnet oder angekündigt wird, mindestens ebenso wirksam beleuchtet sein.

c) Im Interesse der Gleichheit des Erscheinungsbildes der Verkehrsschilder bei Tag und Nacht ist in der Regel eine voll rückstrahlende Ausführung einer nur teilweise rückstrahlenden vorzuziehen.

d) Vgl. Nummer 15 Satz 2 und 3.

e) Ein Verkehrsschild ist nicht schon von außen beleuchtet, wenn es von einer Straßenleuchte, vielmehr nur dann, wenn es von einer eigenen Lichtquelle angestrahlt ist.

7. Die Verkehrsschilder müssen fest eingebaut sein, soweit sie nicht nur vorübergehend aufgestellt werden. Pfosten und Rahmen sollen grau oder weiß sein.

8. Verkehrsschilder sind gut sichtbar in etwa rechtem Winkel zur Verkehrsrichtung auf der rechten Seite der Straße anzubringen, soweit nicht in dieser Verordnung anderes gesagt ist.

a) Links allein oder über der Straße allein dürfen sie nur angebracht werden, wenn Mißverständnisse darüber, daß sie für den gesamten Verkehr in einer Richtung gelten, nicht entstehen können und wenn sie so besonders auffallen und jederzeit im Blickfeld des Fahrers liegen, links allein z. B. bei Linksabbiegeverboten auf Straßen mit Mittelstreifen oder auf Einbahnstraßen.

b) Wo nötig, vor allem an besonders gefährlichen Straßenstellen, sind die Schilder auf beiden Straßenseiten, bei getrennten Fahrbahnen auf beiden Fahrbahnseiten aufzustellen. Das kann vor allem der Fall sein auf Straßen mit starkem oder schnellerem Verkehr und auf solchen, auf denen nebeneinander gefahren werden kann.

9. Es ist darauf zu achten, daß Verkehrsschilder nicht die Sicht behindern, insbesondere auch nicht die Sicht auf andere Verkehrszeichen oder auf Blinklicht- oder Lichtzeichenanlagen verdecken.

10. An spitzwinkligen Einmündungen ist bei der Aufstellung der Schilder dafür zu sorgen, daß Benutzer der anderen Straße sie nicht auf sich beziehen, auch nicht bei der Annäherung; erforderlichenfalls sind Sichtblenden oder ähnliche Vorrichtungen anzubringen.

11. a) Die Unterkante der Schilder sollte, soweit nicht bei einzelnen Verkehrszeichen anderes gesagt ist, in der Regel 2 m vom Boden entfernt sein, über Radwegen 2,20 m, an Schilderbrücken 4,50 m, auf Inseln und an Verkehrsteilern 0,60 m.

b) Verkehrszeichen dürfen nicht innerhalb der Fahrbahn aufgestellt werden. In der Regel sollte der Seitenabstand von ihr innerhalb geschlossener Ortschaften 0,50 m, keinesfalls weniger als 0,30 m betragen, außerhalb geschlossener Ortschaften 1,50 m.

12. Verkehrsschilder sollen nur dort angebracht werden, wo das nach den Umständen geboten ist. Ob diese Voraussetzungen vorliegen, darf in jedem Einzelfall nur nach gründlicher Prüfung entschieden werden; die Zuziehung ortsfremder Sachverständiger kann sich empfehlen. In jedem Einzelfall ist auch zu prüfen, ob zusätzlich eine bauliche Umgestaltung oder das Anbringen von Leiteinrichtungen sich empfiehlt; das ist dann bei der Straßenbaubehörde anzuregen.

13. Sollen Verkehrszeichen nur zu gewissen Zeiten gelten, dürfen sie sonst nicht sichtbar sein. Nur die Geltung der Zeichen 229, 245, 250, 251, 253, 261, 270, 283, 286, 290, 314 und 315 darf statt dessen auf einem Zusatzschild, z. B. „8–16 h", zeitlich beschränkt werden. Verkehren öffentliche Verkehrsmittel zu gewissen Tageszeiten oder an bestimmten Wochentagen nicht, so kann auch das Parkverbot an ihren Haltestellen durch ein Zusatzschild zu den Zeichen 224 und 226 beschränkt werden, z. B. „Parken Sa und So erlaubt". Vorfahrtregelnde Zeichen vertragen keinerlei zeitliche Beschränkung weder auf diese noch auf jene Weise.

14. Häufung von Verkehrsschildern

Weil die Bedeutung von Verkehrsschildern bei durchschnittlicher Aufmerksamkeit zweifelsfrei erfaßbar sein muß, sind Häufungen von Verkehrsschildern möglichst zu vermeiden. Sind an einer Stelle oder kurz hintereinander mehrere Schilder erforderlich, so muß dafür gesorgt werden, daß die für den fließenden Verkehr wichtigen besonders auffallen. Ist das nicht der Fall oder wird ein für den fließenden Verkehr bedeutsames Schild an der betreffenden Stelle nicht erwartet, so ist jene Wirkung auf andere Weise zu erzielen (z. B. durch Übergröße oder gelbes Blinklicht).

a) Am gleichen Pfosten oder sonst unmittelbar über- oder nebeneinander sollen in der Regel nicht mehr als drei Schilder angebracht werden.

aa) Gefahrzeichen dürfen in der Regel nur mit Verkehrsverboten und Streckenverboten kombiniert werden; aber auch das empfiehlt sich nur, wenn durch das Gefahrzeichen vor der Gefahr gewarnt wird, deretwegen die Verbote ausgesprochen werden. Solche Kombination (z. B. Zeichen 103, 274 und 276, Zeichen 110 und 277, Zeichen 120, 264 und 274) ist sogar zweckmäßig, weil das Gefahrzeichen dem Verkehrsteilnehmer klarmacht, warum die Vorschriften gegeben werden. Dann sind die Schilder in möglichst geringer Entfernung vor der Gefahrstelle aufzustellen.

bb) Mehr als zwei Vorschriftszeichen sollen in der Regel an einem Pfosten nicht angebracht werden. Sind ausnahmsweise drei solcher Schilder an einem Pfosten vereinigt, dann darf sich nur eines davon an den fließenden Verkehr wenden.

cc) Vorschriftszeichen für den fließenden Verkehr dürfen in der Regel nur dann kombiniert werden, wenn sie sich an die gleichen Verkehrsarten wenden und wenn sie die gleiche Strecke oder den gleichen Punkt betreffen.

dd) Verkehrsschilder, durch die eine Wartepflicht angeordnet oder angekündigt wird, dürfen nur dann an einem Pfosten mit anderen Schildern angebracht werden, wenn jene wichtigen Zeichen besonders auffallen.

ee) Dasselbe gilt für die Kombination von Vorschriftszeichen für den fließenden Verkehr mit Halteverboten.

ff) Das Andreaskreuz (Zeichen 201), das Zeichen 350 „Fußgängerüberweg" und die Zeichen 278–282, die das Ende von Streckenverboten kennzeichnen, dürfen mit anderen Verkehrsschildern nicht kombiniert werden.

b) Dicht hintereinander sollten Schilder für den fließenden Verkehr einander nicht folgen. Zwischen Pfosten, an denen solche Schilder gezeigt werden, sollte vielmehr ein so großer Abstand bestehen, daß der Verkehrsteilnehmer bei der dort gefahrenen Geschwindigkeit Gelegenheit hat, die Bedeutung der Schilder nacheinander zu erfassen.

15. Auf Straßen mit Straßenbeleuchtung ist darauf zu achten, daß die Verkehrsschilder von ihr erhellt werden; es empfiehlt sich daher, Schilder entweder hinter den Leuchten aufzustellen oder sie an den Lichtmasten so anzubringen, daß sie vom Licht getroffen werden. Ist das nicht möglich, so müssen die Schilder rückstrahlen oder erforderlichenfalls (§ 17 Abs. 1) von innen oder außen beleuchtet sein. Das gilt nicht für die Zeichen 224, 226, 229, 237, 239, 241, 283, 286, 314, 315, 355, 357 bis 359, 375 bis 377, 385, 388, 394 und 437.

16. Zusatzschilder im besonderen

a) Sie sollten, wenn irgend möglich, nicht beschriftet sein, sondern nur Sinnbilder zeigen. Wie Zusatzschilder auszugestalten sind, die in der StVO oder in dieser Vorschrift nicht erwähnt, aber häufig notwendig sind, wird der Bundesminister für Verkehr nach Anhörung der zuständigen obersten Landesbehörden in einem Verzeichnis im Verkehrsblatt bekanntgeben (s. VkBl. 76, 723). Abweichungen von den in diesem Verzeichnis aufgeführten Zusatzschildern sind nicht zulässig; andere Zusatzschilder bedürfen der Zustimmung der obersten Landesbehörden oder der von ihr bestimmten Selle.

b) Mehr als zwei Zusatzschilder sollten an einem Pfosten, auch zu verschiedenen Verkehrszeichen, nicht angebracht werden. Die Zuordnung der Zusatzschilder zu den Verkehrszeichen muß eindeutig erkennbar sein.

c) Zusatzschilder zu beleuchteten oder rückstrahlenden Schildern müssen wie diese beleuchtet sein oder rückstrahlen.

d) Entfernungs- und Längenangaben sind auf- oder abzurunden. Anzugeben sind z. B. 60 m statt 63 m, 80 m statt 75 m, 250 m statt 268 m, 800 m statt 750 m, 1,2 km statt 1235 m.

IV. Allgemeines über Markierungen (§ 41 Abs. 3 und 4 und § 42 Abs. 6).

1. Die Markierungen sind weiß (vgl. aber Nummer 3 vor Zeichen 370). Straßennägel und Bodenrückstrahler aus Metall brauchen nicht weiß zu sein. Gelbe Nägel und gelbe Markierungen dürfen nur im Falle des § 41 Abs. 4 verwendet werden.

2. Es empfiehlt sich, Markierungen, die den fließenden Verkehr angehen, jedenfalls dann rückstrahlend ausführen, wenn dieser Verkehr stark oder schnell ist.

3. Markierungen sollen auf Straßen mit stärkerem Verkehr in verkehrsarmer Zeit angebracht werden. Dauerhafte Markierungen sind dort vorzuziehen. Finanzielle Gründe allein rechtfertigen es in der Regel nicht, diese Empfehlungen nicht zu beachten. Markierungen sind, soweit technisch irgend möglich, laufend zu unterhalten. Nach Erneuerung oder Änderung der Markierung darf die alte Markierung nicht mehr sichtbar sein, wenn dadurch Zweifel entstehen können.

4. Schmalstriche sollen 10 bis 15 cm, Breitstriche mindestens doppelt so breit wie die jeweils markierten Schmalstriche, mindestens aber 25 cm breit sein. In welchen Fällen Breitstriche und in welchen Schmalstriche anzuwenden sind, wird zu den einzelnen Markierungen gesagt (vgl. zu den Zeichen 245, 294, 295, 296, 298, zu Nummer 7 vor Zeichen 299, zu den Zeichen 299, 340 und 341).

5. Anstelle von Markierungen dürfen Straßennägel nur verwendet werden, wenn dies in der StVO zugelassen ist, und das auch nur dann, wenn es zweckmäßig ist, z. B. auf Pflasterdecken.

6. Dagegen können Markierungen aller Art durch das zusätzliche Anbringen von Nägeln und Bodenrückstrahlern in ihrer Wirkung unterstützt werden; geschieht dies an einer ununterbrochenen Linie, so dürfen die Nägel nicht gruppenweise gesetzt werden. Zur Kennzeichnung gefährlicher Kurven und überhaupt zur Verdeutlichung des Straßenverlaufs an unübersichtlichen Stellen kann das Anbringen von Nägeln und Bodenrückstrahlern auf Fahrstreifenbegrenzungen, auf Fahrbahnbegrenzungen und auf Leitlinien nützlich sein. Sperrflächen lassen sich auf solche Weise verdeutlichen. Bodenrückstrahler können an Fußgängerüberwegen von Nutzen sein.

7. Nägel und Bodenrückstrahler müssen in Grund- und Aufriß eine abgerundete Form haben. Der Durchmesser von Nägeln soll nicht kleiner als 10 cm und nicht größer als 15 cm sein. Die Nägel dürfen nicht mehr als 1,5 cm, die Bodenrückstrahler nicht mehr als 2,5 cm aus der Fahrbahn hinausragen. Bodenrückstrahler müssen das Scheinwerferlicht in Richtung der Lichtquelle zurückwerfen.

V. Allgemeines über Verkehrseinrichtungen

Für Verkehrseinrichtungen gelten die Vorschriften in III 1, III 2, III 4, III 5, III 6 a bis c, III 6 e, III 7, III 9 und III 11 sinngemäß

Zu § 39 Verkehrszeichen

Zu Absatz 3

I. Explosionsgefährlich und leicht entzündlich sind folgende gefährliche Güter nach der Anlage A der Verordnung über die Beförderung gefährlicher Güter auf der Straße bzw. nach dem ADR:

Klasse	I a	alle
	I b	alle
	I c	Gegenstände der Ziffern 16 und 21 bis 23
	I d	die in Rn. 220 002 genannten Stoffe und Gegenstände
	I e	alle
	II	alle
	III a	Stoffe der Ziffern 1, 2 und 5
	III b	alle
	III c	alle
	IV a	Stoffe der Ziffern 1 bis 7 und Tetramethylblei der Ziffer 14
	VII	alle

II. Wegen der Kennzeichnungspflicht vgl. I zu Zeichen 261.

Die VO vom 21.7.1980, BGBl. I 1060, fügte dem Abs. 1 den Satz 2 an. In Kraft ab 1.8.1980. **1**

Die Änderung und Ergänzung der VwV in den Nrn. III 3 Satz 4, III 4, III 13 Satz 2, IV 4 **2** erfolgte in Anpassung an den neuesten Stand und war auch durch die Einführung der Zeichen 245 und 270 erforderlich. In Kraft ab 1.1.1980.

§ 41

Vorschriftszeichen

(Bußgeldvorschrift: § 49 Abs. 3 Nr. 4 StVO).

1.b) An Kreuzungen und Einmündungen:

Zeichen 205

Vorfahrt gewähren!

Das Schild steht unmittelbar vor der Kreuzung oder Einmündung. Es kann durch dasselbe Schild mit Zusatzschild (wie „100 m") angekündigt sein.

Wo Schienenfahrzeuge einen kreisförmigen Verkehr kreuzen, an Wendeschleifen oder ähnlich geführten Gleisanlagen von Schienenbahnen, enthält das Zeichen mit dem Sinnbild einer Straßenbahn auf einem darüber angebrachten Zusatzschild das Gebot: „Der Schienenbahn Vorfahrt gewähren!"

VwV

Zu Zeichen 205 Vorfahrt gewähren!

I. Das Zeichen hat Seitenlängen von je 900 mm, gerechnet von den Schnittpunkten der Seitenlinien. Vgl. aber Nummer I zu § 9 Abs. 3 und Nummer IV zu den Zeichen 205 und 206.

II. Das Zeichen muß mindestens voll rückstrahlen.

III. Ist neben einer durchgehenden Fahrbahn ein Fahrstreifen angebracht, welcher der Einfädelung des einmündenden Verkehrs dient (Beschleunigungsstreifen), darf das Zeichen nur vor dem Beginn des Beschleunigungsstreifens stehen. Vgl. III zu Zeichen 340.

IV. Über Kreisverkehr vgl. IX zu den Zeichen 209 bis 214.

V. Außerhalb geschlossener Ortschaften muß das Zeichen auf Straßen mit schnellerem oder stärkerem Verkehr in einer Richtung von mindestens 100 bis 150 m durch dasselbe Zeichen mit der Entfernungsangabe auf einem Zusatzschild angekündigt werden. Innerhalb geschlossener Ortschaften kann es auf kurze Entfernung so angekündigt werden.

Zeichen 206

Halt! Vorfahrt gewähren!

Das unbedingte Haltgebot ist dort zu befolgen, wo die andere Straße zu übersehen ist, in jedem Fall an der Haltelinie (Zeichen 294).

Das Schild steht unmittelbar vor der Kreuzung oder Einmündung.

Das Haltgebot wird außerhalb geschlossener Ortschaften angekündigt durch das Zeichen 205 mit Zusatzschild

Innerhalb geschlossener Ortschaften kann das Haltgebot so angekündigt sein.

Der Verlauf der Vorfahrtstraße kann durch ein Zusatzschild zu den Zeichen 205 und 206

bekanntgegeben sein.

VwV

Zu Zeichen Halt! Vorfahrt gewähren!

I. die parallelen Seiten des Zeichens haben voneinander einen Abstand von 900 mm, bei Übergrößen von 1050 mm. Die Buchstabenhöhe beträgt ein Drittel der Schildhöhe, die Schriftstärke ein Siebentel der Buchstabenhöhe (Engschrift). Die Stärke des weißen Randes entspricht der Strichstärke.

II. Das Zeichen muß mindestens voll rückstrahlen.

III. In der Regel ist eine Haltelinie (Zeichen 294) anzubringen, und zwar dort, wo der Wartepflichtige die andere Straße übersehen kann. Ist es nicht möglich, die Linie dort anzubringen, so empfiehlt sich die Fahrbahnmarkierung „STOP" (Nummer 3 vor Zeichen 350) unmittelbar vor dem Rand der anderen Straße. Diese Fahrbahnmarkierung kann auch zusätzlich zu der Haltlinie zweckmäßig sein.

IV. Das Zeichen muß außerhalb geschlossener Ortschaften mindestens 100 bis 150 m vor der Kreuzung oder Einmündung angekündigt werden.

Zu den Zeichen 205 und 206

I. Die Zeichen müssen unmittelbar vor der Kreuzung oder Einmündung stehen.

II. Als negatives Vorfahrtszeichen ist in der Regel das Zeichen 205 zu wählen. Das Zeichen 206 ist nur dann aufzustellen, wenn

1. die Sichtverhältnisse so schlecht sind oder die Straße mit Vorfahrt so stark befahren wird, daß die meisten halten, oder wenn es

2. wegen der Örtlichkeit (Einmündung in einer Innenkurve oder in eine besonders schnell befahrene Straße) schwierig ist, die Geschwindigkeit der Fahrzeuge auf der anderen Straße zu beurteilen, oder wenn es

3. sonst aus Gründen der Sicherheit notwendig erscheint, einen Wartepflichtigen zu besonderer Vorsicht zu mahnen (z. B. in der Regel an der Kreuzung zweier Vorfahrtstraßen).

Anhaltspunkte bieten oft die Unfalluntersuchungen. Ergeben diese, daß die Unfälle darauf zurückzuführen sind, daß die Wartepflichtigen die Kreuzung übersehen oder ihre Wartepflicht nicht erfaßt haben, so ist eine Verbesserung der optischen Führung anzustreben. Haben die Unfälle andere Ursachen, so empfiehlt es sich häufig das Zeichen 206 aufzustellen, wenn nicht die Errichtung einer Lichtzeichenanlage angezeigt ist.

III. Eine Beleuchtung der negativen Vorfahrtszeichen ist an Kreuzungen außer in den Fällen VI zu § 37 Abs. 2 Nr. 1 und 2 immer dann geboten, wenn eine Straße mit Wartepflicht eine Straßenbeleuchtung hat, die den Eindruck einer durchgehenden Straße entstehen läßt. Eine Beleuchtung empfiehlt sich auch, wenn die Beleuchtungsverhältnisse in der Umgebung so sind, daß die Erkennbarkeit der Zeichen beeinträchtigt ist. Vgl. auch III 6 b) zu den §§ 39 bis 43.

IV. Übergrößen sind überall dort in Erwägung zu ziehen, wo der Verkehr, besonders wegen seiner Schnelligkeit, negative Vorfahrtzeichen nicht erwartet.

V. Wo eine Lichtzeichenanlage steht, sind die Zeichen in der Regel unter oder neben den Lichtzeichen am gleichen Pfosten anzubringen.

VI. Kreuzt eine Straße mit Wartepflicht eine Straße mit Mittelstreifen, so ist zu prüfen, ob zusätzlich zu den vor der Kreuzung stehenden Zeichen 205 oder 206 auf dem Mittelstreifen ein Zeichen 205 aufgestellt werden soll, um an die Wartepflicht vor der zweiten Richtungsfahrbahn zu erinnern.

VII. Die Beschilderung von Kreuzungen und Einmündungen

1. Jede Kreuzung und Einmündung, in der vom Grundsatz „Rechts vor Links" abgewichen werden soll, ist sowohl positiv als auch negativ zu beschildern, und zwar sowohl innerhalb als auch außerhalb geschlossener Ortschaften. Ausgenommen sind nur Feld- und Waldwege; aber auch sie sind zu beschildern, wenn der Charakter des Weges für Ortsfremde nicht ohne weiteres zu erkennen ist; dabei wird häufig die negative Beschilderung genügen. Solch einseitige Beschilderung darf an sonstigen Kreuzungen und Einmündungen allenfalls dann erwogen werden, wenn sich Kreuzungen und Einmündungen

häufen und darum positive und negative Vorfahrtszeichen so dicht aufeinanderfolgen, daß ortsfremde Verkehrsteilnehmer verwirrt würden. Zuvor ist in solchen Fällen zu erwägen, ob nicht auf andere Weise abgeholfen werden kann, z. B. durch Einführung wegführender Einbahnstraßen. Straßen, die wie Grundstücksausfahrten aussehen, sind einseitig mit Zeichen 205 zu versehen.

2. Endet eine Vorfahrtstraße oder kann einer weiterführenden Vorfahrtstraße (vgl. dazu II 6 a) zu Zeichen 306 und 307) oder einer Straße, auf der an mehreren vorausgehenden Kreuzungen und Einmündungen hintereinander das Zeichen 301 aufgestellt ist, an einer Kreuzung oder Einmündung die Vorfahrt nicht gegeben werden, so ist stets ein negatives Vorfahrtzeichen aufzustellen. Dieses ist außerhalb geschlossener Ortschaften dann stets anzukündigen, innerhalb geschlossener Ortschaften jedenfalls dann, wenn der Verkehr nicht durch Lichtzeichen geregelt ist. Das negative Vorfahrtzeichen soll dann jeweils auf beiden Seiten der Straße aufgestellt und gegebenenfalls über der Fahrbahn wiederholt werden. Auch zusätzliche Wiedergabe auf der Fahrbahn (vgl. Nummer 3 vor Zeichen 350) kann in Frage kommen. Solch verstärkte Kennzeichnung sowie die Ankündigung der Wartepflicht durch negative Vorfahrtzeichen mit Entfernungsangabe ist darüber hinaus auf Straßen mit schnellerem und stärkerem Verkehr, insbesondere mit stärkerem Lastkraftwagenverkehr sowie dann in Erwägung zu ziehen, wenn der Verkehr eine solche Regelung nicht erwartet.

3. Vgl. auch II–IV zu § 8 Abs. 1.

4. Zusatzschild „abknickende Vorfahrt“. Das Zeichen ist 500 mm hoch und 500 mm breit. Über die Zustimmungsbedürftigkeit vgl. III. 1 a) zu § 45 Abs. 1; über abknickende Vorfahrt vgl. ferner II. 4 zu den Zeichen 306 und 307 und IV. zu Zeichen 301.

Die Bek. des BMV vom 22. 6. 1979, VkBl. 79, 390 ergänzte die VwV zu Zeichen 205 in Nr. I durch Satz 2 und änderte die VwV zu Zeichen 205 und 206 in Nr. VII 1 letzter Satz.

4. Haltestellen

Zeichen 224

Straßenbahnen

Zeichen 226

Kraftfahrlinien

Doppelhaltestellen der Straßenbahnen können durch zwei Zeichen 224 nebeneinander oder durch das Zeichen 224 mit „HH“ gekennzeichnet sein.

Das Zeichen 224 mit dem Zusatzschild ‚Schulbus (Angabe der tageszeitlichen Benutzung)‘ kennzeichnet eine Schulbushaltestelle.

5. Sonderwege

Zeichen 237

Radfahrer

Zeichen 239

Reiter

Zeichen 241

Fußgänger

Diese Zeichen stehen rechts oder links. Die Sinnbilder der Zeichen 237 und 241 können auch gemeinsam auf einem Schild, durch einen senkrechten weißen Streifen getrennt, gezeigt werden. Ein gemeinsamer Rad- oder Gehweg kann durch ein Schild gekennzeichnet sein, das – durch einen waagerechten weißen Streifen getrennt – die entsprechenden Sinnbilder zeigt. Das Zeichen „Fußgänger" steht nur dort, wo eine Klarstellung notwendig ist.

Die Zeichen bedeuten:

a) Radfahrer, Reiter und Fußgänger müssen die für sie bestimmten Sonderwege benutzen. Andere Verkehrsteilnehmer dürfen sie nicht benutzen;

b) wer ein Fahrrad mit Hilfsmotor benutzt, das auf ebener Strecke nicht schneller als 25 km/h fahren kann, oder wer ein Fahrrad mit Hilfsmotor durch Treten fortbewegt, muß den Radweg benutzen. Zeigt ein Zusatzschild zu Zeichen 237 das Sinnbild eines Fahrrades mit Hilfsmotor, so müssen auch die Führer schnellerer Fahrräder mit Hilfsmotor dort fahren;

c) auf einem gemeinsamen Rad- und Gehweg haben Radfahrer und die Führer von motorisierten Zweiradfahrzeugen auf Fußgänger Rücksicht zu nehmen;

d) auf Reitwegen dürfen Pferde geführt werden;

e) wird bei Zeichen 241 durch Zusatzschild Fahrzeugverkehr zugelassen, so darf nur mit Schrittgeschwindigkeit gefahren werden.

Geänderte VwV vgl. unten S. 173, Rdn. 4

Die Erläuterungen von Zeichen 224, 226 wurden durch Satz 2 ergänzt. Bei den Erläuterungen zu Zeichen 237, 239, 241 wurde Buchstabe c) neu gefaßt und e) hinzugefügt. Die Erweiterung bzw. Ergänzung beruht auf der VO vom 21. 7. 1980, BGBl. I 1060; in Kraft seit 1. 8. 1980. **1**

Zeichen 245

Linienomnibusse

Der so gekennzeichnete Sonderfahrstreifen ist Omnibussen des Linienverkehrs vorbehalten. Dasselbe gilt auch für Taxen, wenn dies durch das Zusatzschild „Taxi" angezeigt ist. Andere Verkehrsteilnehmer dürfen den Sonderfahrstreifen nicht benutzen.

VwV zu Zeichen 245 i. d. F. der Bek. vom 22. 6. 1979, VkBl. 79, 290 und vom 29. 7. 1980, VkBl. 80, 520. In Kraft ab 1. 8. 1980. Amtl. Begr.: VkBl. 79, 402!

I.

Durch das Zeichen werden markierte Sonderfahrstreifen den Omnibussen des Linienverkehrs vorbehalten.

Als Linienverkehr gilt auch der Verkehr mit gekennzeichneten Fahrzeugen des Schüler- und Behindertenverkehrs.

Sie sollen im Interesse der Sicherheit und Ordnung des Verkehrs Störungen des Linienverkehrs vermeiden und einen geordneten und zügigen Betriebsablauf ermöglichen. Sonderfahrstreifen für Linienomnibusse sind damit besonders geeignet, den öffentlichen Personenverkehr gegenüber dem Individualverkehr zu fördern (vgl. Nummer I 3 zu den §§ 39 bis 43).

Sonderfahrstreifen können in Randlage rechts, in Einbahnstraßen rechts oder links, in Mittellage allein oder im Gleisraum von Straßenbahnen sowie auf baulich abgegrenzten Straßenteilen auch entgegengesetzt der Fahrtrichtung angeordnet werden.

Bevor die Anordnung des Zeichens erwogen wird, ist zu prüfen, ob nicht durch andere verkehrsregelnde Maßnahmen (z.B. durch Zeichen 220, 253, 283, 301, 306, 421) eine Verbesserung des Verkehrsflusses oder eine Verlagerung des Verkehrs erreicht werden kann.

Voraussetzungen

1. die Anordnung von Sonderfahrstreifen kommt nur dann in Betracht, wenn die vorhandene Fahrbahntiefe ein ausgewogenes Verhältnis im Verkehrsablauf des öffentlichen Personenverkehrs und des Individualverkehrs unter Berücksichtigung der Zahl der beförderten Personen nicht mehr zuläßt. Auch bei kurzen Straßenabschnitten (z.B. vor Verkehrsknotenpunkten) kann die Anordnung von Sonderfahrstreifen gerechtfertigt sein.

2. Die Breite des Sonderfahrstreifens soll in der Regel 3,50 m betragen. Verbleibt für den Individualverkehr derselben Richtung nur ein Fahrstreifen, darf dessen Breite 3,25 m nicht unterschreiten.

   Besondere Sicherheitsvorkehrungen für etwa vorhandenen Radfahrverkehr, z.B. Radwege, sind in der Regel unerläßlich. Radfahrverkehr ist auszuschließen, wenn sich Radfahrer zwischem dem Linien- und Individualverkehr fortbewegen müßten.

3. Gegenseitige Behinderungen, die durch stark benutzte Zu- und Abfahrten (z.B. bei Parkhäusern, Tankstellen usw.) hervorgerufen werden, sind durch geeignete Maßnahmen, wie z.B. durch Verlegung der Zu- und Abfahrten in Nebenstraßen auf ein Mindestmaß zu beschränken. Ist dies nicht möglich, sollte auf den Sonderfahrstreifen verzichtet werden.

4. Sonderfahrstreifen ohne zeitliche Beschränkung in Randlage dürfen nur dort angeordnet werden, wo kein Anliegerverkehr vorhanden ist und das Be- und Entladen, z.B. in besonderen Ladestraßen oder Innenhöfen, erfolgen kann. Sind diese Voraussetzungen nicht gegeben, sind für die Sonderfahrstreifen zeitliche Beschränkungen vorzusehen.

   Zur Befriedigung des Kurzparkbedürfnisses während der Geltungsdauer der Sonderfahrstreifen sollte die Parkzeit in nahegelegenen Nebenstraßen beschränkt werden.

5. Sonderfahrstreifen im Gleisraum von Straßenbahnen dürfen nur im Einvernehmen mit der Technischen Aufsichtsbehörde nach § 68 Abs. 3 BOStrab angeordnet werden.

6. Die Anordnung von Sonderfahrstreifen kann sich auch dann anbieten, wenn eine Entflechtung des öffentlichen Personenverkehrs und des Individualverkehrs von Vorteil ist oder zumindest der Verkehrsablauf des öffentlichen Personennahverkehrs verbessert werden kann.

   Sonderfahrstreifen in Randlage rechts sollen zeitlich beschränkt (vgl. Nummer III 13 zu den §§ 39 bis 43). Sonderfahrstreifen in Mittellage zeitlich unbeschränkt angeordnet werden.

   Die Geltungsdauer zeitlich beschränkter Sonderfahrstreifen sollte innerhalb des Betriebsnetzes einheitlich angeordnet werden.

7. Die Anordnung von Sonderfahrstreifen soll in der Regel nur dann erfolgen, wenn mindestens 20 Omnibusse des Linienverkehrs pro Stunde der stärksten Verkehrsbelastung verkehren.

II.

1. Das Zeichen ist möglichst über dem Sonderfahrstreifen anzubringen (vgl. Nummer V 1 zu § 41); es ist an jeder Kreuzung und Einmündung zu wiederholen.

   Zur Verdeutlichung kann die Markierung „BUS" auf der Fahrbahn aufgetragen werden.

2. Wo ein Sonderfahrstreifen ohne zeitliche Beschränkung angeordnet ist, soll er durch eine Fahrstreifenbegrenzung (Zeichen 295) abgetrennt werden; im Bereich von Haltestellen und Grundstückseinfahrten hat die Abtrennung durch eine Leitlinie (Zeichen 340) zu erfolgen.

   Sonderfahrstreifen in Einbahnstraßen entgegen der Fahrtrichtung, die gegen die Fahrbahn des entgegengerichteten Verkehrs baulich abzugrenzen sind, sollen auch am Beginn der Einbahnstraße durch das Zeichen kenntlich gemacht werden. Es kann sich empfehlen, dem allgemeinen Verkehr die Führung des Busverkehrs anzuzeigen.

   Zeitlich beschränkt angeordnete Sonderfahrstreifen sind durch eine Leitlinie (Zeichen 340) abzutrennen.

   Die Ausführung der Markierungen richtet sich nach den Richtlinien für die Markierung von Straßen (RMS).

   Kann durch eine Markierung eine Erleichterung des Linienverkehrs erreicht werden (Fahrstreifen in Mittellage, im Gleisraum von Straßenbahnen oder auf baulich abgesetzten Straßenteilen), empfiehlt es sich, auf das Zeichen zu verzichten (vgl. Nummer III 12 Satz 1 zu den §§ 39 bis 43). Die Voraussetzungen für die Einrichtung eines Sonderfahrstreifens gelten entsprechend.

3. Die Flüssigkeit des Verkehrs auf Sonderfahrstreifen an Kreuzungen und Einmündungen kann durch Abbiegeverbote für den Individualverkehr (z. B. Zeichen 209 bis 214) verbessert werden. Notfalls sind besondere Lichtzeichen (§ 37 Abs. 2 Nr. 4) anzuordnen. Die Einrichtung von Busschleusen oder die Vorgabe bedarfsgerechter Vor- und Nachlaufzeiten an Lichtzeichenanlagen wird empfohlen.

4. Ist die Kennzeichnung des Endes eines Sonderfahrstreifens erforderlich, so ist das Zeichen mit dem Zusatzschild „ENDE“ anzuordnen.

5. Das Zeichen muß mindestens voll rückstrahlen. Eine Beleuchtung empfiehlt sich dann, wenn die Beleuchtungsverhältnisse in der Umgebung die Erkennbarkeit des Zeichens beeinträchtigen (vgl. auch Nummer III 6 b zu den §§ 39 bis 43).

III.

1. Taxen sollen grundsätzlich auf Sonderfahrstreifen für Linienomnibusse zugelassen werden. Dies gilt nicht, wenn dadurch der Linienverkehr, auch unter Berücksichtigung der besonderen Lichtzeichenregelung, gestört würde.

2. Auf Sonderfahrstreifen für Linienomnibusse im Gleisraum von Schienenbahnen dürfen Taxen nicht zugelassen werden.

IV.

Die Funktionsfähigkeit der Sonderfahrstreifen hängt weitgehend von ihrer völligen Freihaltung vom Individualverkehr ab (vgl. Nummer V zu § 13 Abs. 1).

6. Verkehrsverbote

Zeichen 269

Verbot für Fahrzeuge mit
einer Ladung von mehr als
3000 l wassergefährdender Stoffe

VwV zu Zeichen 269 Verbot für Fahrzeuge mit wassergefährdender Ladung

I. Das Zeichen sollte in der Regel nur auf Anregung der für die Reinhaltung des Wassers zuständigen Behörde aufgestellt werden. Diese ist jedem Fall zu hören.

II. Wassergefährdende Stoffe sind feste, flüssige und gasförmige Stoffe, insbesondere

- Säuren, Laugen,
- Alkalimetalle, Siliciumlegierungen mit über 30 vom Hundert Silicium, metallorganische Verbindungen, Halogene, Säurehalogenide, Metallcarbonyle und Beizsalze,
- Mineral- und Teeröle sowie deren Produkte,
- flüssige, sowie wasserlösliche Kohlenwasserstoffe, Alkohole, Aldehyde, Ketone, Ester, halogen-, stickstoff- und schwefelhaltige organische Verbindungen,
- Gifte,

die geeignet sind, nachhaltig die physikalische, chemische oder biologische Beschaffenheit des Wassers nachteilig zu verändern.

III. Vgl. auch zu Zeichen 354 und über die Zustimmungsbedürftigkeit III 1 a) zu § 45 Abs. 1.

1 Die Fassung der Nr. II der VwV beruhrt auf der Bek. des BMV vom 22. 6. 1979, VkBl. 79, 390 und erfolgte in Anpassung an den Wasserhaushaltgesetz. In Kraft seit 1. 1. 1980.

7. Streckenverbote

Sie beschränken den Verkehr auf bestimmten Strecken.

Zeichen 274

Zulässige Höchstgeschwindigkeit

verbietet, schneller als mit einer bestimmten Geschwindigkeit zu fahren. Sind durch das Zeichen innerhalb geschlossener Ortschaften bestimmte Geschwindigkeiten über 50 km/h zugelassen, so gilt das für Fahrzeuge aller Art.

VwV

Zu Zeichen 274 Zulässige Höchstgeschwindigkeit

1. Gründe für Geschwindigkeitsbeschränkungen:

Geschwindigkeitsbeschränkungen sollten, außer wenn unangemessene Geschwindigkeiten mit Sicherheit zu erwarten sind, nur auf Grund von Verkehrsbeobachtungen oder Unfalluntersuchungen dort angeordnet werden, wo diese ergeben haben, daß

1. für den Fahrzeugführer eine Eigenart des Straßenverlaufs nicht immer so erkennbar ist, daß er seine Geschwindigkeit von sich aus den Straßenverhältnissen anpaßt. Das kann vor allem der Fall sein,

a) wenn in Kurven, auf Gefällstrecken mit Kurven und an Stellen besonders unebener Fahrbahn häufiger Kraftfahrzeugführer die Gewalt über ihr Fahrzeug verlieren, ohne durch die Begegnung mit einem anderen Verkehrsteilnehmer zu einer Änderung ihrer Fahrweise gezwungen worden zu sein. An solchen Stellen sollten Geschwindigkeitsbeschränkungen aber nur ausgesprochen werden, wenn Warnungen vor der Gefahrstelle (durch Zeichen 103 oder 105 oder durch Richtungstafeln – vgl. § 43 Abs. 3 Nr. 3 Buchst. b –, durch Zeichen 108 oder durch Zeichen 112) nicht ausreichen.

b) wenn an einer Kreuzung oder Einmündung auf der bevorrechtigten Straße so schnell gefahren wird, daß der Wartepflichtige die Fahrzeuge mit Vorfahrt nicht rechtzeitig sehen kann;

2. auf einer bestimmten Strecke eine Verminderung der Geschwindigkeitsunterschiede geboten ist. Das kann vor allem der Fall sein

a) außerhalb geschlossener Ortschaften auf einseitig oder beiderseits bebauten Straßen, wo durch den Anliegerverkehr häufiger Unfälle oder gefährliche Verkehrslagen entstanden sind,

b) auf Strecken, auf denen längs verkehrende Fußgänger oder Radfahrer häufiger angefahren oder gefährdet worden sind,

c) vor Stellen, an denen Verkehrsströme zusammengeführt oder getrennt werden (vgl. auch II zu § 7),

d) auf Steigungsstrecken und Gefällstrecken, auf denen große Geschwindigkeitsunterschiede zwischen langsamer fahrenden Lastkraftwagen und schnellen Personenkraftwagen häufiger zu Unfällen oder gefährlichen Situationen geführt haben,

e) in bevorrechtigten Kreuzungszufahrten, wenn für Linksabbieger keine Abbiegestreifen markiert sind,

f) außerhalb geschlossener Ortschaften vor Lichtzeichenanlagen;

3. die tatsächlich gefahrenen Geschwindigkeiten von anderen Verkehrsteilnehmern unterschätzt oder nicht erwartet worden sind. Das kann außerhalb geschlossener Ortschaften vor allem der Fall sein

a) in bevorrechtigten Kreuzungszufahrten im Verlauf schnell befahrener Straßen,

b) an Kreuzungen und Einmündungen im Zuge von Fahrbahnen mit insgesamt vier oder mehr Fahrstreifen für beide Richtungen, wenn der auf die Fahrbahn einfahrende oder aus ihr ausfahrende Linksabbieger den durchgehenden Verkehr kreuzen muß oder sonstiger kreuzender Verkehr vorhanden ist,

c) auf Strecken, auf denen Fußgänger beim Überschreiter der Fahrbahn häufiger angefahren worden oder in Gefahr geraten sind.

II. Der Umfang der Geschwindigkeitsbeschränkung richtet sich nach der Art der Gefahr, nach den Geschwindigkeiten, die dort gefahren werden, und nach den Eigenarten der Örtlichkeit, vor allem nach deren optischen Eindruck. Es empfiehlt sich, die zulässige Höchstgeschwindigkeit festzulegen:

1. Im Falle I 1 a) auf die Geschwindigkeit, die bei nasser Fahrbahn noch sicher gefahren werden kann;

2. im Falle I 1 b) auf die nach den Sichtverhältnissen angemessene Geschwindigkeit;

3. in den Fällen I 2 a), b), d) und 3 a) auf diejenigen Geschwindigkeiten, die etwa 85 % der Kraftfahrer von sich aus ohne Geschwindigkeitsbeschränkungen, ohne überwachende Polizeibeamte und ohne Behinderung durch andere Fahrzeuge nicht überschreiten. Erweist sich oder ist mit Sicherheit zu erwarten, daß diese Beschränkung nicht ausreicht, so ist die zulässige Höchstgeschwindigkeit noch weiter herabzusetzen. Dann bedarf es aber regelmäßiger Überwachung;

4. im Falle I 2 c) sind die Geschwindigkeiten der zusammenführenden oder zu trennenden Verkehrsströme einander anzugleichen;

5. in den Fällen I 2 e), f) und 3 b) auf höchstens 70 km/h;

6. in den Fällen I 3 c) in der Regel auf 50 km/h.

Liegt diese Geschwindigkeit erheblich unter der Übung von 85 % der Kraftfahrer und ist eine regelmäßige Überwachung nicht möglich, so darf eine zulässige Geschwindigkeit über 50 km/h allenfalls dann erwogen werden, wenn zusätzlich ein Überholverbot ausgesprochen wird.

7. Als Höchstgeschwindigkeit dürfen nicht mehr als 120 km/h zugelassen werden.

8. Zulässige Höchstgeschwindigkeiten sollten nur auf volle Zahlen (z. B. 80, 60, 40 km/h) festgesetzt werden.

III. Beschilderung:

Das Zeichen 274 soll so weit vor der Gefahrstelle oder Gefahrstrecke stehen, daß die Fahrzeugführer auch dann noch rechtzeitig auf die vorgeschriebene Höchstgeschwindigkeit verzögern können, wenn sie das Zeichen, z. B. bei Nacht, erst aus geringer Entfernung erkannt haben. Außerhalb geschlossener Ortschaften kann sich eine erhebliche Entfernung empfehlen; sie kann bis zu 150 m betragen.

IV. Geschwindigkeitsbeschränkungen für längere Strecken:

1. Sie können sich empfehlen, wenn es aus Sicherheitsgründen erforderlich ist, die Zahl der Überholungen zu vermindern, ein Überholverbot aber einen zu starken Eingriff bedeuten würde (vgl. I 1 zu Zeichen 276).

2. Eine dichte Aufeinanderfolge von Strecken mit und ohne Geschwindigkeitsbeschränkungen oder von Strecken mit solchen Beschränkungen in verschiedener Höhe sollte vermieden werden. Ist zu befürchten, daß wegen häufigen Wechsels der zugelassenen Geschwindigkeiten Unklarheiten auftreten, so ist zu prüfen, ob an einzelnen Stellen auf eine Geschwindigkeitsbeschränkung verzichtet werden kann. Ist das aus Gründen der Verkehrssicherheit nicht möglich, so empfiehlt es sich, für die Gesamtstrecke eine einheitliche Höchstgeschwindigkeit vorzuschreiben. In diesen Fällen ist allerdings durch regelmäßige Überwachung dafür zu sorgen, daß diese Höchstgeschwindigkeit auch eingehalten wird.

3. Gilt so (Nummer 1 bis 2) die Geschwindigkeitsbeschränkung für eine längere Strecke, so sollte an jedem Zeichen 274 die jeweilige Länge der restlichen Verbotsstrecke auf einem Zusatzschild angegeben werden.

V. Auf Autobahnen und Straßen mit schnellem Verkehr empfiehlt es sich, bei starker Herabsetzung der zulässigen Fahrgeschwindigkeit diese stufenweise herabzusetzen (z. B. auf Autobahnen 100 km/h, dann 80 km/h und dann 60 km/h). Die Geschwindigkeitsstufen sollen je 20 km/h und der Mindestabstand zwischen ihnen dann je 200 m betragen.

VI. Ist durch das Zeichen 274 innerhalb geschlossener Ortschaften eine Geschwindigkeit über 50 km/h zugelassen, so darf das Zeichen nicht mit einem Gefahrzeichen verbunden werden. Die Zulassung von Geschwindigkeiten über 50 km/h empfiehlt sich auf Straßen, die größere Verkehrsbedeutung haben (z. B. Ausfallstraßen) und baulich so gestaltet sind, daß sie dem Kraftfahrer den Eindruck vermitteln, sie dienten in erster Linie dem Kraftfahrzeugverkehr. Der Fußgängerquerverkehr ist durch Lichtzeichen zu schützen; Stangen- oder Kettengeländer können sich empfehlen. An anderen Stellen darf es keinen nennenswerten Fußgängerquerverkehr geben. Fußgängerüberwege (Zeichen 293) dürfen nicht angelegt werden, vgl. II 1 zu § 26. Der Fahrverkehr muß an sämtlichen Kreuzungen und Einmündungen die Vorfahrt haben. Auch das Abbiegen sollte weitgehend durch Zeichen 209 ff. (vorgeschriebene Fahrtrichtung) oder auch durch Zeichen 295 (Fahrstreifenbegrenzung) auf der Fahrbahnmitte verboten werden, wenn nicht besondere Fahrstreifen für den Abbiegeverkehr angelegt sind. Höhere Geschwindigkeiten als 70 km/h sollten nicht erlaubt werden. Vgl. II zu § 37 Abs. 2 Nr. 1 und 2.

VII. Wegen Verwendung des Zeichens an Bahnübergängen vgl. VII zu Zeichen 201 und an Arbeitsstellen vgl. IV 2 a) dd) zu § 43 Abs. 3 Nr. 2.

1 Nr. II 7 der VwV erhielt die gegenwärtig gültige Fassung durch die Bek. des BMV vom 22. 7. 1979, VkBl. 79, 390.

Zeichen 277

Überholverbot für Kraftfahrzeuge, ausgenommenen Pkw und Busse, mit einem zulässigen Gesamtgewicht über 2,8 t und von Zugmaschinen.

Die Fassung der Bemerkung beruht auf der Bek. des BMV vom 22. 6. 1979, VkBl. 79, 390. **1**

8. Haltverbote

Zeichen 283

Haltverbot

Es verbietet jedes Halten auf der Fahrbahn. Das Zusatzschild

verbietet es auch auf dem Seitenstreifen.

Zeichen 286

Eingeschränktes Haltverbot.

Es verbietet das Halten auf der Fahrbahn ausgenommen zum Ein- oder Aussteigen oder zum Be- und Entladen. Ladegeschäfte müssen ohne Verzögerung durchgeführt werden. Das Zusatzschild „auch auf Seitenstreifen" (hinter Zeichen 283) kann auch hier ange-

bracht sein. Das Zusatzschild mit den Worten „auf den Seitenstreifen“ verbietet das Halten nur auf dem Seitenstreifen. Das Zusatzschild ‚(Rollstuhlfahrersymbol) mit Parkausweis Nr. . . . frei‘ nimmt Schwerbehinderte mit außergewöhnlicher Gehbehinderung und Blinde, jeweils mit besonderem Parkausweis, vom Haltverbot aus.

Das Zusatzschild ‚Anwohner mit besonderem Parkausweis frei‘ nimmt Anwohner mit besonderem Parkausweis vom Haltverbot aus.

a) Haltverbote gelten nur auf der Straßenseite, auf der die Schilder angebracht sind.

b) Sie gelten auch nur bis zur nächsten Kreuzung oder bis zur nächsten Einmündung auf der gleichen Straßenseite.

c) Der Anfang der Verbotsstrecke kann durch einen zur Fahrbahn weisenden waagerechten weißen Pfeil im Schild, das Ende durch einen solchen von der Fahrbahn wegweisenden Pfeil gekennzeichnet sein. Bei in der Verbotsstrecke wiederholten Schildern weist ein waagerechter Pfeil zur Fahrbahn, ein zweiter von ihr weg. Sind zur Kennzeichnung des Anfangs, der Verlaufs und des Endes der Verbotsstrecke Zusatzschilder angebracht, so sind die darauf befindlichen Pfeile schwarz.

1 Die Sätze 5 und 6 zu Zeichen 286 wurden durch die VO vom 21. 7. 1980, BGBl. I 1060 angefügt. In Kraft seit 1. 8. 1980.

Zeichen 290

Zonenhaltverbot für einen Stadtbezirk

Bild 291

13 cm

| ← 11 cm → |

Parkscheibe

Zeichen 292

Ende des Zonenhaltverbotes

Mit diesen Zeichen werden die Grenzen der Haltverbotszone bestimmt. Das Verbot gilt für alle öffentlichen Verkehrsflächen innerhalb des durch die Zeichen 290 und 292 begrenzten Bereichs.

1 Satz 2 der Erläuterungen zu den Zeichen 290 bis 292 wurde durch die VO vom 21. 7. 1980, BGBl. I 1060, angefügt. In Kraft seit 1. 8. 1980.

C. Markierungen

3. Fahrstreifenbegrenzung und Fahrbahnbegrenzung

Zeichen 295

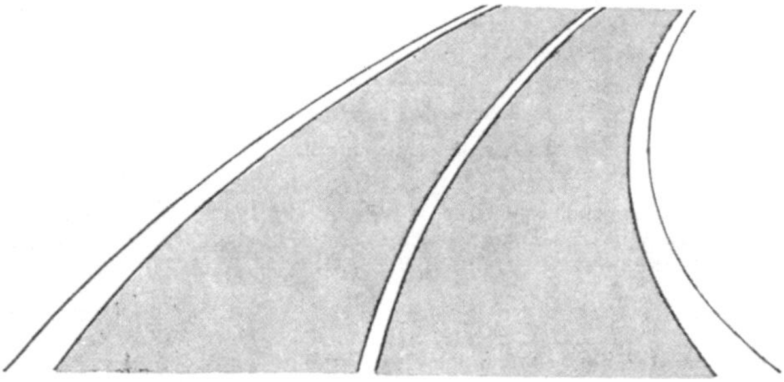

Sie besteht aus einer ununterbrochenen Linie. Diese kann durch eine gleichmäßig dichte Nagelreihe ersetzt sein.

a) Sie wird vor allem verwendet, um den für den Gegenverkehr bestimmten Teil der Fahrbahn oder mehrere Fahrstreifen für den gleichgerichteten Verkehr zu begrenzen. Dann ordnet sie an:
Fahrzeuge dürfen sie nicht überqueren oder über ihr fahren.
Begrenzt sie den Fahrbahnteil für den Gegenverkehr, so ordnet sie weiter an:
Es ist rechts von ihr zu fahren.
Parken (§ 12 Abs. 2) auf der Fahrbahn ist nur erlaubt, wenn zwischen dem parkenden Fahrzeug und der Linie ein Fahrstreifen von mindestens 3 m verbleibt.

b) Die ununterbrochene Linie kann auch Fahrbahnbegrenzung sein. Dann soll sie den Fahrbahnrand deutlich erkennbar machen. Bleibt rechts von ihr ausreichender Straßenraum frei (Fahrbahnteil oder befestigter Seitenstreifen), so ordnet sie an:

aa) landwirtschaftliche Zug- oder Arbeitsmaschinen, Fuhrwerke, Radfahrer und ähnlich langsame Fahrzeuge müssen möglichst rechts von ihr fahren,

bb) links von ihr darf nicht gehalten werden.

VwV

Zu Zeichen 295 Fahrstreifenbegrenzung und Fahrbahnbegrenzung
Allgemeines über Längsmarkierungen

I. Außerhalb geschlossener Ortschaften ist auf ausreichend breiten Straßen mit erheblicherem Kraftfahrverkehr der für den Gegenverkehr bestimmte Teil der Fahrbahn, möglichst auch der Fahrbahnrand, zu markieren. Ausreichend breit ist eine Straße dann, wenn die Fahrbahn je Fahrtrichtung mindestens einen Fahrstreifen hat.

II. Der für den Gegenverkehr bestimmte Teil der Fahrbahn ist in der Regel durch Leitlinien (Zeichen 340) zu markieren, auf Fahrbahnen mit zwei oder mehr Fahrstreifen für jede Richtung durch Fahrstreifenbegrenzungen (Zeichen 295). Die Fahrstreifenbegrenzung sollte an Grundstückszufahrten nur dann unterbrochen werden, wenn andernfalls für den Anliegerverkehr unzumutbare Umwege oder sonstige Unzuträglichkeiten entstehen; wenn es erforderlich ist, das Linksabbiegen zu einem Grundstück zuzulassen, das Linksabbiegen aus diesem Grundstück aber verboten werden soll, kommt gegebenenfalls die Anbringung einer einseitigen Fahrstreifenbegrenzung (Zeichen 296) in Frage. Fahrstreifenbegrenzungen sind nicht zweckmäßig, wenn zu gewissen Tageszeiten Fahrstreifen für den Verkehr aus der anderen Richtung zur Verfügung gestellt werden müssen. Vgl. § 37 Abs. 3.

III. Bei Nagelreihen müssen mindestens drei Nägel je Meter angebracht werden. Längsmarkierungen dürfen durch Nagelreihen nur dort ersetzt werden, wo die zulässige Höchstgeschwindigkeit 50 km/h oder weniger beträgt. Vgl. aber § 41 Absatz 4 und Nummer IV 6 zu den §§ 39 bis 43.

Zu Buchstabe a)

I. die Begrenzung des für den Gegenverkehr bestimmten Teils der Fahrbahn:

1. Sie ist in der Regel als Schmalstrich auszuführen.

2. Sie soll außer auf breiten Straßen (vgl. II zu Zeichen 295) nur bei gefährlichen Fahrbahnverengungen, vor und im Bereich gefährlicher Kuppen und Kurven und vor gefährlichen Kreuzungen und Einmündungen angebracht werden. Dann sollte ihrem Beginn eine Leitlinie von ausreichender Länge vorgeschaltet werden, deren Striche wesentlich länger sein müssen als ihre Lücken.

II. Die Begrenzung mehrerer Fahrstreifen für den gleichgerichteten Verkehr:

1. Sie ist als Schmalstrich auszuführen; vgl. aber Nummer II 2 zu Zeichen 245.

2. (entfällt)

3. Vgl. auch IV zu Zeichen 297.

III. Es ist schon einzuschreiten, wenn die Aufbauten oder die Ladung in die Fahrstreifenbegrenzung hineinragen.

IV. Wegen der Zustimmungsbedürftigkeit vgl. III 1c) zu § 45 Abs. 1.

Zu Buchstabe b)

I. Die Fahrbahnbegrenzung ist an Autobahnen und Straßen mit Mehrzweckstreifen als Breitstrich auszuführen.

II. Obwohl die Linie überfahren werden darf, ist sie an Kreuzungen und Einmündungen zu unterbrechen und in der Regel durch eine Leitlinie zu ersetzen.

III. Mehrzweckstreifen dürfen nur auf Straßen markiert werden, die eigens auch dafür ausgebaut sind. Wo ein Mehrzweckstreifen markiert ist, darf an dessen rechtem Rand keine Markierung angebracht werden.

1 Nr. III Satz 3 wurde durch die Bek. des BMV vom 22. 6. 1979, VkBl. 79, 390, berichtigt. Zu Buchst. a: Nr. II 1 wurde geändert. In Kraft seit 1. 1. 1980.

§ 42

Richtzeichen

(2) Vorrang

Zeichen 307

Ende der Vorfahrtstraße

Geändert durch Bek. des BMV vom 25. 10. 1979, VkBl. 79, 746. Dazu wird ausgeführt:

„Bei der bisherigen Ausführung des Zeichens 307 StVO mit fünf relativ dünnen schwarzen Strichen besteht die Gefahr, daß unter bestimmten Beleuchtungsbedingungen der Aufhebungscharakter des Zeichens übersehen werden kann. Untersuchungen der Bundesanstalt für Straßenwesen (BASt) führten zu der nachfolgend abgebildeten verbesserten Ausführung des Zeichens 307 StVO, das hiermit im Einvernehmen mit den für den Straßenverkehr und für die Verkehrspolizei mit den für den Straßenverkehr und für die Verkehrspolizei zuständigen obersten Landesbehörden eingeführt wird.

Es gibt eine Übergangszeit bis zum 31. 12. 1980.

Ab 1. Januar 1989 muß Zeichen 307 StVO der nachstehend abgebildeten Form entsprechen.“

(4) Parken

Zeichen 314

Parkplatz

1. **Das Zeichen erlaubt das Parken (§ 12 Abs. 2).**
2. **Durch ein Zusatzschild kann die Parkerlaubnis beschränkt sein, insbesondere nach der Dauer, nach Fahrzeugarten, zugunsten der Anwohner, zugunsten Schwerbehinderter mit außergewöhnlicher Gehbehinderung und Blinder, allgemein oder mit besonderem Parkausweis. Das Zusatzschild ‚nur mit Parkschein' kennzeichnet den Geltungsbereich von Parkscheinautomaten, das Zusatzschild ‚gebührenpflichtig' kennzeichnet einen Parkplatz für Großveranstaltungen als gebührenpflichtig (§ 45 Abs. 1 Nr. 1).**
3. **Zeigt das Schild einen weißen Pfeil oder eine Entfernungsangabe, so weist es auf einen Parkplatz hin.**

Geänderte VwV vgl. unten S. 175, Rdn. 5.

Zeichen 315

Parken auf Gehwegen

1. Das Zeichen erlaubt Fahrzeugen mit einem zulässigen Gesamtgewicht bis zu 2,8 t das Parken (§ 12 Abs. 2) auf Gehwegen.

2. Im Zeichen wird bildlich angeordnet, wie die Fahrzeuge aufzustellen sind.

3. Durch ein Zusatzschild kann die Parkerlaubnis beschränkt sein nach der Dauer, zugunsten der Anwohner, zugunsten Schwerbehinderter mit außergewöhnlicher Gehbehinderung und Blinder, allgemein oder mit besonderem Parkausweis. Das Zusatzschild ‚nur mit Parkschein' kennzeichnet den Geltungsbereich von Parkscheinautomaten.

1 Nr. 2 zu Zeichen 314 und Nr. 3 zu Zeichen 315 erhielten ihre Fassung durch die VO vom 21. 7. 1980, BGBl. I 1060. Ermächtigungsvorschrift: § 6 Abs. 1 Nr. 14. In Kraft mit 1. 8. 1980.

Vgl. zu den Erläuterungen zu Zeichen 314 und 315 auch die amtl. Begr. zu § 6 StVG.

2 Die Sonderparkplätze für Schwerbehinderte und Anwohner können entweder durch das Zeichen 286 mit einem Zusatzschild, das die Begünstigten von diesem Haltverbot ausnimmt, oder aber mit den Zeichen 314 und 315 gekennzeichnet sein. In den letzteren Fällen wird durch Zusatzschild die Parkerlaubnis auf die Begünstigten beschränkt. Die Straßenverkehrsbehörden können die Regelung wählen, die ihnen im Einzelfall sachgerecht erscheint (so amtl. Begr.).

3 Bußgeldvorschrift: § 49 Abs. 3 Nr. 5 StVO.

(4 a) Verkehrsberuhigte Bereiche

Zeichen 325

Beginn

Zeichen 326

Ende

eines verkehrsberuhigten Bereichs

Innerhalb dieses Bereichs gilt:

1. **Fußgänger dürfen die Straße in ihrer ganzen Breite benutzen; Kinderspiele sind überall erlaubt.**

2. **Der Fahrzeugverkehr muß Schrittgeschwindigkeit einhalten.**

3. **Die Fahrzeugführer dürfen die Fußgänger weder gefährden noch behindern; wenn nötig müssen sie warten.**

4. **Die Fußgänger dürfen den Fahrverkehr nicht unnötig behindern.**

5. **Das Parken ist außerhalb der dafür gekennzeichneten Flächen unzulässig, ausgenommen zum Ein- oder Aussteigen, zum Be- oder Entladen.**

Geänderte VwV vgl. unten S. 175, Rdn. 6.

Nr. (4 a) wurde eingefügt durch die VO vom 21. 7. 1980, BGBl. I 1060. Rechtsgrundlage und Ermächtigungsvorschrift: § 6 Abs. 1 Nr. 15 StVG. In Kraft seit 1. 8. 1980. 1

Die amtl. Begr. führt zur Einführung an verkehrsberuhigten Bereiche u. a. aus: 2
„In den verkehrsrechtlichen und städtebaulichen Diskussionen in den vergangenen Jahren haben die sogenannten „verkehrsberuhigten Bereiche" einen breiten Raum eingenommen. Anknüpfend an holländische Erfahrungen hat in Nordrhein-Westfalen ein mehrjähriger Großversuch stattgefunden. Die Erfahrungen waren im allgemeinen so positiv, daß es erforderlich ist, ein entsprechendes Verkehrszeichen in die StVO aufzunehmen. Dieses Verkehrszeichen ist nach eingehenden psychologischen sowie auch verkehrstechnischen Untersuchungen (Tag- und Nachtsichtbarkeit) im Rahmen der Europäischen Konferenz der Verkehrsminister (CEMT) entwickelt worden. Auch die an dieses Zeichen geknüpften Verhaltensvorschriften entsprechen einer CEMT-Ministerratsempfehlung. Zeichen und Vorschriften werden also demnächst in ganz Westeuropa einheitlich gelten. Auch die UN-Wirtschaftskommission für Europa (ECE) diskutiert z. Z. dieses Zeichen mit den Verhaltensvorschriften. Es besteht ein begründeter Anlaß zu der Annahme, daß auch die europäischen Ostblockstaaten diese Regelung übernehmen werde.

Zu 1 3

Diese Vorschrift hebt die Differenzierung der einzelnen Straßenteile nach Benutzungsarten (Gehweg, Radweg, Fahrbahn) auf. Es ist klar, daß eine solche Regelung ohne eine erhebliche bauliche Umgestaltung der Straße nicht möglich ist. Dies wäre im Interesse der Verkehrssicherheit nicht zu verantworten.

Zu 2 4

Der Begriff „Fahrzeugverkehr" stellt klar, daß hiermit nicht nur Kraftwagen gemeint sind, Auch Radfahrer, Mofas und Mopeds müssen Schritt fahren. Der Begriff „Schrittgeschwindigkeit" deckt sich mit dem in § 24 Abs. 2 aufgeführten gleichnamigen Begriff. Es ist dies eine sehr langsame Geschwindigkeit, die der eines normal gehenden Fußgängers entspricht; sie muß jedenfalls wesentlich unter 20 km/h liegen.

5 Die Rechts- vor Linksvorfahrt wird aufgehoben. Es würde der besonderen Art des in diesem Wohnbereich „geduldeten" Fahrzeugverkehrs widersprechen, wenn etwa der Vorfahrtberechtigte unter Inanspruchnahme des Vertauensgrundsatzes sich einer Kreuzung oder Einmündung mit unangemessener Geschwindigkeit näherte.

6 *Zu 3*

Hier wird im Ergebnis der Vorrang des Fußgängers – vor dem Fahrzeugverkehr – normiert. Dies kommt in der Formulierung zum Ausdruck „wenn nötig, müssen sie (die Fahrzeuge) warten". Dieselbe Formulierung findet sich in § 9 Abs. 3, § 20 Abs. 1, Abs. 1a und 2 sowie in § 26 Abs. 1.

7 *Zu 4*

Diese Vorschrift soll verhindern, daß die Fußgänger einen unangemessenen Gebrauch von ihrem Vorrang machen.

8 *Zu 5*

Die zum Parken bestimmten Flächen innerhalb des verkehrsberuhigten Bereichs brauchen nicht durch Parkplatzschilder gekennzeichnet zu sein. Es genügt auch eine Bodenmarkierung (§ 41 Abs. 7) oder, wenn dies ausreichend deutlich möglich ist, eine besondere Art der Pflasterung."

9 Ermächtigungsvorschrift: § 6 Abs. 1 Nr. 15 StVG. Bußgeldvorschrift: § 49 Abs. 3 Nr. 5 StVO.

Zeichen 432

zu innerörtlichen Zielen

VwV Zu Zeichen 432 Wegweiser zu innerörtlichen Zielen

I. Innerörtliche Ziele, zu denen zu weisen ratsam ist, können sowohl Ortsteile (z. B. Parksiedlung, Innenstadt, Kurviertel) als auch öffentliche Anlagen und Gebäude sein (z. B. Flughafen, Bahnhof, Messegelände, Universität, Stadion, Autohof). Wenn auch in der Regel durch das weiße Pfeilschild nur der Weg zu Zielen innerhalb der geschlossenen Ortschaft gewiesen werden sollte, wird empfohlen, es auch als Wegweiser auf einen außerhalb gelegenen Flugplatz, Bahnhof oder auf ähnliche Einrichtungen zu verwenden.

Zusätzlich ein Sinnbild des angegebenen Zieles zu zeigen, empfiehlt sich.

II. Zu privaten Unternehmen darf nur dann so gewiesen werden, wenn das wegen besonders starken auswärtigen Zielverkehrs dorthin unerläßlich ist und auch nur, wenn allgemeine Hinweise wie „Industriegebiet Nord" nicht ausreichen.

III. Auf Autobahnen dürfen Wegweiser zu privaten Unternehmen, zu Industrie- oder Gewerbegebieten und zu öffentlichen Einrichtungen nicht aufgestellt werden. Hinweise auf Flughäfen, die in weißen Einsätzen mit dem Sinnbild eines Flugzeuges (entsprechend Zeichen 144) auf den blauen Autobahnwegweisern angezeigt werden, bleiben davon unberührt.

Fassung beruht auf der Bek. des BMV vom 22. 6. 1979, VkBl. 79, 390.

§ 43

Verkehrseinrichtungen

(1) Verkehrseinrichtungen sind Schranken, Parkuhren, Parkscheinautomaten, Geländer, Absperrgeräte, Leiteinrichtungen sowie Blinklicht- und Lichtzeichenanlagen.

(2) Regelungen durch Verkehrseinrichtungen gehen den allgemeinen Verkehrszeichen vor.

(3) Verkehrseinrichtungen im einzelnen:

(von Abdruck wird abgesehen; vgl. S. 712ff des Kommentars)

Die VO vom 21.7.1980, BGBl. I 1060, ergänzte Abs. 1 durch die Einfügung des Begriffs „Parkuhrenautomaten". In Kraft seit 1.8.1980. **1**

Der BMV hat Richtlinien für die Markierung von Straßen (RMS) veröffentlicht (VkBl. 80, 184). Für die Wegweisung außerhalb der Autobahnen wurde das Merkblatt 1973 überarbeitet und steht als Ausgabe 1980 zur Verfügung (vgl. VkBl. 80, 195). **2**

Bußgeldvorschrift: § 49 Abs. 3 Nr. 6 StVO. **3**

§ 45

Verkehrszeichen und Verkehrseinrichtungen

Die Straßenverkehrsbehörden können die Benutzung bestimmter Straßen oder Straßenstrecken aus Gründen der Sicherheit oder Ordnung des Verkehrs beschränken oder verbieten und den Verkehr umleiten. Das gleiche Recht haben sie

1. zur Durchführung von Arbeiten im Straßenraum,

2. zur Verhütung außerordentlicher Schäden an der Straße,

3. zum Schutz der Wohnbevölkerung vor Lärm und Abgasen,

4. zum Schutz der Gewässer und Heilquellen,

5. hinsichtlich der zur Erhaltung der öffentlichen Sicherheit erforderlichen Maßnahmen sowie

6. zur Erforschung des Unfallgeschehens, des Verkehrsverhaltens, der Verkehrsabläufe sowie zur Erprobung geplanter verkehrssichernder oder verkehrsregelnder Maßnahmen.

(1a) Das gleiche Recht haben sie ferner

1. in Bade- und heilklimatischen Kurorten,

2. in Luftkurorten,

3. in Erholungsorten von besonderer Bedeutung.

4. in Landschaftsgebieten und Ortsteilen, die überwiegend der Erholung dienen,

5. in der Nähe von Krankenhäusern und Pflegeanstalten sowie

6. in unmittelbarer Nähe von Erholungsstätten außerhalb geschlossener Ortschaften, wenn dadurch anders nicht vermeidbare Belästigungen durch den Fahrzeugverkehr verhütet werden können.

(1b) Die Straßenverkehrsbehörden treffen auch die notwendigen Anordnungen

1. im Zusammenhang mit der Einrichtung von gebührenpflichtigen Parkplätzen für Großveranstaltungen,
2. im Zusammenhang mit der Kennzeichnung von Parkmöglichkeiten für Schwerbehinderte mit außergewöhnlicher Gehbehinderung und Blinde sowie für Anwohner,
3. zur Kennzeichnung von Fußgängerbereichen und verkehrsberuhigten Bereichen,
4. zur Erhaltung der Sicherheit oder Ordnung in diesen Bereichen sowie
5. zum Schutz der Bevölkerung vor Lärm und Abgasen oder zur Unterstützung einer geordneten städtebaulichen Entwicklung.

Die Straßenverkehrsbehörden ordnen die Parkmöglichkeiten für Anwohner, die Kennzeichnung von Fußgängerbereichen und verkehrsberuhigten Bereichen und Maßnahmen zum Schutze der Bevölkerung vor Lärm und Abgasen oder zur Unterstützung einer geordneten städtebaulichen Entwicklung im Einvernehmen mit der Gemeinde an.

(1c) Nach Maßgabe der auf Grund des § 40 des Bundes-Immissionsschutzgesetzes von den Landesregierungen erlassenen Rechtsverordnungen (Smog-Verordnungen) bestimmen die Straßenverkehrsbehörden schließlich, wo und welche Verkehrszeichen und Verkehrseinrichtungen bei Smog aufzustellen sind.

(2) Zur Durchführung von Straßenbauarbeiten und zur Verhütung von außerordentlichen Schäden an der Straße, die durch deren baulichen Zustand bedingt sind, können die Straßenbaubehörden – vorbehaltlich anderer Maßnahmen der Straßenverkehrsbehörden – Verkehrsverbote und -beschränkungen anordnen, den Verkehr umleiten und ihn durch Markierungen und Leiteinrichtungen lenken. Straßenbaubehörde im Sinne dieser Verordnung ist die Behörde, welche die Aufgaben des beteiligten Trägers der Straßenbaulast nach den gesetzlichen Vorschriften wahrnimmt. Für Bahnübergänge von Eisenbahnen des öffentlichen Verkehrs können nur die Bahnunternehmen durch Blinklicht- oder Lichtzeichenanlagen, durch rot-weiß gestreifte Schranken oder durch Aufstellung des Andreaskreuzes ein bestimmtes Verhalten der Verkehrsteilnehmer vorschreiben. Alle Gebote und Verbote sind durch Zeichen und Verkehrseinrichtungen nach dieser Verordnung anzuordnen.

(3) Im übrigen bestimmen die Straßenverkehrsbehörden, wo und welche Verkehrszeichen und Verkehrseinrichtungen anzubringen und zu entfernen sind, bei Straßennamensschildern nur darüber, wo diese so anzubringen sind, wie Zeichen 437 zeigt. Die Straßenbaubehörden bestimmen – vorbehaltlich anderer Anordnungen der Straßenverkehrsbehörden – die Art der Anbringung und der Ausgestaltung, wie Übergröße, Beleuchtung; ob Leitpfosten anzubringen sind, bestimmen sie allein. Sie können auch – vorbehaltlich anderer Maßnahmen der Straßenverkehrsbehörden – Gefahrzeichen anbringen, wenn die Sicherheit des Verkehrs durch den Zustand der Straße gefährdet wird.

(4) Die genannten Behörden dürfen den Verkehr nur durch Verkehrszeichen und Verkehrseinrichtungen regeln und lenken; in den Fällen des Absatzes 1 Satz 2 Nr. 5 jedoch

auch durch Anordnungen, die durch Rundfunk, Fernsehen, Tageszeitungen oder auf andere Weise bekanntgegeben werden, sofern die Aufstellung von Verkehrszeichen und -einrichtungen nach den gegebenen Umständen nicht möglich ist.

(5) Zur Beschaffung, Anbringung, Unterhaltung und Entfernung der Verkehrszeichen und Verkehrseinrichtungen und zu deren Betrieb einschließlich ihrer Beleuchtung ist der Baulastträger verpflichtet, sonst der Eigentümer der Straße. Das gilt auch für die von der Straßenverkehrsbehörde angeordnete Beleuchtung von Fußgängerüberwegen.

(6) Vor dem Beginn von Arbeiten, die sich auf den Straßenverkehr auswirken, müssen die Unternehmer – die Bauunternehmer unter Vorlage eines Verkehrszeichenplans – von der zuständigen Behörde Anordnungen nach Absatz 1 bis 3 darüber einholen, wie ihre Arbeitsstellen abzusperren und zu kennzeichnen sind, ob und wie der Verkehr, auch bei teilweiser Straßensperrung, zu beschränken, zu leiten und zu regeln ist, ferner ob und wie sie gesperrte Straßen und Umleitungen zu kennzeichnen haben. Sie haben diese Anordnungen zu befolgen und Lichtzeichenanlagen zu bedienen.

(7) Sind Straßen als Vorfahrtstraßen, soweit sie nicht Bundesfernstraßen sind, oder als Verkehrsumleitungen gekennzeichnet, bedürfen Baumaßnahmen, durch welche die Fahrbahn eingeengt wird, der Zustimmung der Straßenverkehrsbehörde; ausgenommen sind die laufende Straßenunterhaltung sowie Notmaßnahmen. Die Zustimmung gilt als erteilt, wenn sich die Behörde nicht innerhalb einer Woche nach Eingang des Antrags zu der Maßnahme geäußert hat.

(8) Die Straßenverkehrsbehörden können innerhalb geschlossener Ortschaften die zulässige Höchstgeschwindigkeit auf bestimmten Straßen durch Zeichen 274 erhöhen.

Geänderte VwV vgl. unten S. 176, Rdn. 7.

Die VO vom 21. 7. 1980, BGBl. I 1060, hat den bisherigen Abs. 1 durch die Absätze 1 bis 1c ersetzt und dem Abs. 4 den 2. Halbsatz angefügt. In Kraft seit 1. 8. 1980. **1**

Ermächtigungsvorschrift: § 6 Abs. 1 Nr. 13, 17. Auf die amtl. Begr. zu § 6 StVG wird verwiesen.

Bußgeldvorschrift für Abs. 4 Satz 2: § 49 Abs. 3 Nr. 7, für Abs. 6: § 49 Abs. 4 Nr. 3. **2**

§ 46

Ausnahmegenehmigung und Erlaubnis

(1) Die Straßenverkehrsbehörden können in bestimmten Einzelfällen oder allgemein für bestimmte Antragsteller Ausnahmen genehmigen

1. **von den Vorschriften über die Straßenbenutzung (§ 2);**
2. **vom Verbot, eine Autobahn oder eine Kraftfahrstraße zu betreten oder mit dort nicht zugelassenen Fahrzeugen zu benutzen (§ 18 Abs. 1, 10);**
3. **vom Verbot, in zweiter Reihe zu parken (§ 12 Abs. 4);**
4. **vom Verbot des Parkens vor oder gegenüber von Grundstücksein- und ausfahrten (§ 12 Abs. 3 Nr. 3);**

4a) von der Vorschrift, an Parkuhren nur während des Laufes der Uhr, an Parkscheinautomaten nur mit einem Parkschein zu halten (§ 13 Abs. 1).

4b) von der Vorschrift, im Bereich eines Zonenhaltverbots (Zeichen 290 und 292) nur während der dort vorgeschriebenen Zeit zu parken (§ 13 Abs. 2);

5. von den Vorschriften über Höhe, Länge und Breite von Fahrzeug und Ladung (§ 18 Abs. 1 Satz 2, § 22 Abs. 2 bis 4);

5a) vom Verbot der Mitnahme von Kindern auf den Vordersitzen von Kraftfahrzeugen (§ 21 Abs. 1a);

5b) von den Vorschriften über das Anlegen von Sicherheitsgurten und das Tragen von Schutzhelmen (§ 21a);

6. vom Verbot, Tiere von Kraftfahrzeugen und andere Tiere als Hunde von Fahrrädern aus zu führen (§ 28 Abs. 1 Satz 3 und 4);

7. vom Sonntagsfahrverbot (§ 30 Abs. 3);

8. vom Verbot, Hindernisse auf die Straße zu bringen (§ 32 Abs. 1);

9. von den Verboten, Lautsprecher zu betreiben, Waren oder Leistungen auf der Straße anzubieten (§ 33 Abs. 1 Nr. 1 und 2);

10. vom Verbot der Werbung und Propaganda in Verbindung mit Verkehrszeichen (§ 33 Abs. 2 Satz 2) nur für die Flächen von Leuchtsäulen, an den Haltestellenschilder öffentlicher Verkehrsmittel angebracht sind;

11. von den Verboten, die durch Vorschriftszeichen (§ 41), Richtzeichen (§ 42) oder Verkehrseinrichtungen (§ 43 Abs. 3) angeordnet sind.

12. von dem Nacht- und Sonntagsparkverbot (§ 12 Abs. 3a).

Vom Verbot, Personen auf der Ladefläche mitzunehmen (§ 21 Abs. 2), können für die Dienstbereiche der Bundeswehr, der auf Grund des Nordatlantik-Vertrages errichteten internationalen Hauptquartiere, des Bundesgrenzschutzes, der Deutschen Bundesbahn, der Deutschen Bundespost und der Polizei deren Dienststellen, für den Katastrophenschutz die zuständigen Landesbehörden, Ausnahmen genehmigen.

Dasselbe gilt für die Vorschrift, daß vorgeschriebene Sicherheitsgurte angelegt sein oder Schutzhelme getragen werden müssen (§ 21a).

(2) Die zuständigen obersten Landesbehörden oder die von ihnen bestimmten Stellen können von allen Vorschriften dieser Verordnung Ausnahmen für bestimmte Einzelfälle oder allgemein für bestimmte Antragsteller genehmigen. Erstrecken sich die Auswirkungen der Ausnahme über ein Land hinaus und ist eine einheitliche Entscheidung notwendig, so ist der Bundesminister für Verkehr zuständig; das gilt nicht für Ausnahmen vom Verbot der Rennveranstaltungen (§ 29 Abs. 1).

(3) Ausnahmegenehmigung und Erlaubnis können unter dem Vorbehalt des Widerrufs erteilt werden und mit Nebenbestimmungen (Bedingungen, Befristungen, Auflagen) versehen werden. Erforderlichenfalls kann die zuständige Behörde die Beibringung eines Sachverständigengutachtens auf Kosten des Antragstellers verlangen. Die Bescheide sind mitzuführen und auf Verlangen zuständigen Personen auszuhändigen.

(4) Ausnahmegenehmigungen und Erlaubnisse der zuständigen Behörde sind für den Geltungsbereich dieser Verordnung wirksam, sofern sie nicht einen anderen Geltungsbereich nennen.

VwV

Zu § 46 Ausnahmegenehmigungen und Erlaubnis

Allgemeines über Ausnahmegenehmigungen

I. Die Straßen sind nur für den normalen Verkehr gebaut. Eine Ausnahmegenehmigung zu erteilen, ist daher nur in besonders dringenden Fällen gerechtfertigt. An den Nachweis solcher Dringlichkeit sind strenge Anforderungen zu stellen. Erteilungsvoraussetzungen dürfen nur dann als amtsbekannt behandelt werden, wenn in den Akten dargetan wird, worauf sich diese Kenntnis gründet.

II. Die Sicherheit des Verkehrs darf durch eine Ausnahmegenehmigung nicht beeinträchtigt werden; sie ist erforderlichenfalls durch Auflagen und Bedingungen zu gewährleisten. Auch Einbußen der Flüssigkeit des Verkehrs sind auf solche Weise möglichst zu mindern.

III. Die straßenrechtlichen Vorschriften über Sondernutzungen sind zu beachten.

IV. Hat der Inhaber einer Ausnahmegenehmigung die Nichtbeachtung von Bedingungen und Auflagen zu vertreten, so soll ihm grundsätzlich keine neue Ausnahmegenehmigung erteilt werden.

V. Vor der Erteilung einer Ausnahmegenehmigung sollen die beteiligten Behörden gehört werden, wenn dies bei dem Zweck oder Geltungsbereich der Ausnahmegenehmigung geboten ist.

VI. Dauerausnahmegenehmigungen sind auf höchstens ein Jahr zu befristen. Sie dürfen nur widerruflich erteilt werden.

Zu Absatz 1

Zu Nummer 1

Aus Sicherheitsgründen werden in der Regel Bedingungen oder Auflagen geboten sein.

Zu Nummer 2

Sofern die Ausnahmegenehmigung sich auf dort nicht zugelassene Fahrzeuge bezieht, gilt VI 2 a zu § 29 Abs. 3.

Zu Nummer 4

Die betroffenen Anlieger sind zu hören.

Zu Nummer 5

Ausnahmen von den Vorschriften über Höhe, Länge und Breite von Fahrzeugen und Ladung.

I.

Fahrzeuge und Züge, deren Abmessungen, Achslasten oder Gesamtgewichte die nach den §§ 32 und 34 StVZO zulässigen Grenzen überschreiten oder bei denen das Sichtfeld (§ 35 b Abs. 2 StVZO) eingeschränkt ist, bedürfen einer Ausnahmegenehmigung nach § 70 StVZO. Die Abmessungen eines Fahrzeugs oder eines Zuges sind auch dann überschritten, wenn die Vorschriften über die Kurvenläufigkeit (§ 32 Abs. 2 StVZO) nicht eingehalten werden. Für den Verkehr der in Satz 1 u. 2 genannten Fahrzeuge und Züge ist außerdem eine Erlaubnis nach § 29 Abs. 3 erforderlich. Vgl. Nummer I bis IX zu § 29 Abs. 3

II. Voraussetzungen der Ausnahmegenehmigung

1. Eine Ausnahmegenehmigung darf nur erteilt werden, wenn

   a) der Verkehr nicht – wenigstens zum größten Teil der Strecke – auf der Schiene oder auf dem Wasser möglich ist oder wenn durch einen Verkehr auf dem Schienen- oder Wasserweg unzumutbare Mehrkosten (auch andere als die reinen Transportmehrkosten) entstehen würden;

b) für den gesamten Fahrweg Straßen zur Verfügung stehen, deren baulicher Zustand durch den Verkehr nicht beeinträchtigt wird und für deren Schutz keine besonderen Maßnahmen erforderlich sind, oder wenn wenigstens die spätere Wiederherstellung der Straßen oder die Durchführung jener Maßnahmen vor allem aus verkehrlichen Gründen nicht zu zeitraubend oder zu umfangreich wäre;

c) die Beschaffung eines Spezialfahrzeugs für die Beförderung unmöglich oder unzumutbar ist;

d) die Ladung nach vorn nicht über 1 m hinausragt.

2. Eine Ausnahmegenehmigung darf außerdem nur für die Beförderung folgender Ladungen erteilt werden:

a) E i n e r unteilbaren Ladung

Unteilbar ist eine Ladung, wenn ihre Zerlegung aus technischen Gründen unmöglich ist oder unzumutbare Kosten verursachen würde.

b) Einer aus z w e i T e i l e n bestehenden Ladung, wenn die Teile aus Festigkeitsgründen nicht als Einzelstücke befördert werden können und diese unteilbar sind.

c) M e h r e r e r einzelner Teile, die je für sich mit ihrer Länge, Breite oder Höhe über den im Fahrzeugschein (Muster 2 a oder 2 b der StVZO) festgelegten Abmessungen des Fahrzeugs oder Zuges hinausragen und unteilbar sind.

Beiladung ist gestattet, soweit Gesamtgewicht und Achslasten die nach § 34 StVZO zulässigen Werte nicht überschreiten.

3. Hat der Antragsteller vorsätzlich oder grobfahrlässig zuvor einen genehmigungspflichtigen Verkehr ohne die erforderliche Ausnahmegenehmigung durchgeführt oder gegen die Bedingungen und Auflagen einer Ausnahmegenehmigung verstoßen, so soll ihm für einen angemessenen Zeitraum keine Genehmigung mehr erteilt werden.

III. Das Verfahren

1. Der Antragsteller ist darauf hinzuweisen, daß die Bearbeitung der Anträge in der Regel zwei Wochen erfordert. Von diesem Hinweis kann nur dann abgesehen werden, wenn der Antragsteller nachweist, daß die Beförderung eilbedürftig ist, nicht vorhersehbar war und geeigneter Eisenbahn- oder Schiffstransportraum nicht mehr rechtzeitig zur Verfügung gestellt werden kann; dabei ist ein strenger Maßstab anzulegen.

Aus dem Antrag müssen mindestens folgende technische Daten des Fahrzeuges oder Zuges einschließlich der Ladung ersichtlich sein:

Länge, Breite und Höhe des Fahrzeuges oder Zuges, Abmessungen der Ladung, Höchstgeschwindigkeit des Transports, amtliches Kennzeichen von Zugfahrzeugen und Anhängern.

2. Außer in den Fällen der Nummer 4 hat die zuständige Straßenverkehrsbehörde die nach § 8 Abs. 6 Bundesfernstraßengesetz oder den entsprechenden landesrechtlichen Bestimmungen zu beteiligenden Straßenbaubehörden sowie die Polizei und, wenn Bahnstrecken höhengleich (Bahnübergänge) oder nicht höhengleich (Überführungen) gekreuzt oder Bahnanlagen berührt werden, auch die Bahnunternehmen – für die Bundesbahn deren Bundesbahndirektionen – zu hören. Geht die Fahrt über den Bezirk einer Straßenverkehrsbehörde hinaus, so sind außerdem die Straßenverkehrsbehörden zu hören, durch deren Bezirk der Fahrweg führt; diese verfahren für ihren Bezirk nach Satz 1. Die zuständige Genehmigungsbehörde hat im Anhörverfahren ausdrücklich zu bestätigen, daß die Abwicklung des Transports auf dem Schienen- oder Wasserweg unmöglich oder unzumutbar ist. Ist die zeitweise Sperrung einer Autobahn-Richtungsfahrbahn erforderlich, bedarf es der Zustimmung der höheren Verwaltungsbehörde. Den beteiligten Behörden sind die in Nummer III 1 aufgeführten technischen Daten des Fahrzeugs oder Zuges und der Ladung mitzuteilen.

3. Geht die Fahrt über das Gebiet eines Landes hinaus, so ist unter Mitteilung der in Nummer III 1 aufgeführten technischen Daten des Fahrzeugs oder Zuges und der Ladung die Zustimmung derjenigen höheren Verwaltungsbehörde einzuholen, durch deren Bezirk die Fahrt in den anderen Ländern jeweils zuerst geht. Auch für diese Behörden gilt Nummer 2 Satz 1. Ihre Zustimmung dürfen sie nur mit der Begründung versagen, daß die Voraussetzungen nach Nummer II 1 b in ihrem Bezirk nicht vorliegen. Die zuständigen obersten Landesbehörden können die für das Anhörverfahren bei der

Erteilung von Dauerausnahmegenehmigungen ohne festgelegten Fahrweg zuständigen höheren Verwaltungsbehörden bestimmen. Führt die Fahrt nur auf kurze Strecken in ein anderes Land, so genügt es, statt mit der dortigen höheren Verwaltungsbehörde unmittelbar mit der örtlichen Straßenverkehrsbehörde und der örtlichen Straßenbaubehörde des Nachbarlandes Verbindung aufzunehmen.

4. Von dem in Nummer 2 und 3 angeführten Anhörverfahren ist abzusehen, wenn folgende Abmessungen im Einzelfall nicht überschritten werden:

a) Höhe (Fahrzeug/Zug und Ladung)	4,0 m
b) Breite (Fahrzeug/Zug und Ladung)	3,0 m
c) Länge (Fahrzeug/Zug und Ladung)	22,0 m
d) Hinausragen der Ladung nach hinten	4,0 m
e) Hinausragen der Ladung über die letzte Achse	5,0 m
f) Hinausragen der Ladung nach vorn	1,0 m

5. a) An den Nachweis der Voraussetzungen der Erteilung einer Ausnahmegenehmigung nach Nummer II sind strenge Anforderungen zu stellen. Über das Verlangen von Sachverständigengutachten vgl. § 46 Abs. 3 Satz 2. Die Erteilungsvoraussetzungen dürfen nur dann als amtsbekannt behandelt werden, wenn in den Akten dargelegt wird, worauf sich diese Kenntnis gründet.

   b) Die Straßenverkehrsbehörde hat, wenn es sich um einen Verkehr über eine Wegstrecke von mehr als 250 km handelt, nach Nummer III 2 und 3 ein Anhörverfahren vorgeschrieben ist und eine Gesamtbreite von 4,20 m oder eine Gesamthöhe von 4,80 m (jeweils von Fahrzeug und Ladung) nicht überschritten wird, sich vom Antragsteller vorlegen zu lassen

   aa) eine Bescheinigung der für den Versandort zuständigen Güterabfertigung darüber, ob und ggf. innerhalb welcher Fristen und unter welchen Gesamtkosten die Schienenbeförderung bzw. die gebrochene Beförderung Schiene/Straße möglich ist,

   bb) im gewerblichen Verkehr eine Bescheinigung des Frachtführers oder des Spediteurs über die tarifmäßigen Beförderungsentgelte und die Entgelte für zusätzliche Leistungen,

   cc) im Werkverkehr den Nachweis über die gesamten Beförderungskosten; wird der Nachweis nicht erbracht, kann das tarifmäßige Beförderungsentgelt zuzüglich der Entgelte für zusätzliche Leistungen als Richtwert herangezogen werden.

   c) Die Straßenverkehrsbehörde hat, wenn es sich um einen Verkehr über eine Wegstrecke von mehr als 250 km handelt und eine Gesamtbreite von 4,20 m oder eine Gesamthöhe von 4,80 m (jeweils von Fahrzeug und Ladung) überschritten wird, sich vom Antragsteller vorlegen zu lassen:

   aa) eine Bescheinigung der nächsten Wasser- und Schiffahrtsdirektion darüber, ob und ggf. innerhalb welcher Fristen und unter welchen Gesamtkosten die Beförderung auf dem Wasser bzw. die gebrochene Beförderung Wasser/Straße möglich ist,

   bb) im gewerblichen Verkehr eine Bescheinigung des Frachtführers oder des Spediteurs über die tarifmäßigen Beförderungsentgelte und die Entgelte für zusätzliche Leistungen,

   cc) im Werkverkehr den Nachweis über die gesamten Beförderungskosten; wird der Nachweis nicht erbracht, kann das tarifmäßige Beförderungsentgelt zuzüglich der Entgelte für zusätzliche Leistungen als Richtwert herangezogen werden.

   Die Vorlage der Bescheinigungen nach aa, bb oder cc ist nicht erforderlich, wenn ein Transport auf dem Wasserweg offensichtlich nicht in Betracht kommt.

IV. Der Inhalt des Genehmigungsbescheides

1. Der Fahrweg ist in den Fällen festzulegen, in denen nach Nummer III 2 und 3 ein Anhörverfahren vorgeschrieben ist. Dabei müssen sämtliche Möglichkeiten des gesamten Straßennetzes bedacht werden. Eine Beeinträchtigung des Verkehrsflusses in den Hauptverkehrszeiten muß vermieden werden. Auch sollte der Fahrweg so festgelegt werden, daß eine Verkehrsregelung nicht erforderlich ist.

2. Erforderlichenfalls ist auch die Fahrzeit festzulegen. Jedenfalls in den Fällen, in denen nach Nummer III 2 und 3 ein Anhörverfahren vorgeschrieben ist, soll für Straßenabschnitte, die erfahrungsgemäß zu bestimmten Zeiten einen erheblichen Verkehr aufweisen, die Fahrzeit in der Regel wie folgt beschränkt werden:

   a) Die Benutzung von Autobahnen ist in der Regel von Freitag 15.00 bis Montag 9.00 Uhr zu verbieten und, falls diese Straßen starken Berufsverkehr aufweisen, auch an den übrigen Wochentagen von 6.00 Uhr bis 8.30 Uhr und von 15.30 Uhr bis 19.00 Uhr. Vom 15. Juni bis 15. September sowie von Gründonnerstag bis Dienstag nach Ostern und von Freitag vor Pfingsten bis Dienstag danach sollte solchem Verkehr die Benutzung der Autobahnen möglichst nur von 22.00 Uhr bis 6.00 Uhr erlaubt werden. Gegebenenfalls kommt auch ein Verbot der Autobahnbenutzung an anderen Feiertagen (z. B. Weihnachten) sowie an den Tagen davor und danach in Betracht.

   b) Auf Bundesstraßen samt ihren Ortsdurchfahrten und auf anderen Straßen mit erheblichem Verkehr außerhalb geschlossener Ortschaften darf solcher Verkehr in der Regel nur von Montag 9.00 Uhr bis Freitag 15.00 Uhr erlaubt werden.

      Die Benutzung von Straßen mit starkem Berufsverkehr ist in der Regel werktags von 6.00 Uhr bis 8.30 Uhr und von 15.30 Uhr bis 19.00 Uhr zu verbieten.

   Zu Buchstabe a und b:

   Ist die Sperrung einer Autobahn, einer ganzen Fahrbahn oder die teilweise Sperrung einer Straße mit erheblichem Verkehr notwendig, so ist das in der Regel nur in der Zeit von 22.00 Uhr bis 6.00 Uhr zu erlauben.

3. Von der Fahrzeitbeschränkung nach Nummer IV 2 kann abgesehen werden, wenn der Antragsteller nachweist, daß die Beförderung eilbedürftig ist und bei einer Beschränkung der Fahrzeit die termingerechte Durchführung des Transportauftrags nicht gewährleistet ist. Dies gilt jedoch nicht, wenn die Eilbedürftigkeit durch Verschulden des Antragstellers entstanden ist. Ein Abweichen soll nicht zugelassen werden, wenn es erhebliche Einschränkungen des allgemeinen Verkehrs zu Verkehrsspitzenzeiten oder auf Strecken mit starkem Verkehrsaufkommen zur Folge haben wird. In diesen Fällen muß der Transport auf weniger bedeutende Straßen ausweichen.

4. Um einen reibungslosen Ablauf des genehmigungspflichtigen Verkehrs sicherzustellen, kann die zuständige Polizeidienststelle im Einzelfall von der im Genehmigungsbescheid festgesetzten zeitlichen Beschränkung abweichen, wenn es die Verkehrslage erfordert oder gestattet.

5. a) Soweit es die Sicherheit oder Ordnung des Verkehrs erfordert, sind Bedingungen zu stellen und Auflagen zu machen; insbesondere werden die von den Straßenverkehrsbehörden, den Straßenbaubehörden und Bahnunternehmen mitgeteilten Bedingungen, Auflagen und Sondernutzungsgebühren grundsätzlich in die Ausnahmegenehmigung aufgenommen. Erforderlichenfalls ist für den ganzen Fahrweg oder für bestimmte Fahrstrecken die zulässige Höchstgeschwindigkeit zu beschränken.

   b) Es ist vorzuschreiben, daß die Fahrt bei erheblicher Sichtbehinderung durch Nebel, Schneefall oder Regen oder bei Glatteis zu unterbrechen und das Fahrzeug möglichst außerhalb der Fahrbahn abzustellen und zu sichern ist.

   c) Die Auflage, das Fahrzeug, den Zug oder die Ladung besonders kenntlich zu machen, ist häufig geboten, etwa durch Verwendung von Kennleuchten mit gelbem Blinklicht oder durch Anbringung weiß-rot-weißer Warnfahnen oder weiß-roter Warntafeln am Fahrzeug oder Zug selbst oder an einem begleitenden Fahrzeug oder an der Ladung. Auf die „Richtlinien für die Kenntlichmachung überbreiter und überlanger Straßenfahrzeuge sowie bestimmter hinausragender Ladungen" wird verwiesen.

   d) Außerdem ist die Auflage aufzunehmen, daß vor Fahrtantritt zu prüfen ist, ob die im Genehmigungsbescheid festgelegten Abmessungen, insbesondere die vorgeschriebene Höhe, eingehalten werden.

6. Erforderlichenfalls ist vorzuschreiben, daß sich solche Fahrzeuge wie Züge nach § 4 Abs. 2 und § 19 Abs. 3 zu verhalten haben.

7. a) Ragt die Ladung mehr als 50 cm nach vorn hinaus, so ist die Auflage zu erteilen, die Ladung durch eine rot-weiß gestreifte Schutzvorrichtung zu sichern, die bei Dunkelheit blendfrei zu be-

leuchten ist. Soweit möglich, ist dazu eine mindestens 50 cm lange Schutzkappe über das vordere Ende der Ladung zu stülpen und so zu befestigen, daß die Ladung nicht nach vorn verrutschen kann.

b) Ragt die Ladung nach hinten hinaus, dann sind folgende Auflagen zu erteilen:

aa) Die Ladung, insbesondere deren hintere Enden, sind durch Spannmittel oder sonstige Vorrichtungen ausreichend zu sichern.

bb) Es darf nur abgebogen werden, wenn das wegen des Ausschwenkens der Ladung ohne Gefährdung, insbesondere des nachfolgenden oder des Gegenverkehrs, möglich ist.

cc) Besteht die Gefahr, daß die Ladung auf der Fahrbahn schleift, so ist ein Nachläufer vorzuschreiben. Auf die „Richtlinien für Langmaterialzüge mit selbstlenkendem Nachläufer" wird verwiesen.

8. Der Antragsteller hat bei der Antragstellung folgende Haftungserklärung bzw. folgenden Haftungsverzicht abzugeben:

„Soweit durch den Transport Schäden entstehen, verpflichte ich mich, für Schäden an Straßen und deren Einrichtungen sowie an Eisenbahnanlagen, Eisenbahnfahrzeugen, sonstigen Eisenbahngegenständen und Grundstücken aufzukommen und Straßenbaulastträger, Polizei, Verkehrssicherungspflichtige und Eisenbahnunternehmer von Ersatzansprüchen Dritter, die aus diesen Schäden hergeleitet werden, freizustellen. Ich verzichte ferner darauf, Ansprüche daraus herzuleiten, daß die Straßenbeschaffenheit nicht den besonderen Anforderungen des Transports entspricht."

9. Es kann geboten sein, einen Beifahrer, weiteres Begleitpersonal oder Begleitfahrzeuge vorzuschreiben. Polizeiliche Begleitung darf nur vorgeschrieben werden, wenn wegen besonderer Umstände verkehrsregelnde Maßnahmen unumgänglich sind (z. B. schwierige Straßen- oder Verkehrsverhältnisse, außergewöhnlich umfangreiches Beförderungsgut). In diesem Fall ist dem Genehmigungsinhaber aufzugeben, die Polizeidienststellen frühzeitig, in der Regel mindestens aber 48 Stunden vor Beginn des Transports, zu unterrichten.

Eine polizeiliche Begleitung erfolgt grundsätzlich nicht

a) auf Autobahnen und Straßen, die wie eine Autobahn ausgebaut sind, bis zu

einer Höhe über alles von 4,3 m,
einer Breite über alles von 4,0 m,
einer Länge über alles von 35,0 m,

b) auf anderen Straßen bis zu

einer Höhe über alles von 4,0 m,
einer Breite über alles von 3,0 m,
einer Länge über alles von 25,0 m

des Fahrzeugs oder Zuges.

Ausnahmen sind von der Straßenverkehrsbehörde zu begründen.

10. Entfällt nach Nummer III 4 das Anhörverfahren, so ist dem Genehmigungsinhaber die Auflage zu erteilen, vor der Durchführung des Verkehrs in eigener Verantwortung zu prüfen, ob der beabsichtigte Fahrweg für den Verkehr geeignet ist.

V. Dauerausnahmegenehmigung

1. Einem Antragsteller kann, wenn die Voraussetzungen nach Nummer II vorliegen und er nachweist, daß er häufig entsprechenden Verkehr durchführt, eine auf höchstens ein Jahr befristete Dauerausnahmegenehmigung erteilt werden.

2. Eine Dauerausnahmegenehmigung darf nur erteilt werden, wenn

a) polizeiliche Begleitung nicht erforderlich ist und

b) der Antragsteller Großraum- und Schwertransporte schon längere Zeit mit sachkundigen, zuverlässigen Fahrern und verkehrssicheren Fahrzeugen ohne Beanstandung durchgeführt hat.

3. Die Dauerausnahmegenehmigung ist auf Fahrten zwischen bestimmten Orten zu beschränken; statt eines bestimmten Fahrwegs können dem Antragsteller auch mehrere zur Verfügung gestellt werden. Eine Dauerausnahmegenehmigung kann auch für alle Straßen im Zuständigkeitsbereich der Genehmigungsbehörde und der benachbarten Straßenverkehrsbehörden erteilt werden. Für Straßenverkehrsbehörden mit kleinen räumlichen Zuständigkeitsbereichen können die obersten Landesbehörden Sonderregelungen treffen.

4. Eine allgemeine Dauerausnahmegenehmigung kann bis zu den in Nummer III 4 aufgeführten Abmessungen erteilt werden. Abweichend von Nummer VI zu § 46 kann die Genehmigung auf höchstens 3 Jahre befristet werden.

5. In die Dauerausnahmegenehmigung ist die Auflage aufzunehmen, daß der Antragsteller vor der Durchführung des Verkehrs in eigener Verantwortung zu überprüfen hat, ob der beabsichtigte Fahrweg für den Verkehr geeignet ist. Die Abmessungen, die einzuhalten sind, und die Güter, die befördert werden dürfen, sind genau festzulegen.

6. Eine Dauerausnahmegenehmigung darf nur unter dem Vorbehalt des Widerrufs erteilt werden. Sie ist zu widerrufen, wenn der Verkehrsablauf unzumutbar beeinträchtigt wird oder sonstige erhebliche Belästigungen oder Gefährdungen der Verkehrsteilnehmer eingetreten sind. Die Dauerausnahmegenehmigung kann widerrufen werden, wenn der Genehmigungsinhaber eine Auflage nicht erfüllt.

7. Im übrigen sind die Vorschriften in Nummer I bis IV sinngemäß anzuwenden.

VI. Sonderbestimmungen
für den Berlin- und DDR-Verkehr:

Die Nummern II 1 a, III Satz 2, III 5 b, III 5 c, IV 2 Satz 2 (einschließlich Buchstabe a und b) und Nummer IV 2 letzter Satz sind auf Fahrten von und nach Berlin sowie im Verkehr mit der DDR nicht anzuwenden.

Zu *Nummer 6*

Gegen das Führen von Rindvieh in Viehtriebrahmen hinter Schleppern bestehen grundsätzliche Bedenken nicht. In der Ausnahmegenehmigung ist die zulässige Geschwindigkeit auf wesentlich weniger als 5 km/h festzusetzen. Die Zahl der zu führenden Tiere ist festzulegen.

Zu *Nummer 7*

I. Voraussetzungen der Genehmigung

1. Eine Einzelgenehmigung darf nur unter folgenden Voraussetzungen erteilt werden:

a) In dringenden Fällen, z. B. zur Versorgung der Bevölkerung mit leichtverderblichen Lebensmitteln, zur termingerechten Be- oder Entladung von Seeschiffen, zur Aufrechterhaltung des Betriebes öffentlicher Versorgungseinrichtungen; wirtschaftliche oder wettbewerbliche Gründe allein rechtfertigen eine Genehmigung keinesfalls,

b) für Güter, zu deren Beförderung keine Fahrzeuge bis zu 7,5 t zulässiges Gesamtgewicht verfügbar sind,

c) für Güter, deren fristgerechte Beförderung nicht wenigstens zum größten Teil der Strecke auf der Schiene möglich ist, sofern es sich um eine Beförderung über eine Straßenstrecke von mehr als 10 km/h handelt.

d) (entfällt)

e) für grenzüberschreitenden Verkehr, wenn die deutschen und ausländischen Grenzzollstellen zur Zeit der voraussichtlichen Ankunft an der Grenze Lastkraftwagenladungen abfertigen können.

2. Eine Dauerausnahmegenehmigung darf nur erteilt werden, wenn außerdem die Notwendigkeit regelmäßiger Beförderung feststeht.

II. Das Verfahren

1. Vom Antragsteller sind folgende Unterlagen zu verlangen:

a) Fracht- und Begleitpapiere,

b) falls es sich um eine Beförderung über eine Straßenstrecke von mehr als 100 km handelt, eine Bescheinigung der für den Versandort zuständigen Güterabfertigung über die Unmöglichkeit der fristgerechten Schienenbeförderung,

c) für grenzüberschreitenden Verkehr ein Nachweis über die Abfertigungszeiten der Grenzzollstelle für Ladungen auf Lastkraftwagen,

d) Kraftfahrzeug- und Anhängerschein. Für ausländische Kraftfahrzeuge, in deren Zulassungspapieren zulässiges Gesamtgewicht und Motorleistung nicht eingetragen sind, ist eine entsprechende amtliche Bescheinigung erforderlich.

2. Eine Dauerausnahmegenehmigung darf nur erteilt werden, wenn der Antragsteller die Dringlichkeit der Beförderungen durch eine Bescheinigung der Industrie- und Handelskammer nachweist oder sonst glaubhaft macht.

3. Dauerausnahmegenehmigungen sind in Durchschrift der vorgesetzten Behörde vorzulegen.

III. Inhalt der Genehmigung

1. Der Beförderungsweg braucht nur festgelegt zu werden, wenn das aus verkehrlichen Gründen geboten ist.

2. Für grenzüberschreitenden Verkehr ist die Beförderungszeit so festzulegen, daß das Kraftfahrzeug an der Grenze voraussichtlich zu einem Zeitpunkt eintrifft, an dem sowohl die deutsche als auch die ausländische Grenzzollstelle zur Abfertigung von Ladungen besetzt ist.

3. Dem Antragsteller kann es überlassen werden, die Fahrt mit einem bestimmten Fahrzeug oder mit einem von mehreren bestimmten Fahrzeugen seiner Wahl, die die Voraussetzung nach I 1 d) erfüllen, durchzuführen.

4. Die für die Beförderung zugelassenen Güter sind einzeln und genau auszuführen.

Zu *Nummer 9*

Von dem Verbot verkehrsstörenden Lautsprecherlärms dürfen Ausnahmen nur genehmigt werden, wenn ein überwiegendes Interesse der Allgemeinheit vorliegt.

Zu *Nummer 10*

Gegen die Erteilung einer Ausnahmegenehmigung für Werbung auf Flächen von Leuchtsäulen bestehen in der Regel keine Bedenken; Gründe der Sicherheit oder Leichtigkeit des Straßenverkehrs werden kaum je entgegenstehen.

Geänderte VwV zu Nummern 11, 12 vgl. unten S. 180, Rdn. 8.

Zu Absatz 2

Die zuständigen obersten Landesbehörden oder die von ihnen bestimmten Stellen können von allen Bestimmungen dieser Allgemeinen Verwaltungsvorschrift Abweichungen zulassen.

Zu Absatz 3
Zu Satz 3

Es genügt nicht, wenn eine beglaubigte Abschrift oder eine Ablichtung des Bescheides mitgeführt wird.

Die Bek. des BMV vom 22. 6. 1979, VkBl. 79, 390 faßte die Verwaltungsvorschrift zu Abs. 1 zu Nr. 5 neu. **1**

Amtl. Begr.: VkBl. 79, 402. In Kraft seit 1. 1. 1980.

Die VO vom 21. 7. 1980, BGBl. I 1060, faßte in Abs. 1 die Nr. 4a neu und fügte die Nr. 12 an. In Kraft seit 1. 8. 1980. **2**

Bußgeldvorschrift für Abs. 3 Satz 1 und 3: § 49 Abs. 4 Nr. 4, 5.

§ 47

Örtliche Zuständigkeit

(1) Die Erlaubnis nach § 29 Abs. 2 und nach § 30 Abs. 2 erteilt für eine Veranstaltung, die im Ausland beginnt, die nach § 44 Abs. 3 sachlich zuständige Behörde, in deren Gebiet die Grenzübergangsstelle liegt. Diese Behörde ist auch zuständig, wenn sonst erlaubnis- oder genehmigungspflichtiger Verkehr im Ausland beginnt. Die Erlaubnis nach § 29 Abs. 3 erteilt für Einzelfahrten und für Transporte von Eisenbahnwagen die Straßenverkehrsbehörde, in deren Bezirk der erlaubnispflichtige Verkehr beginnt, die zeitlich befristete Erlaubnis für eine unbegrenzte Zahl von Fahrten die Straßenverkehrsbehörde, in deren Bezirk der Antragsteller seinen Wohnort, seinen Sitz oder eine Zweigniederlassung hat.

(2) Zuständig sind für die Erteilung von Ausnahmegenehmigungen

1. **nach § 46 Abs. 1 Nr. 5 die Straßenverkehrsbehörden, in deren Bezirk der zu genehmigende Verkehr beginnt, für zeitlich befristete Ausnahmegenehmigungen für eine unbegrenzte Zahl von Fahrten jedoch auch die Straßenverkehrsbehörde, in deren Bezirk der Antragsteller seinen Wohnort, seinen Sitz oder eine Zweigniederlassung hat;**

2. **nach § 46 Abs. 1 Nr. 11 die Straßenverkehrsbehörden, in deren Bezirk die Verbote angeordnet sind, für Schwerbehinderte mit außergewöhnlicher Gehbehinderung und Blinde, jedoch jede Straßenverkehrsbehörde auch für solche Verbote, die außerhalb ihres Bezirks angeordnet sind; soweit auf der Autobahn der Verkehr mit dort nicht zugelassenen Fahrzeugen genehmigt werden soll, ist die Straßenverkehrsbehörde zuständig, in deren Bezirk auf die Autobahn eingefahren werden soll. Wird jedoch eine Erlaubnis nach § 29 Abs. 3 oder eine Ausnahmegenehmigung nach § 46 Abs. 1 Nr. 5 erteilt, ist die Straßenverkehrsbehörde, die diese Verfügung erläßt, auch für die Genehmigung einer Ausnahme von den Vorschriften über die Autobahnbenutzung zuständig;**

3. **nach § 46 Abs. 1 Nr. 7 die Straßenverkehrsbehörde, in deren Bezirk die Ladung aufgenommen wird; sie ist auch für die Genehmigung der Leerfahrt zum Beladungsort zuständig; neben diesen Behörden ist für zeitlich befristete Ausnahmegenehmigungen für eine unbegrenzte Zahl von Fahrten auch die Straßenverkehrsbehörde zuständig, in deren Bezirk der Antragsteller seinen Wohnort, seinen Sitz oder eine Zweigniederlassung hat;**

4. **in allen übrigen Fällen die Straßenverkehrsbehörde, in deren Bezirk von der Ausnahmegenehmigung Gebrauch gemacht werden soll.**

(3) Die Erlaubnis für die übermäßige Benutzung der Straße durch die Bundeswehr, die in § 35 Abs. 5 genannten Truppen, den Bundesgrenzschutz, die Polizei und den Katastrophenschutz erteilt die höhere Verwaltungsbehörde oder die nach Landesrecht bestimmte Stelle, in deren Bezirk der erlaubnispflichtige Verkehr beginnt.

1 Die VO vom 21. 7. 1980, BGBl. I 1060, fügte in Abs. 2 Nr. 2 den zweiten Halbsatz (Zuständigkeit für Schwerbehinderte) ein.

§ 49

Ordnungswidrigkeiten

(1) Ordnungswidrig im Sinne des § 24 des Straßenverkehrsgesetzes handelt, wer vorsätzlich oder fahrlässig gegen eine Vorschrift über

1. das allgemeine Verhalten im Straßenverkehr nach § 1 Abs. 2,

2. die Straßenbenutzung durch Fahrzeuge nach § 2,

3. die Geschwindigkeit nach § 3,

4. den Abstand nach § 4,

5. das Überholen nach § 5 Abs. 1 bis 4a, Abs. 5 Satz 2, Abs. 6 oder 7,

6. das Vorbeifahren nach § 6,

7. den Fahrstreifenwechsel nach § 7 Abs. 4,

8. die Vorfahrt nach § 8,

9. das Abbiegen, Wenden oder Rückwärtsfahren nach § 9,

10. das Einfahren oder Anfahren nach § 10,

11. das Verhalten bei besonderen Verkehrslagen nach § 11 Abs. 1,

12. das Halten oder Parken nach § 12 Abs. 1, 1a, 3, 3a, 4 Satz 1, Satz 2 Halbsatz 2, Satz 3, Abs. 4a oder Abs. 5,

13. Parkuhren, Parkscheine oder Parkscheiben nach § 13, Abs. 1 oder 2,

14. die Sorgfaltspflichten beim Ein- oder Aussteigen nach § 14,

15. das Liegenbleiben von Fahrzeugen nach § 15,

15. a) das Abschleppen nach § 15a,

16. die Abgabe von Warnzeichen nach § 16,

17. die Beleuchtung und das Stehenlassen unbeleuchteter Fahrzeuge nach § 17,

18. die Benutzung von Autobahnen und Kraftfahrstraßen nach § 18 Abs. 1 bis 4, Abs. 5 Satz 2 oder Abs. 6 bis 11,

19. das Verhalten

a) an Bahnübergängen nach § 19 oder

b) an Haltestellen von öffentlichen Verkehrsmitteln und an haltenden Schulbussen nach § 20,

20. die Personenbeförderung nach § 21,

20. a) das Tragen von Schutzhelmen nach § 21a Abs. 2,

21. die Ladung nach § 22,

22. sonstige Pflichten des Fahrzeugführers nach § 23,

23. die Benutzung von Krankenfahrstühlen auf Gehwegen oder Seitenstreifen nach § 24 Abs. 2,

24. das Verhalten
    a) als Fußgänger nach § 25 Abs. 1 bis 4,
    b) an Fußgängerüberwegen nach § 26 oder
    c) auf Brücken nach § 27 Abs. 6,

25. den Umweltschutz oder das Sonntagsfahrverbot nach § 30 Abs. 1, 2 oder Abs. 3 Satz 1,

26. das Sporttreiben oder Spielen nach § 31,

27. das Bereiten, Beseitigen oder Kenntlichmachen von verkehrswidrigen Zuständen oder die wirksame Verkleidung gefährlicher Geräte nach § 32,

28. Verkehrsbeeinträchtigungen nach § 33 oder

29. das Verhalten nach einem Verkehrsunfall nach § 34 Abs. 1 Nr. 1, Nr. 2, Nr. 5 Buchstabe a, b oder Nr. 6 Buchstabe b – sofern er in diesem letzten Fall zwar eine nach den Umständen angemessene Frist wartet, aber nicht Name und Anschrift am Unfallort hinterläßt – oder nach § 34 Abs. 3 verstößt.

(2) Ordnungswidrig im Sinne des § 24 des Straßenverkehrsgesetzes handelt auch, wer vorsätzlich oder fahrlässig

1. als Führer eines geschlossenen Verbandes entgegen § 27 Abs. 5 nicht dafür sorgt, daß die für geschlossene Verbände geltenden Vorschriften befolgt werden,

1. a) entgegen § 27 Abs. 2 einen geschlossenen Verband unterbricht,

2. als Führer einer Kinder- oder Jugendgruppe entgegen § 27 Abs. 1 Satz 4 diese nicht den Gehweg benutzen läßt,

3. als Tierhalter oder sonst für die Tiere Verantwortlicher einer Vorschrift nach § 28 Abs. 1 oder Abs. 2 Satz 2 zuwiderhandelt,

4. als Reiter, Führer von Pferden, Treiber oder Führer von Vieh entgegen § 28 Abs. 2 einer für den gesamten Fahrverkehr einheitlich bestehenden Verkehrsregel oder Anordnung zuwiderhandelt,

5. als Kraftfahrzeugführer entgegen § 29 Abs. 1 an einem Rennen teilnimmt,

6. entgegen § 29 Abs. 2 Satz 1 eine Veranstaltung durchführt oder als Veranstalter entgegen § 29 Abs. 2 Satz 3 nicht dafür sorgt, daß die in Betracht kommenden Verkehrsvorschriften oder Auflagen befolgt werden oder

7. entgegen § 29 Abs. 3 ein dort genanntes Fahrzeug oder einen Zug führt.

(3) Ordnungswidrig im Sinne des § 24 des Straßenverkehrsgesetzes handelt ferner, wer vorsätzlich oder fahrlässig

1. entgegen § 36 ein Zeichen oder eine Weisung eines Polizeibeamten nicht befolgt,

2. entgegen § 37 ein Wechsellicht- oder Dauerlichtzeichen nicht befolgt,

3. entgegen § 38 Abs. 1 Satz 1, Abs. 2 oder 3 blaues Blinklicht zusammen mit dem Einsatzhorn oder allein oder gelbes Blinklicht verwendet oder entgegen § 38 Abs. 1 Satz 2 nicht sofort freie Bahn schafft,

4. entgegen § 41 eine durch ein Vorschriftszeichen gegebene Anordnung nicht befolgt,

5. entgegen § 42 eine durch die Zusatzschilder zu den Zeichen 306, 314, 315 oder durch die Zeichen 315, 325 oder 340 gegebene Anordnung nicht befolgt,

6. entgegen § 43 Abs. 2 und 3 Nr. 2 durch Absperrgeräte abgesperrte Straßenflächen befährt oder

7. einer den Verkehr verbietenden oder beschränkenden Anordnung, die nach § 45 Abs. 4 Satz 2 bekanntgegeben worden ist, zuwiderhandelt.

(4) Ordnungswidrig im Sinne des § 24 des Straßenverkehrsgesetzes handelt schließlich, wer vorsätzlich oder fahrlässig

1. dem Verbot des § 35 Abs. 6 Satz 1 zuwider auf Gehwegen mit Fahrzeugen reinigt, deren zulässiges Gesamtgewicht über 2,8 t beträgt,

1. a) entgegen § 35 Abs. 6 Satz 2 keine auffällige Warnkleidung trägt,

2. entgegen § 35 Abs. 8 Sonderrechte ausübt, ohne die öffentliche Sicherheit und Ordnung gebührend zu berücksichtigen,

3. entgegen § 45 Abs. 6 mit Arbeiten beginnt, ohne zuvor Anordnungen eingeholt zu haben, diese Anordnungen nicht befolgt oder Lichtzeichenanlagen nicht bedient,

4. entgegen § 46 Abs. 3 Satz 1 eine Nebenbestimmung der Ausnahmegenehmigung oder Erlaubnis nicht befolgt,

5. entgegen § 46 Abs. 3 Satz 3 die Bescheide nicht mitführt oder auf Verlangen nicht aushändigt,

6. entgegen § 48 einer Vorladung zum Verkehrsunterricht nicht folgt,

7. entgegen § 53 Abs. 3 Nr. 2 einem durch Zeigerregler gegebenen Gebot zuwiderhandelt oder

8. entgegen § 50 auf der Insel Helgoland ein Kraftfahrzeug führt oder mit einem Fahrrad fährt.

Die VO vom 21. 7. 1980, BGBl. I 1060, änderte die Nrn. 12, 13, 25 des Abs. 1 und die **1**
Nr. 5 des Abs. 3 und fügte die Nrn. 15a und 20a in Abs. 1 und die Nr. 7 in Abs. 3 ein. § 49 wurde damit der ÄndVO angepaßt. Neu ist jedoch die Bußgeldbewehrung der Schutzhelmtragepflicht in Abs. 1 Nr. 20a.

In Kraft seit 1. 8. 1980. **2**

II. Die durch Gesetz vom 6.4.1980 (BGBl. I 413) geänderten Bestimmungen des Straßenverkehrs-Gesetzes (StVG)

Übersicht

Vorbemerkung

Das Gesetz erweitert § 2 bezüglich der Voraussetzungen beim Erwerb einer Fahrerlaubnis. Der frühere § 5, der schon seit der Verwaltungsgerichtsordnung vom 21. 1. 1960 gegenstandslos geworden war, wurde durch den neuen § 5 ersetzt. Er soll vor allem die Ablieferung oder Vorlage eines Führerscheins und der Fahrzeugpapiere sicherstellen. § 5 a hat das Gesetz gestrichen, weil die Verpflichtung zur Aufstellung von den Verkehr sichernden Zeichen durch die Allgemeine Verwaltungsvorschrift zur StVO geregelt ist.

Die Erweiterung der Kostenregelung des § 5 b lehnt sich vor allem an die erheblich umfangreichere Ermächtigungsvorschrift des durch das gleiche Gesetz geänderten § 6 an, der die Grundlage für Park- und Verkehrsbeschränkungen bildet und auf dessen Ergänzung die ÄnderungsVO zur StVO vom 21. 7. 1980 (BGBl. I 1060) größtenteils beruht. Eine wesentliche Neuerung enthält auch der neugefaßte § 6a, nach dessen Abs. 6 vor allem die Anhebung der Parkgebühren gestattet ist.

§ 2

Fahrerlaubnis

(1) Wer auf öffentlichen Wegen oder Plätzen ein Kraftfahrzeug führen will, bedarf der Erlaubnis der zuständigen Behörde; Ausnahmen bestimmt der Bundesminister für Verkehr. Die Erlaubnis gilt für das Inland; sie ist zu erteilen, wenn der Nachsuchende seine Befähigung durch eine Prüfung, die unter anderem die Gefahrenlehre und die lärmmindernde Fahrweise umfaßt, dargetan hat, wenn er nachweist, daß er die Grundzüge der energiesparenden Fahrweise und der Versorgung Unfallverletzter im Straßenverkehr beherrscht, und wenn nicht Tatsachen vorliegen, die die Annahme rechtfertigen, daß er zum Führen von Kraftfahrzeugen ungeeignet ist. Der Nachsuchende um eine Fahrerlaubnis der Klasse 2 nach § 5 Abs. 1 der Straßenverkehrszulassungs-Ordnung muß durch ein Zeugnis die erfolgreiche Teilnahme an einem Lehrgang des Deutschen Roten Kreuzes oder eines anderen Verbandes oder auf andere Art nachweisen, daß er bei Verkehrsunfällen Erste Hilfe leisten kann.

(2) Den Nachweis der Erlaubnis hat der Führer durch eine Bescheinigung (Führerschein) zu erbringen.

Das Gesetz vom 6. 4. 1980 (BGBl. I 413) faßte Abs. 1 Satz 2 neu. Die Änderung erfolgte durch den Deutschen Bundestag, der mit ihr sicherstellen wollte, daß bei der Ausbildung von Führerscheinbewerbern auch die Gefahrenlehre sowie die lärmmindernde und energiesparende Fahrweise gelehrt wird (VkBl. 80, 243).

§ 5

Verlust eines Scheins oder Briefs

Besteht eine Verpflichtung zur Ablieferung oder Vorlage eines Führerscheins nach § 4 Abs. 4, Fahrzeugscheins, Zulassungsscheins, Fahrzeugbriefs, ausländischen Fahrausweises oder Zulassungsscheins oder eines Internationalen Führerscheins oder Zulassungsscheins und behauptet der Verpflichtete, der Ablieferungs- oder Vorlagepflicht deshalb nicht nachkommen zu können, weil ihm der Schein oder Brief verlorengegangen oder sonst abhanden gekommen sei, so hat er auf Verlangen der Verwaltungsbehörde eine Versicherung an Eides Statt über den Verbleib des Scheins oder Briefs abzugeben. Dies gilt auch, wenn jemand für einen verlorengegangenen oder sonst abhandengekommenen Schein oder Brief eine neue Ausfertigung beantragt.

Neugefaßt durch Gesetz vom 6. 4. 1980 (BGBl. I 413). Die amtl. Begr. (VkBl. 80, 243) führt dazu aus:

§ 5 enthält bisher Vorschriften über den „Rekurs" gegen die Versagung oder die Entziehung einer Fahrerlaubnis. Die Bestimmung ist durch die in der Verwaltungsgerichtsordnung vom 21. Januar 1960 getroffene Regelung über den Verwaltungsrechtsweg gegenstandslos geworden. Sie soll auch förmlich aufgehoben und durch Bestimmungen über den Verlust von Führerscheinen und Fahrzeugpapieren ersetzt werden.

Nach den Erfahrungen der Praxis weigern sich die von der Entziehung der Fahrerlaubnis Betroffenen nicht selten, ihren Führerschein abzuliefern; in anderen Fällen geben sie vor, zur Ablieferung nicht in der Lage zu sein, weil der Führerschein abhanden gekommen sei. Zwar ist die Nichtablieferung des Führerscheins nach § 24 StVG in Verbindung mit § 15 b Abs. 3, § 69 a Abs. 1 Nr. 9 StVZO eine Ordnungswidrigkeit. Die Bußgeldandrohung reicht allein aber nicht aus, zumal entsprechende Verfahren manchmal eingestellt werden müssen, weil der Nachweis des Vorhandenseins des Führerscheins nicht geführt werden kann. Gleiches gilt für die Entziehung der Zulassung eines Kraftfahrzeugs.

§ 5 soll die Sicherstellung „entzogener" Führerscheine und die Ablieferung der Fahrzeugpapiere bei der Entziehung der Zulassung verbessern helfen. Das Verfahren hierfür richtet sich im einzelnen nach den Verwaltungsverfahrensgesetzen der Länder.

Die Einführung der Regelung des § 5 verspricht den angestrebten Erfolg, weil die Erfahrungen zeigen, daß die Abgabe einer falschen eidesstattlichen Versicherung gescheut und statt dessen lieber der Führerschein bzw. das Fahrzeugpapier abgeliefert wird.

Der Deutsche Bundestag hat die Fassung der Bundesregierung auf Vorschlag des Bundesrates mit folgender Begründung ergänzt:

„Die Vorschrift will die nach den Verwaltungsverfahrensgesetzen notwendige Rechtsgrundlage für die Abgabe eidesstattlicher Versicherungen vor Verwaltungsbehörden schaffen. Der damit verfolgte Zweck sollte auch angestrebt werden, wenn ausländische oder Internationale Scheine oder Briefe vorzulegen sind (§ 15 b Abs. 3 Satz 1 StVZO, § 11 Verordnung über internationalen Kraftfahrzeugverkehr). Der Vorschlag trägt dem Gebrauch der Worte „Ablieferung" und „Vorlage" durch den Verordnungsgeber Rechnung (vgl. § 69 a Abs. 1 Nr. 9 StVZO).

Mit Satz 2 wird ein dringendes Anliegen der Verwaltung aufgegriffen. Bei Anträgen auf Ersatzausstellung von Führerscheinen und Fahrzeugpapieren besteht keine Ablieferungspflicht. Jedoch sollte auch hier der Antragsteller den Verlust des Scheins oder Papiers durch eine eidesstattliche Versicherung erhärten. Dadurch würde der Mißbrauch von Führerscheinen oder Fahrzeugpapieren erschwert werden.“

§ 5a

Warnungstafeln und Verkehrssicherungspflicht

Gestrichen durch Gesetz vom 6. 4. 1980 (BGBl. I 413). Die amtl. Begr. (VkBl. 80, 243) führt dazu aus:

§ 5 a, der bereits 1923 in das damalige Kraftfahrzeuggesetz aufgenommen wurde, wendet sich an die Behörden. Er enthält eine Regelung, die ihrer Natur nach in eine Verwaltungsvorschrift gehört. Das ist jetzt auch in allen Einzelheiten geschehen (vgl. Allg. Verwaltungsvorschrift zur StVO vom 24. November 1970, zu § 40, VkBl. 1970 S. 758). § 5 a ist daher überholt.

Die Streichung war bereits in der amtl. Begründung zur StVO (VkBl. 70, 797) angekündigt worden.

§ 5b

Kosten der Verkehrszeichen

(1) Die Kosten der Beschaffung, Anbringung, Entfernung, Unterhaltung und des Betriebes der amtlichen Verkehrszeichen und -einrichtungen sowie der sonstigen vom Bundesminister für Verkehr zugelassenen Verkehrszeichen und -einrichtungen trägt der Träger der Straßenbaulast für diejenige Straße, in deren Verlauf sie angebracht werden oder angebracht worden sind, bei geteilter Straßenbaulast der für die durchgehende Fahrbahn zuständige Träger der Straßenbaulast. Ist ein Träger der Straßenbaulast nicht vorhanden, so trägt der Eigentümer der Straße die Kosten.

(2) Diese Kosten tragen abweichend vom Absatz 1

a) die Unternehmer der Schienenbahnen für Andreaskreuze, Schranken, Blinklichter mit oder ohne Halbschranken;

b) die Unternehmer im Sinne des Personenbeförderungsgesetzes für Haltestellenzeichen;

c) die Gemeinden in der Ortsdurchfahrt für Parkuhren und andere Vorrichtungen oder Einrichtungen zur Überwachung der Parkzeit, Straßenschilder, Geländer, Wegweiser zu innerörtlichen Zielen und Verkehrszeichen für Laternen, die nicht die ganze Nacht brennen;

d) die Bauunternehmer und die sonstigen Unternehmer von Arbeiten auf und neben der Straße für Verkehrszeichen und -einrichtungen, die durch diese Arbeiten erforderlich werden;

e) die Unternehmer von Werkstätten, Tankstellen sowie sonstigen Anlagen und Veranstaltungen für die entsprechenden amtlichen oder zugelassenen Hinweiszeichen;

f) die Träger der Straßenbaulast der Straßen, von denen der Verkehr umgeleitet werden soll, für Wegweiser für Bedarfsumleitungen.

(3) Der Bundesminister für Verkehr wird ermächtigt, durch Rechtsverordnung mit Zustimmung des Bundesrates bei der Einführung neuer amtlicher Verkehrszeichen und -einrichtungen zu bestimmen, daß abweichend von Absatz 1 die Kosten entsprechend den Regelungen des Absatzes 2 ein anderer zu tragen hat.

(4) Kostenregelungen auf Grund kreuzungsrechtlicher Vorschriften nach Bundes- und Landesrecht bleiben unberührt.

(5) diese Kostenregelung umfaßt auch die Kosten für Verkehrszählungen, Lärmmessungen, Lärmberechnungen und Abgasmessungen.

(6) Können Verkehrszeichen oder Verkehrseinrichtungen aus technischen Gründen oder wegen der Sicherheit und Leichtigkeit des Straßenverkehrs nicht auf der Straße angebracht werden, haben die Eigentümer der Anliegergrundstücke das Anbringen zu dulden. Schäden, die durch das Anbringen oder Entfernen der Verkehrszeichen oder Verkehrseinrichtungen entstehen, sind zu beseitigen. Wird die Benutzung eines Grundstücks oder sein Wert durch die Verkehrszeichen oder Verkehrseinrichtungen nicht unerheblich beeinträchtigt oder können Schäden, die durch das Anbringen oder Entfernen der Verkehrszeichen oder Verkehrseinrichtungen entstanden sind, nicht beseitigt werden, so ist eine angemessene Entschädigung in Geld zu leisten. Zur Schadensbeseitigung und zur Entschädigungsleistung ist derjenige verpflichtet, der die Kosten für die Verkehrszeichen und Verkehrseinrichtungen zu tragen hat. Kommt eine Einigung nicht zustande, so entscheidet die höhere Verwaltungsbehörde. Vor der Entscheidung sind die Beteiligten zu hören. Die Landesregierungen werden ermächtigt, durch Rechtsverordnung die zuständige Behörde abweichend von Satz 5 zu bestimmen. Sie können diese Ermächtigung auf oberste Landesbehörden übertragen.

a) *Zu Absatz 1*

Die Einfügung des Wortes „Entfernung" in Absatz 1 Satz 1 soll klarstellen, daß der Kostenpflichtige auch die Kosten für die gegebenenfalls erforderliche Entfernung des Verkehrszeichens oder der Verkehrseinrichtung zu tragen hat. Die zweite Einfügung dient der sprachlichen Klarstellung.

b) *Zu Absatz 2*

Die Erwähnung „anderer Vorrichtungen und Einrichtungen" zur Überwachung der Parkzeit trägt der Neufassung des § 6 a Abs. 6 Satz 1 Rechnung und stellt diese den Parkuhren auch hinsichtlich der Kostentragung gleich. Hierbei handelt es sich natürlich nur um ortsgebundene Anlagen, nicht aber um Instrumente im Fahrzeug.

Geländer im Sinne des § 25 Abs. 4 StVO sollen an Fußgängerüberwegen oder an Kreuzungen oder an Einmündungen mit abknickender Vorfahrt die Fußgänger vom unbedachten Betreten der Fahrbahn abhalten und zu der Stelle hinführen, wo sie gefahrlos die Fahrbahn überschreiten können. Die Kosten der Beschaffung, Anbringung und Unterhaltung für derartige Geländer muß nach § 5b Abs. 1 StVO auch bei geteilter Baulast der für die durchgehende Fahrbahn zuständige Träger der Straßenbaulast tragen, soweit nicht kreuzungsrechtliche Vorschriften in Betracht kommen. Da die Geländer zur Sicherheit des Fußgängerverkehrs bestimmt und die Gemeinden Baulastträger der Gehwege in Ortsdurchfahrten sind, außerdem die technische Ausgestaltung der Geländer bisher je nach den gestalterischen Absichten der Gemeinde erfolgt ist, erscheint es sachgerecht, daß die Kosten für Geländer in der Ortsdurchfahrt den Gemeinden zur Last gelegt werden.

Auf Vorschlag des Bundesrates wurde Buchstabe bb um „Verkehrseinrichtungen" ergänzt mit folgender Begründung:

„Nach der geltenden Fassung des § 5b Abs. 2 Buchstabe d ist die Kostentragungspflicht nur für Verkehrszeichen vorgesehen. Die Sicherung von Arbeitsstellen erfordert jedoch auch die Aufstellung von Verkehrseinrichtungen, für die der Bauunternehmer gleichermaßen die Kosten zu tragen hat."

Buchstabe c:

Darüber hinaus wurden ebenfalls auf Vorschlag des Bundesrates die Worte „Lärmmessungen, Lärmberechnungen und Abgasmessungen" mit folgender Begründung eingefügt:

„Die Verpflichtung des Rechtsträgers der Straßenverkehrsbehörde zur Tragung der Kosten von Lärmmessungen und -berechnungen, die der Vorbereitung einer straßenverkehrsbehördlichen Entscheidung über Maßnahmen zum Schutz der Nachtruhe dienen, ist wenig befriedigend. Diese Kosten entstehen ebenso häufig wie die Kosten für Verkehrszählungen zwangsläufig bei der Vorbereitung gewisser Entscheidungen der Straßenverkehrsbehörde nach § 45 Abs. 1 StVO – wie demnächst auf der Grundlage des neugefaßten § 6 Abs. 1 Nr. 3 Buchstabe d StVG. Während jedoch für die Kosten von Verkehrszählungen in § 5b Abs. 5 StVG eine besondere und sachgerechte Regelung der Kostentragungspflicht getroffen ist, fehlt bislang eine entsprechende Regelung für die Kosten von Lärmmessungen und -berechnungen.

Die Vorschrift des § 5b Abs. 5 StVG ist seinerzeit auf Grund einer Empfehlung des Ausschusses für Verkehr, Post- und Fernmeldewesen des Deutschen Bundestages eingefügt worden. In dem Bericht des Ausschusses (Drucksache IV/2792) heißt es, daß die Verkehrsregelung durch Verkehrszeichen und -einrichtungen häufig besondere vorbereitende Maßnahmen erfordere; deshalb sei die Einfügung eines Absatzes 5 notwendig, mit dem angeordnet werde, daß die Kostentragung sich auch auf die Kosten einer Verkehrszählung erstrecke. Diese Argumentation trifft gleichermaßen für die Kosten zu, die für Lärmmessungen und -berechnungen anfallen. Zur Vorbereitung verkehrsbehördlicher Entscheidungen sind aber nicht nur Verkehrszählungen sowie Lärmmessungen und -berechnungen erforderlich, sondern im Hinblick auf Artikel 1 Nr. 4 Buchstaben a, bb, aaa (§ 6 Abs. 1 Nr. 3 Buchstabe d) künftig auch Abgasmessungen, insbesondere in Wohngebieten. Für die Kostentragungspflicht muß insofern das gleiche gelten."

§ 6

Rechtsverordnungen und allgemeine Verwaltungsvorschriften

(1) Der Bundesminister für Verkehr erläßt mit Zustimmung des Bundesrates Rechtsverordnungen und allgemeine Verwaltungsvorschriften über

1. die Ausführung der §§ 1 bis 4, insbesondere über das Mitführen von Anhängern, über Mindestbedingungen und zeitliche Befristung der Fahrerlaubnis und über Gesundheitsprüfungen zum Zweck der Feststellung mangelnder Eignung zur Führung von Kraftfahrzeugen;

2. die Zulassung ausländischer Kraftfahrzeuge und Kraftfahrzeugführer;

3. die sonstigen zur Erhaltung der Ordnung und Sicherheit auf den öffentlichen Wegen oder Plätzen, für Zwecke der Verteidigung, zur Verhütung einer über das verkehrsübliche Maß hinausgehenden Abnutzung der Straßen oder zur Verhütung von Belästigungen erforderlichen Maßnahmen über den Straßenverkehr, insbesondere

a) über die Beschaffenheit, die Ausrüstung, die Prüfung und die Kennzeichnung der Fahrzeuge,

b) über das Feilbieten, den Erwerb und die Verwendung von Fahrzeugteilen, die in einer amtlich genehmigten Bauart ausgeführt sein müssen,

c) über das Mindestalter der Führer von Fahrzeugen und ihr Verhalten,

d) über den Schutz der Wohnbevölkerung und Erholungssuchenden gegen Lärm und Abgas durch den Kraftfahrzeugverkehr und über Beschränkungen des Verkehrs an Sonn- und Feiertagen,

e) über das innerhalb geschlossener Ortschaften, mit Ausnahme von entsprechend ausgewiesenen Parkplätzen sowie von Industrie- und Gewerbegebieten, anzuordnende Verbot, Kraftfahrzeuganhänger und Kraftfahrzeuge mit einem zulässigen Gesamtgewicht über 7,5 t in der Zeit von 22 Uhr bis 6 Uhr und an Sonn- und Feiertagen, regelmäßig zu parken,

f) über Ortstafeln und Wegweiser,

g) über das Verbot von Werbung und Propaganda durch Bildwerk, Schrift, Beleuchtung oder Ton, soweit sie geeignet sind, außerhalb geschlossener Ortschaften die Aufmerksamkeit der Verkehrsteilnehmer in einer die Sicherheit des Verkehrs gefährdenden Weise abzulenken oder die Leichtigkeit des Verkehrs zu beeinträchtigen;

4. die Beschaffenheit, Ausrüstung und Prüfung der Fahrzeuge, um die Insassen bei einem Verkehrsunfall vor Verletzungen zu schützen oder deren Ausmaß oder Folgen zu mildern;

4a) das Verhalten der Beteiligten nach einem Verkehrsunfall, das geboten ist, um

a) den Verkehr zu sichern und Verletzten zu helfen,

b) zur Klärung und Sicherung zivilrechtlicher Ansprüche die Art der Beteiligung festzustellen und

c) Haftpflichtansprüche geltend machen zu können;

5. *(aufgehoben)*

5a) die Beschaffenheit, Ausrüstung und Prüfung der Fahrzeuge und über das Verhalten im Straßenverkehr zum Schutz vor den von Fahrzeugen ausgehenden schädlichen Umwelteinwirkungen im Sinne des Bundes-Immissionsschutzgesetzes; dabei können Emissionsgrenzwerte unter Berücksichtigung der technischen Entwicklung auch für einen Zeitpunkt nach Inkrafttreten der Rechtsverordnung festgesetzt werden;

5b) das Verbot des Kraftfahrzeugverkehrs in den nach § 40 des Bundes-Immissionsschutzgesetzes festgelegten Gebieten nach Bekanntgabe austauscharmer Wetterlagen;

6. *(aufgehoben)*

7. die in den Nummern 1 bis 6 vorgesehenen Maßnahmen, soweit sie zur Erfüllung von Verpflichtungen aus zwischenstaatlichen Vereinbarungen oder von bindenden Beschlüssen der Europäischen Gemeinschaften notwendig sind;

8. die Beschaffenheit, Anbringung und Prüfung sowie die Herstellung, den Vertrieb, die Ausgabe, die Verwahrung und die Einziehung von Kennzeichen (einschließlich solcher Vorprodukte, bei denen nur noch die Beschriftung fehlt) für Fahrzeuge, um die

unzulässige Verwendung von Kennzeichen oder die Begehung von Straftaten mit Hilfe von Fahrzeugen oder Kennzeichen zu bekämpfen;

9. die Beschaffenheit, Herstellung, Vertrieb, Verwendung und Verwahrung von Führerscheinen und Fahrzeugpapieren einschließlich ihrer Vordrucke, um deren Diebstahl oder deren Mißbrauch bei der Begehung von Straftaten zu bekämpfen;

10. die Beschaffenheit und Prüfung von Fahrzeugen, um deren Diebstahl oder deren Mißbrauch bei der Begehung von Straftaten zu bekämpfen;

11. die Ermittlung, Auffindung und Sicherstellung von gestohlenen, verlorengegangenen oder sonst abhanden gekommenden Fahrzeugen, Fahrzeugkennzeichen sowie Führerscheinen und Fahrzeugpapieren einschließlich ihrer Vordrucke, soweit nicht die Strafverfolgungsbehörden hierfür zuständig sind;

12. die Überwachung der gewerbsmäßigen Vermietung von Kraftfahrzeugen und Anhängern an Selbstfahrer

   a) zur Bekämpfung der Begehung von Straftaten mit gemieteten Fahrzeugen oder

   b) zur Erhaltung der Ordnung und Sicherheit im Straßenverkehr;

13. die Einrichtung gebührenpflichtiger Parkplätze bei Großveranstaltungen im Interesse der Ordnung und Sicherheit des Verkehrs;

14. die Beschränkung des Haltens und Parkens zugunsten der Anwohner sowie die Schaffung von Parkmöglichkeiten für Schwerbehinderte mit außergewöhnlicher Gehbehinderung und Blinde, insbesondere in unmittelbarer Nähe ihrer Wohnung oder ihrer Arbeitsstätte;

15. die Kennzeichnung von Fußgängerbereichen und verkehrsberuhigten Bereichen und die Beschränkungen oder Verbote des Fahrzeugverkehrs zur Erhaltung der Ordnung und Sicherheit in diesen Bereichen, zum Schutze der Bevölkerung vor Lärm und Abgasen und zur Unterstützung einer geordneten städtebaulichen Entwicklung;

16. die Beschränkung des Straßenverkehrs zur Erforschung des Unfallgeschehens, des Verkehrsverhaltens, der Verkehrsabläufe sowie zur Erprobung geplanter verkehrssichernder oder verkehrsregelnder Regelungen und Maßnahmen;

17. die zur Erhaltung der öffentlichen Sicherheit erforderlichen Maßnahmen über den Straßenverkehr;

18. die Einrichtung von Sonderfahrspuren für Linienomnibusse und Taxen.

(2) Rechtsverordnungen nach Absatz 1 Nr. 3 Buchstabe d, Nr. 3 Buchstabe e, Nr. 5a, 5b, 8, 9, 10, 11, 12 Buchstabe a und Nr. 15 sowie nach Nummer 7, soweit sie sich auf Maßnahmen nach Nummer 5a und 5b beziehen, und Allgemeine Verwaltungsvorschriften hierzu werden vom Bundesminister für Verkehr und vom Bundesminister des Innern erlassen.

(3) Abweichend von den Absätzen 1 und 2 bedürfen Rechtsverordnungen zur Durchführung der Vorschriften über die Beschaffenheit, die Ausrüstung und die Prüfung von Fahrzeugen und Fahrzeugteilen sowie Rechtsverordnungen über allgemeine Ausnahmen

von den auf diesem Gesetz beruhenden Rechtsvorschriften nicht der Zustimmung des Bundesrates; vor ihrem Erlaß sind die zuständigen obersten Landesbehörden zu hören.

Das Gesetz vom 6. 4. 1980 (BGBl. I 413) ersetzte in Abs. 1 Nr. 1 die Nr. 5 a durch die Nr. 4, faßte Abs. 3 Buchstabe d neu, fügte Buchstabe e ein und ergänzte Abs. 3 durch die Nrn. 13 bis 18. **1**

Die amtl. Begr. (VkBl. 80, 244) führt dazu u. a. aus: **2**

Zur Ergänzung der Nummer 3

Neufassung des Buchstaben d

Der Schutz gegen Verkehrslärm in Wohngebieten soll verstärkt werden. Nach dem Wortlaut der Ermächtigung sind Rechtsverordnungen „über den Schutz der Nachtruhe" möglich (§ 6 Abs. 1 Nr. 3 Buchstabe d). Fraglich könnte sein, ob dadurch eine Rechtsverordnung, die dem Schutz der Ruhe bei Tage dient, untersagt ist.

Nach der Rechtsprechung des Bundesverfassungsgerichts sind solche Bedenken nicht gerechtfertigt (vgl. BVerfGE 26, 259 [262 f.] sowie BVerfGE 40, 371 [381 f.]). Danach ist der Ermächtigungskatalog des § 6 Abs. 1 Nr. 3 StVG nur beispielhaft. Er begrenzt die Ermächtigung auf vergleichbare Fälle, schließt deren Regelung aber nicht aus, sofern diese nur den Straßenverkehr zum Inhalt hat und dem Zweck dient, die Ordnung und Sicherheit auf öffentlichen Wegen und Plätzen zu erhalten oder die Verhütung einer übermäßigen Abnutzung der Straßen oder die Verhütung von Belästigungen zum Ziel hat. Um aber insoweit jedweden Zweifel von vornherein auszuschließen, werden die Worte „Schutz der Nachtruhe" ersetzt durch „Schutz der Ruhe in Wohngebieten".

In gleicher Weise dient die Aufnahme des Schutzes vor Abgasbelästigung allein der Klarstellung.

Der Begriff „Wohngebiete" wurde vom Deutschen Bundestag durch **„Wohnbevölkerung"** ersetzt.

Einfügung des Buchstaben e

„In zunehmenden Maße" (so der Bundesrat – Drucksache 420/70 Nr. 4 Buchstabe a) werden schwere Lkw, deren Anhänger sowie Omnibusse auf öffentlichen Straßen regelmäßig über Nacht und an Sonn- und Feiertagen geparkt. Die Straße wird auf diese Weise als Betriebshof mißbraucht. Hierzu gehören auch die Fälle, in denen die Fahrer ihren Lastzug oder Omnibus am Abend bzw. am Wochenende vor ihrer in einem Wohngebiet gelegenen Wohnung regelmäßig abstellen, um am kommenden Morgen bzw. Sonntagabend oder am Montagmorgen unmittelbar von ihrer Wohnung aus die Fahrt antreten zu können, ohne vorher noch ihre Arbeitsstätte aufsuchen zu müssen.

Bestehen dort Halt-, eingeschränkte Halt- oder Parkverbote (§ 12 StVO) oder sind damit Gefährdungen, vermeidbare Behinderungen oder vermeidbare Belästigungen Anderer verbunden (§ 1 Abs. 2 StVO), kann dagegen eingeschritten werden.

Diese Vorschriften haben sich aber als nicht ausreichend erwiesen: Nicht überall können Verkehrsbeschränkungen durch Zeichen angeordnet werden. Gefährdungen oder Behinderungen liegen oft nicht vor; inwieweit Belästigungen zu bejahen sind, wird von der Rechtsprechung unterschiedlich beurteilt (vgl. hierzu Jagusch, Straßenverkehrsrecht, 22. Auflage, § 12 StVO, Anm. 42; Cramer, Straßenverkehrsrecht, § 12 StVO, Rd. Nr. 50).

Dazu bemerkt der Bundesrat in der oben angeführten Drucksache:

„Die Bundesregierung wird gebeten, baldmöglichst Schritte zu unternehmen, um § 6 Abs. 1 Nr. 3 StVG dahin zu ergänzen, daß der Bundesminister für Verkehr ermächtigt wird, mit Zustimmung des Bundesrates im Verordnungswege das Abstellen großer Lkw sowie von Lastzügen, Anhängern und Kraftomnibussen auf öffentlichen Straßen innerhalb geschlossener Ortschaften zu untersagen."

Nach dem Scheitern des o. a. Regierungsentwurfs (Drucksache 7/1618) hat der Bundesrat mit Beschluß vom 7. November 1975 (Bundesrat-Drucksache 503/75) dieses Anliegen gegenüber der Bundesregierung wiederholt.

Mit Recht fordern die kommunalen Spitzenverbände eine Regelung des Dauerparkens, wobei vor allem an eine Beschränkung des Abstellens von Wohnwagen und Lastzügen auf öffentlichen Straßen und Plätzen über Nacht und über das Wochenende gedacht ist. Dieses Anliegen deckt sich auch mit der Forderung des Berichts der Sachverständigenkommission nach dem Gesetz über eine Untersuchung von Maßnahmen zur Verbesserung der Verkehrsverhältnisse der Gemeinden (zu Frage 4 Nr. 20, S. 208 ff.).

Die Klagen häufen sich darüber, daß vor allem nachts und über das Wochenende die obengenannten Fahrzeuge auf öffentlichen Straßen, häufig sogar in reinen Wohnstraßen abgestellt werden. Die Sicherheit und vor allem die Leichtigkeit des Verkehrs werden dadurch oft erheblich beeinträchtigt. Da aber zweifelhaft ist, ob § 6 Abs. 1 Nr. 3 StVG eine ausreichende Rechtsgrundlage für die gewünschte Vorschrift darstellt, erscheint es zweckmäßig, durch eine entsprechende Ergänzung des § 6 Abs. 1 Nr. 3 StVG eine eindeutige Ermächtigung zu schaffen.

Für einzeln abgestellte Kraftfahrzeuganhänger hat zwar das Bundesverwaltungsgericht mit Urteil vom 16. November 1973 – VII C 58.72 – (NJW 1974, 761) entschieden, daß diese nicht „parken" und damit kein erlaubter Gemeingebrauch vorliegt. Um hier aber eine differenzierte Lösung schaffen zu können, die mögliche Härten dieser generellen Bewertung einzeln abgestellter Anhänger vermeidet und der Regelung für die Lkw und Omnibusse entspricht, ist es erforderlich, die Ermächtigung auch auf diese Fahrzeuge zu erstrecken.

Der Begriff des Kraftomnibusses ist in § 15 d Abs. 1 Nr. 1 StVZO, der des Kraftfahrzeuganhängers in § 18 Abs. 1 StVZO definiert. Der Begriff „Kraftfahrzeug" stellt klar, daß die Ermächtigung neben Lkw auch Zugmaschinen, selbstfahrende Arbeitsmaschinen und dergleichen über 7,5 t zulässiges Gesamtgewicht umfaßt. Um vor allem diejenigen Fälle zu treffen, in denen sich das regelmäßige Parken als besonders störend für die Bevölkerung auswirkt, ist die Ermächtigung sachgerecht eingeschränkt. So kann das regelmäßige Parken schwerer Fahrzeuge über Nacht an Wochenenden und Feiertagen hingenommen werden, soweit es sich um Industrie- und Gewerbegebiete (im Sinne der Baunutzungsverordnung i. d. F. vom 15. September 1977 [BGBl. I S. 1763]) handelt. Eine solche Regelung ist auch hinreichend klar: Derjenige, der dauernd die Straße als Betriebshof mißbraucht, ist in aller Regel ortskundig. Er weiß, ob es sich um ein Industrie- oder Gewerbegebiet handelt oder nicht. Sollte er es ausnahmsweise nicht wissen, kann er sich bei der Kommunalverwaltung erkundigen. Das gleiche gilt für Parkflächen, die von der Gemeinde zur Aufnahme der von dieser Bestimmung betroffenen Fahrzeuge bestimmt sind.

Im Rahmen dieser Einschränkung soll das Verbot in die StVO aufgenommen werden.

Dabei wird auch klarzustellen sein, daß bestimmte regelmäßige Parkvorgänge, z. B. das Parken von Kraftomnibussen an Endhaltestellen, vom Verbot nicht betroffen sind.

Damit es in Gemeinden, in denen weder besondere Parkflächen noch Industrie- und Gewerbegebiet ausgewiesen sind, nicht zu Schwierigkeiten kommt, sollen die Gemeinden in diesen Fällen durch entsprechende Ergänzungen der Verwaltungsvorschrift zur Straßenverkehrs-Ordnung zur Anlegung von Parkplätzen aufgefordert werden, falls die eigenen Betriebshöfe der ortsansässigen Unternehmer nicht ausreichen, und diese auch nicht für Abhilfe sorgen können. Durch eine angemessene Übergangsfrist in der StVO wird sichergestellt werden, daß den Betroffenen die Umstellung auf die neue Rechtslage ohne vermeidbare Härten ermöglicht wird. Sollte auch nach Ablauf der Übergangsfrist eine Gemeinde nicht in der Lage sein, ein Gewerbe- oder Industriegebiet oder entsprechende Parkplätze auszuweisen, und können auch die ortsansässigen Unternehmer durch Schaffung ausreichend großer Betriebshöfe keine Parkmöglichkeiten für ihre Fahrzeuge schaffen, so besteht immer noch die Möglichkeit, durch eine Ausnahmegenehmigung nach § 46 der StVO unzumutbare Belastungen der ortsansässigen Unternehmer zu vermeiden.

Auf Vorschlag des Bundesrates wurden die „Kraftomnibusse" mit folgender Begründung gestrichen:

„Der Begriff „Kraftfahrzeuge" bezieht auch „Kraftomnibusse" ein. Lastkraftwagen unter 7,5 t in Wohngebieten parken zu lassen, Kraftomnibusse jedoch schlechthin auszuschließen, stellt eine unnötige und sachlich nicht vertretbare Beschränkung dar."

Darüber hinaus wurde vom Deutschen Bundestag der Begriff „während der Nacht" durch **„in der Zeit von 22 Uhr bis 6 Uhr"** ersetzt.

Zur Einfügung der Nummern 13, 14, 15, 16, 17 und 18

Zu Nummer 13

Mit Urteil vom 28. November 1969 (BVerwG VII C 67/68 –, VRS 38/386) hat das Bundesverwaltungsgericht entschieden, daß nach geltendem Recht die Einrichtung „bewachter oder sogar gebührenpflichtiger Parkplätze" unzulässig sei. Derartige Parkplätze sind jedoch bei öffentlichen Großveranstaltungen und sonstigen besonderen Anlässen aus Gründen der Sicherheit und Leichtigkeit des Verkehrs sowie zur Verkehrslenkung erforderlich. Sie haben sich nicht nur als hervorragendes Mittel zur „Rationierung" des knappen Verkehrsraumes bewährt. Die Bewachung der dort parkenden Fahrzeuge hat darüber hinaus noch verkehrsregelnde und verkehrslenkende Vorteile:

Das Personal, das mit der Bewachung des Parkplatzes betraut ist, übt zugleich bestimmte Ordnungsfunktionen aus (z. B. Einweisen der Fahrzeuge, Überwachung der Parkzeit, Verhinderung von Fahrzeugdiebstählen) und erspart damit den Einsatz der Polizei.

Auf die Schaffung von gebührenpflichtigen Parkplätzen kann daher zumindest bei Großveranstaltungen, wie Messen, Sportfesten und dergleichen nicht verzichtet werden, weil wegen der nur vorübergehenden Einrichtung dieser Parkplätze die Aufstellung von Parkuhren nicht in Betracht kommt.

Das Grundgesetz läßt die Erhebung von Gebühren in diesem Fall zu (Artikel 74 Nr. 22 des Grundgesetzes).

Die entsprechende gebührenrechtliche Ergänzung erfolgt durch Artikel 1 Nr. 6 (§ 6a Abs. 7).

Zu Nummer 14

Die Verordnungsermächtigung des § 6 in der geltenden Fassung reicht nicht aus, Parkbeschränkungen zugunsten von Anwohnern, Blinden und Schwerbehinderten in der StVO vorzusehen. In der Praxis hat sich aber ein dringendes Bedürfnis hierfür ergeben:

Die Parkraumsituation der Anwohner innerstädtischer Wohnstraßen muß verbessert werden, um die innerstädtischen Wohngebiete wieder attraktiver zu gestalten. Die Parkraumnot erschwert die Lebensumstände der dortigen Wohnbevölkerung in besonderem Maße und bildet ein entscheidendes Hindernis für eine Verbesserung des Wohnumfeldes und damit für die Erhaltung und Modernisierung dieser Wohngebiete. Betroffen sind in erster Linie dichtbebaute Gebiete am Rand der Innenstädte, die in Zeiten gebaut wurden, in denen Art und Umfang der heutigen Motorisierung noch nicht abzusehen war und in denen daher – am heutigen Bedarf gemessen – kaum privater Parkraum vorhanden ist. Die Anwohner müssen daher ihre Fahrzeuge auf der Straße abstellen. Auf dieser ohnehin knappen Parkfläche versuchen aber auch die Innenstadtbesucher zu parken, die im Zentrum oft keine ausreichenden oder nicht so bequem erreichbare Parkmöglichkeiten finden. Infolge dieses unerfreulichen Wettlaufs um die wenigen Parkflächen am Straßenrand laufen die Anwohner Gefahr, bis zum Abend keinen Parkplatz mehr in der Nähe ihrer Wohnung zu finden. Diese Situation kann je nach Örtlichkeit sogar bis weit in die Abendstunden bestehen, wenn der Innenstadtbereich eine besondere Attraktion für abendliche Besucher darstellt. Damit wird für diese Anwohner der Gebrauch des Kraftfahrzeuges, der heute selbstverständlich Voraussetzung durchschnittlichen Lebensstandards ist, gegenüber den sonstigen Bevölkerungsgruppen erheblich erschwert. Diese Situation ist ein nicht unbedeutender Anreiz für motorisierte Haushalte, sich eine andere Wohnung im Stadtumland zu suchen, wo es derartige Parkprobleme nicht gibt.

Die vorgesehene Ermächtigung ist daher ein geeigneter Beitrag, der städtebaulich nicht zu verantwortenden Folgen der Stadtumlandwanderung entgegenzuwirken. Sie stellt eine notwendige Maßnahme im Zusammenhang mit den Bemühungen von Bund und Ländern um eine attraktivere Gestaltung innerstädtischer Wohngebiete dar.

Schwerbehinderte mit außergewöhnlicher Gehbehinderung finden keine Parkmöglichkeiten vor ihrer Wohnung oder Arbeitsstätte und müssen unzumutbare weite Wege gehen oder gar getragen werden, weil oft am Fahrbahnrand über viele hundert Meter ein parkendes Fahrzeug hinter dem anderen steht. Dieser entwürdigende Zustand kann nicht hingenommen werden. Appelle an die Mitbürger, Parkraum in solchen Fällen freizuhalten, haben sich in vielen Fällen als erfolglos erwiesen.

Das gleiche gilt für Blinde, die auf die Benutzung eines Kraftfahrzeuges angewiesen sind und sich nur mit fremder Hilfe bewegen können.

Nach Inkrafttreten dieses Gesetzes und einer Ergänzung des § 45 StVO kann die Sonderregelung für Anwohner und Schwerbehinderte mit außergewöhnlicher Gehbehinderung im Einzelfall dadurch erfolgen, daß die Straßenverkehrsbehörde die Aufstellung des Zeichens 286 („Eingeschränktes Haltverbot") mit einem Zusatzschild anordnet, welches das Kraftfahrzeug des Anwohners oder Schwerbehinderten oder Blinden von diesem Haltverbot ausnimmt.

Eine solche Sonderregelung wird generell dann nicht in Betracht kommen, wenn es sich um eine Straße handelt, auf der wegen starken Verkehrs z. B. ein absolutes Haltverbot (Zeichen 283) angeordnet wurde und eine Parksonderregelung daher den übrigen Verkehr behindern oder gar gefährden würde. Auch wird z. B. kein Bedürfnis für derartige Parkvorrechte zu bejahen sein, wenn auf eigenem Grund und Boden Parkmöglichkeiten bestehen oder in zumutbarer Weise geschaffen werden können oder sonst ausreichender Parkraum in unmittelbarer Nähe der Wohnung bzw. der Arbeitsstätte des Schwerbehinderten oder Blinden vorhanden ist.

Machen die örtlichen Behörden aus den o. a. Erwägungen von der Möglichkeit, für Anwohner Parkraum zu reservieren, Gebrauch, so bestimmen sie zeitliches und örtliches Ausmaß und Ausgestaltung dieses Parkvorrechtes nach pflichtgemäßem Ermessen und können es so den besonderen Gegebenheiten der Örtlichkeit anpassen. Vorbild können z. B. entsprechende Regelungen in englischen Städten bieten, die dort bereits seit Jahren mit gutem Erfolg praktiziert werden.

Bevor einem Schwerbehinderten Parkvorrechte eingeräumt werden, wird zu prüfen sein, ob er die persönliche Voraussetzungen für eine Sonderregelung erfüllt: Er muß außergewöhnlich gehbehindert und wegen dieser Gehbehinderung darauf angewiesen sein, sein Kraftfahrzeug in unmittelbarer Nähe seiner Wohnung oder seiner Arbeitsstätte zur Verfügung zu haben. Es muß für ihn unzumutbar sein, längere Wege zu diesem Zweck zu Fuß zurückzulegen. Lassen die allgemeinen Verkehrsverhältnisse (s. o.) die Reservierung von Parkraum nicht zu, muß nach einer anderen Lösung gesucht werden, die die Belange des Schwerbehinderten berücksichtigt. Gleiches gilt für den Blinden.

Dem *Vorschlag des Bundesrates* § 6 Abs. 1 Nr. 14 ist wie folgt zu fassen:

„14. die Schaffung von Parkmöglichkeiten für Blinde und Schwerbehinderte mit außergewöhnlicher Gehbehinderung;"

Begründung

Mit der im Gesetzentwurf vorgesehenen Ermächtigung würden in der Bevölkerung Erwartungen geweckt werden, die in der Praxis nicht erfüllt werden können. Mit der Schaffung von Parkmöglichkeiten für Anwohner ergäben sich Probleme wie zum Beispiel die der Abgrenzung des zu privilegierenden Benutzerkreises und der Überwachung. Da genaue Vorstellungen für die Ausfüllung dieser Ermächtigung nicht vorliegen und die Auswirkungen einer derartigen Regelung so nicht überschaubar sind, sollten zunächst Erfahrungen durch Versuche gesammelt werden."

wurde auf Wunsch der Bundesregierung, die folgende Gegenäußerung abgab, nicht gefolgt:

„Dem Vorschlag des Bundesrates wird insoweit nicht zugestimmt, als er die in der Regierungsvorlage vorgesehene Parkregelung durch die Streichung der Worte „für Anwohner sowie" und die in Nummer 7 vorgeschlagene Ergänzung des § 6 Abs. 1 Nr. 16 nur zu Erprobungszwecken einführen will. Eine solche Erprobung ist nicht mehr erforderlich, da ausreichende Erfahrungen aus englischen Städten vorliegen. Dort haben sich solche Parkregelungen seit langem gut bewährt. Die dort gewonnenen Erfahrungen können für eine entsprechende Ermächtigung im deutschen Recht übernommen werden; dies gilt auch für die Abgrenzung des Begünstigtenkreises und die Probleme der Überwachung.

Im übrigen würde eine nur versuchsweise Einführung von Parkvorrechten bedeuten, daß nur zeitlich beschränkte Regelungen möglich wären. Damit würde eine Unsicherheit in die örtlich festgelegten Gebiete hineingetragen, so daß die anstehenden städtebaulichen Probleme im Bereich des Parkens in Altbaugebieten nicht gelöst werden könnten.

Dem Vorschlag des Bundesrates wird grundsätzlich jedoch zugestimmt, soweit er eine generelle Ermächtigung zur Schaffung von Parkmöglichkeiten für Schwerbehinderte ohne Beschränkung auf die Nähe ihrer Wohnung oder ihrer Arbeitsstätte vorsieht. Die Bundesregierung geht davon aus, daß der Schaffung reservierten Parkraums für Schwerbehinderte bei der Ausweisung von Parkvorrechten vorrangige Bedeutung zukommt. Im Interesse der Schwerbehinderten erscheint es indessen notwendig, in besonderem Maße auf die Schaffung von Parkmöglichkeiten in der Nähe der Wohnung oder der Arbeitsstätte des Schwerbehinderten hinzuweisen. Dies sollte bereits in der Ermächtigung zum Ausdruck kommen."

Die jetzige Fassung der Nr. 14 entspricht dem Vorschlag der Bundesregierung. Ergänzend gibt der Deutsche Bundestag folgende Stellungnahme:

„Durch die Neufassung wurde klargestellt, daß Parkvorrechte für die Anwohner citynaher Wohnstraßen im Regelfall durch ein Parkverbotsschild mit dem Zusatz „ausgenommen Anlieger" verwirklicht werden sollen.

Entsprechend dem Regierungsentwurf sollen Parkvorrechte im übrigen nur Schwerbehinderten mit außergewöhnlicher Gehbehinderung und Blinden eingeräumt werden. Eine Erweiterung dieses bevorrechtigten Personenkreises hält der Ausschuß nicht für gerechtfertigt, so daß die Begriffsbestimmungen des Schwerbehindertengesetzes nicht übernommen werden können."

Zu Nummer 15

Diese Bestimmung soll rechtliche Zweifel am Vorliegen einer ausreichenden Ermächtigung bei Maßnahmen der Straßenverkehrsbehörde im Bereich von Fußgängerbereichen und verkehrsberuhigten Wohnzonen beseitigen.

Der Begriff „Kennzeichnung" macht deutlich, daß den Straßenverkehrsbehörden nicht die Befugnis eingeräumt werden soll zu entscheiden, ob ein Fußgängerbereich oder eine verkehrsberuhigte Wohnzone eingerichtet werden soll. In der Praxis ist dies jeweils eine bedeutende lokale städteplanerische Entscheidung der Gemeinde, für die als Rechtsgrundlage auch das Straßenrecht in Betracht kommen kann. Hieran soll nichts geändert werden. Die Frage aber, wie der verbleibende Verkehr in diesen Bereichen in Vollzug dieser grundsätzlich städteplanerischen Entscheidung zu regeln ist, ist von der jeweiligen Straßenverkehrsbehörde zu entscheiden. So bestimmt sie z. B., zu welchen Zeiten welcher Zulieferverkehr in Fußgängerzonen zugelassen wird oder welche Höchstgeschwindigkeit in einer verkehrsberuhigten Wohnzone erlaubt sein soll u. a. Bei dieser Entscheidung sind nicht nur Gesichtspunkte der Sicherheit und Ordnung gemäß § 45 StVO (§ 6 Abs. 1 Nr. 3 StVG) maßgebend, sondern gerade auch die städtebaulichen Erwägungen, die der Entscheidung der Gemeinde zugrunde liegen. Darüber hinaus kann auch der Schutz der Bevölkerung vor Lärm und Abgasen für die Entscheidung der Straßenverkehrsbehörde von Bedeutung sein. Dieser Gedanke des Umweltschutzes wird von § 6 Abs. 1 Nr. 1 Buchstabe d (i. d. F. des Artikels 1 Nr. 4 Buchstaben a, bb, aaa) für den Bereich der Fußgängerzone nicht erfaßt. Daher ist auch diese Ergänzung erforderlich.

Die bisher geschaffenen verkehrsberuhigten Wohnzonen befinden sich zwar derzeit noch weitgehend in der Versuchsphase. Doch müssen rechtzeitig die rechtlichen Voraussetzungen geschaffen werden, um entsprechend dem niederländischen Vorbild zukünftig eine verkehrsrechtliche und städtebauliche Entwicklung zu ermöglichen, die mehr als bisher auf die berechtigten Belange der Menschen Rücksicht nimmt.

Entsprechend dem übrigen Wortlaut des § 6 widerspricht die kumulativ erscheinende Aufzählung nicht einer alternativen Auslegung und Anwendung dieser Ermächtigung. Es muß daher nur eine der aufgezählten Zielsetzungen vorliegen.

Der Deutsche Bundestag folgt den nachfolgenden Vorschlägen des Bundesrates zur Änderung der Nr. 15:

„a) In § 6 Abs. 1 sind in Nummer 15 das Wort „Wohnzonen" durch das Wort „Bereichen" zu ersetzen und die Worte „und Zonen" zu streichen.

B e g r ü n d u n g

Die Einrichtung von verkehrsberuhigten Bereichen kommt nicht nur in den ausschließlich oder überwiegend dem Wohnen dienenden Gebieten, sondern auch in Gebieten mit gemischter baulicher Nutzung und in zentralen Einkaufsbereichen in Betracht. Letzteres ist im Hinblick auf die möglichen nachteiligen Auswirkungen reiner Fußgängerzonen besonders für die Kernbereiche von Klein- und Mittelstädten von Bedeutung. Die Möglichkeit der Einrichtung verkehrsberuhigter Bereiche darf daher nicht auf Wohnzonen beschränkt werden.

b) In § 6 Abs. 1 Nr. 15 sind die Worte „im Rahmen einer gesunden städtebaulichen Entwicklung" durch die Worte „zur Unterstützung einer geordneten städtebaulichen Entwicklung" zu ersetzen.

B e g r ü n d u n g

Das Bundesbaugesetz verwendet mehrfach den Begriff „geordnete städtebauliche Entwicklung" (§ 1 Abs. 6, § 20 Abs. 1 Nr. 1 BBauG). Der Begriffsinhalt ist den Gemeinden, staatlichen Verwaltungsbehörden und Gerichten vertraut. Das Straßenverkehrsgesetz, das insoweit nur einem städtebaulichen Anliegen entspricht, sollte nicht ohne zwingenden Grund eine andere Formulierung verwenden, die nur Zweifel über ihren Inhalt und Unterschied zu dem im Bundesbaugesetz verwendeten Begriff auslösen würde."

Zu Nummer 16

Diese Ermächtigung dient allein der Klarstellung. Bisher wurden derartige Regelungen und Maßnahmen wie die Verordnung über die versuchsweise Einführung einer allgemeinen Richtgeschwindigkeit auf Autobahnen und ähnlichen Straßen vom 13. März 1974 (BGBl. I S. 685), die Verordnung über die versuchsweise Beschränkung der zulässigen Höchstgeschwindigkeit von Kraftfahrzeugen außerhalb geschlossener Ortschaften vom 16. März 1972 (BGBl. I S. 461) bzw. versuchsweise Anordnungen der Straßenverkehrsbehörden wie z. B. örtliche Geschwindigkeitsbeschränkungen (Zeichen 274 StVO) im Rahmen des Großversuchs Richtgeschwindigkeit auf Autobahnen auf § 6 Abs. 1 Nr. 3 StVG bzw. § 45 StVO (§ 6 Abs. 1 Nr. 3 StVG) gestützt. Solche Regelungen und Anordnungen werden zwar in der Absicht, mehr Sicherheit im Straßenverkehr zu gewinnen, erlassen und dienen daher von der Zielrichtung her der Verkehrssicherheit. Ob sie aber wirklich mehr Sicherheit bringen, steht im Zeitpunkt des Erlasses der Regelung bzw. der Anordnung noch nicht fest. Dies soll ja erst noch untersucht werden. Die möglichen Zweifel, ob diese mittelbare Beziehung zur Verkehrssicherheit das Merkmal „Sicherheit auf den öffentlichen Wegen und Plätzen" im Sinne des § 6 Abs. 1 Nr. 3 StVG erfüllt, sollen nunmehr durch diese neue Ermächtigung gegenstandslos werden.

Dem Änderungsvorschlag des Bundesrates in § 6 Abs. 1 Nr. 16 nach dem Wort „Verkehrsabläufe" das Wort „sowie" durch ein Komma zu ersetzen und nach dem Wort „Maßnahmen" die Worte „sowie zur Erprobung von Parksonderrechten für Anwohner und andere Nutzungsberechtigte in innerstädtischen Wohngebieten zum Zwecke der Verbesserung des Wohnumfeldes" einzufügen ist der Deutsche Bundestag auf Vorschlag der Bundesregierung nicht gefolgt.

Auf Vorschlag des Bundesrates wurde die Nr. 17 mit folgender Begründung angefügt:

„Die Sicherheitslage in der Bundesrepublik Deutschland macht weiterhin zum Teil umfangreiche Sicherungsmaßnahmen bei sicherheitsempfindlichen Dienstgebäuden und sonstigen Anlagen, bei denen die Gefahr von Anschlägen besteht, erforderlich. Soweit derartige Dienstgebäude oder Anlagen an öffentliche Straßen und Plätze angrenzen, besteht vielfach ein Bedürfnis für verkehrsbeschränkende Maßnahmen aus Sicherheitsgründen (z. B. Haltverbote zur Verhinderung von Bombenanschlägen mittels abgestellter Kraftfahrzeuge).

Nach § 45 StVO können die Straßenverkehrsbehörden verkehrsbeschränkende Anordnungen u. a. nur aus Gründen der Sicherheit oder Ordnung des Verkehrs erlassen. Diese Voraussetzungen liegen in den geschilderten Fällen vielfach nicht vor, so daß ein wirksamer Schutz dieser sicherheitsempfindlichen Bereiche und die Wirksamkeit der oftmals mit hohem finanziellen Aufwand getroffenen sonstigen Sicherheitsmaßnahmen infrage gestellt wird.

Eine weitere Notwendigkeit für die vorgesehene Neuregelung hat sich auch während dieses besonders strengen Winters in Norddeutschland ergeben. Die Anordnung flächendeckender Fahrverbote war notwendig, aber rechtlich nicht eindeutig abgesichert.

Das Straßenverkehrsgesetz enthält bisher keine Ermächtigung für eine entsprechende Ergänzung der Straßenverkehrsordnung. Die Schaffung einer entsprechenden Ermächtigungsgrundlage ist deshalb dringend geboten."

Der Deutsche Bundestag hat zur Förderung des öffentlichen Personennahverkehrs die Nr. 18 in das Gesetz aufgenommen.

Zu Absatz 2

Rechtsverordnungen und Allgemeine Verwaltungsvorschriften nach Absatz 1 Nr. 3 Buchstaben d und e sowie nach Nummer 15 sind wegen ihrer entscheidenden Bedeutung für den Immissionsschutz ebenso wie bisher diejenigen nach Absatz 1 Nr. 5 a und 5 b vom Bundesminister für Verkehr und Bundesminister des Innern gemeinsam zu erlassen.

§ 6a

Kosten

(1) Kosten (Gebühren und Auslagen) werden erhoben

1. für Amtshandlungen, Prüfungen und Untersuchungen

a) nach diesem Gesetz und nach den auf diesem Gesetz beruhenden Rechtsvorschriften,

b) nach dem Gesetz zu dem Übereinkommen vom 20. März 1958 über die Annahme einheitlicher Bedingungen für die Genehmigung der Ausrüstungsgegenstände und Teile von Kraftfahrzeugen und über die gegenseitige Anerkennung der Genehmigung vom 12. Juli 1965 (BGBl. II S. 857) in der Fassung des Gesetzes vom 20. Dezember 1968 (BGBl. II S. 1224) und nach den auf diesem Gesetz beruhenden Rechtsvorschriften,

c) nach dem Gesetz zu dem Europäischen Übereinkommen vom 30. September 1957 über die internationale Beförderung gefährlicher Güter auf der Straße (ADR) vom 18. August 1969 (BGBl. II S. 1489) und nach den auf diesem Gesetz beruhenden Rechtsvorschriften,

2. für Untersuchungen von Fahrzeugen nach dem Personenbeförderungsgesetz in der im Bundesgesetzblatt Teil III, Gliederungsnummer 9240-1, veröffentlichten bereinigten Fassung, zuletzt geändert durch Artikel 7 des Gesetzes über die unentgeltliche Beförderung Schwerbehinderter im öffentlichen Personenverkehr vom 9. Juli 1979 (BGBl. I S. 989), und nach den auf diesem Gesetz beruhenden Rechtsvorschriften,

3. für Maßnahmen im Zusammenhang mit der Stillegung von Kraftfahrzeugen und Kraftfahrzeuganhängern.

(2) Der Bundesminister für Verkehr wird ermächtigt, die Gebühren für die einzelnen Amtshandlungen, Prüfungen und Untersuchungen im Sinne des Absatzes 1 durch Rechtsverordnung zu bestimmen und dabei feste Sätze oder Rahmensätze vorzusehen. Die Gebührensätze sind so zu bemessen, daß der mit den Amtshandlungen, Prüfungen oder Untersuchungen verbundene Personal- und Sachaufwand gedeckt wird; bei begünstigenden Amtshandlungen kann daneben die Bedeutung, der wirtschaftliche Wert oder der sonstige Nutzen für den Gebührenschuldner angemessen berücksichtigt werden.

(3) Im übrigen findet das Verwaltungskostengesetz vom 23. Juni 1970 (BGBl. I S. 821), geändert durch Artikel 41 des Einführungsgesetzes zur Abgabenordnung vom 14. Dezember 1976 (BGBl. I S. 3341), Anwendung. In den Rechtsverordnungen nach Absatz 2 können jedoch die Kostenbefreiung, die Kostengläubigerschaft, die Kostenschuldnerschaft, der Umfang der zu erstattenden Auslagen und die Kostenerhebung abweichend von den Vorschriften des Verwaltungskostengesetzes geregelt werden.

(4) In den Rechtsverordnungen nach Absatz 2 kann bestimmt werden, daß die für die Prüfung oder Untersuchung zulässige Gebühr auch erhoben werden darf, wenn die Prüfung oder Untersuchung aus Gründen, die nicht von der prüfenden oder untersuchenden Stelle zu vertreten sind, und ohne ausreichende Entschuldigung des Bewerbers oder Antragstellers am festgesetzten Termin nicht stattfinden konnte oder abgebrochen werden mußte.

(5) Rechtsverordnungen über Kosten, deren Gläubiger der Bund ist, bedürfen nicht der Zustimmung des Bundesrates.

(6) Soweit das Parken auf öffentlichen Wegen und Plätzen nur während des Laufs einer Parkuhr oder anderer Vorrichtungen oder Einrichtungen zur Überwachung der Parkzeit zulässig ist, werden Gebühren erhoben; dies gilt nicht für die Überwachung der Parkzeit durch Parkscheiben. Die Gebühren stehen in Ortsdurchfahrten den Gemeinden, im übrigen dem Träger der Straßenbaulast zu. Soweit die Gebühren Gemeinden zustehen, sind sie zur Deckung der Kosten vorhandener oder zukünftiger Parkeinrichtungen zu verwenden. Die Gebühren betragen je angefangene halbe Stunde 0,10 DM. Es kann eine höhere Gebühr als 0,10 DM festgesetzt werden, wenn und soweit dies nach den jeweiligen örtlichen Verhältnissen erforderlich ist, um die Gebühr dem Wert des Parkraums für den Benutzer angemessen anzupassen. Die Nutzung des Parkraums durch eine möglichst große Anzahl von Verkehrsteilnehmern ist zu gewährleisten. Bei der Gebührenfestsetzung kann eine

innerörtliche Staffelung vorgesehen werden. Für den Fall, daß solche höheren Gebühren festgesetzt werden sollen, werden die Landesregierungen ermächtigt, Gebührenordnungen zu erlassen. In diesen kann auch ein Höchstsatz festgelegt werden. Die Ermächtigung kann durch Rechtsverordnung weiter übertragen werden.

(7) Die Regelung des Absatzes 6 Satz 4 bis 10 ist auf die Erhebung von Gebühren für die Benutzung gebührenpflichtiger Parkplätze im Sinne des § 6 Abs. 1 Nr. 13 entsprechend anzuwenden.

Neugefaßt durch Gesetz vom 6.4.1980, BGBl. I 413; in Kraft seit 12.4.1980.

Amtl. Begr. (VkBl. 80, 243, 248):

Die Neufassung des § 6a

- fügt in Absatz 1 zwei neue Tatbestände für die Erhebung von Kosten ein: Amtshandlungen, Prüfungen und Untersuchungen in bezug auf die sogenannten ECE-Regelungen und Untersuchungen auf der Grundlage des PBefG, konkret: nach den §§ 41, 42 BOKraft;
- verzichtet entsprechend der Regelung in anderen Gesetzen auf die bisher für einzelne Gruppen von Amtshandlungen, Prüfungen und Untersuchungen getroffene Festsetzung von Gebührenhöchstsätzen und gleicht den Text an die Kostenermächtigungsregelungen in anderen Gesetzen des Verkehrsrechts an, die jüngeren Datums sind als die bisher geltende Fassung des § 6a StVG;
- regelt in den neuen Absätzen 6 und 7 die Parkgebühren.

Zu Absatz 1

Neu sind die Tatbestände in Nummer 1 Buchstabe b und Nummer 2. Bei den in Nummer 1 Buchstabe b genannten Rechtsvorschriften handelt es sich um Rechtsverordnungen, durch die Regelungen nach Artikel 1 des Übereinkommens vom 20. März 1958 (sog. ECE-Regelungen) innerstaatlich in Kraft gesetzt werden. Die Bundesrepublik Deutschland hat von den durch die Wirtschaftskommission für Europa der Vereinten Nationen (ECE) bisher erarbeiteten 37 Regelungen mittlerweile 26 für anwendbar erklärt. Außer ihr sind weitere 18 europäische Staaten dem Übereinkommen beigetreten (vgl. Übersicht in Verkehrsblatt 1978 Seite 116ff.). Die ECE-Regelungen enthalten technische Anforderungen an Fahrzeugteile und Ausrüstungsgegenstände. Auf Grund solcher Regelungen erteilte Genehmigungen und Prüfzeichen werden im Verfahren auf Erteilung der Betriebserlaubnis anerkannt (§ 21a StVZO). Genehmigungsbehörde ist in der Bundesrepublik Deutschland das Kraftfahrt-Bundesamt, während für Prüfungen und Untersuchungen verschiedene technische Dienste vom Bundesminister für Verkehr für zuständig erklärt worden sind (vgl. Übersicht in VkBl 1978 Seiten 119, 120). Die neue Nummer 1 Buchstabe b schafft die Ermächtigung, für die Amtshandlungen des Kraftfahrt-Bundesamtes und für die Prüfungen und Untersuchungen der technischen Dienste Gebührensätze festzusetzen. Wenngleich sich diese Stellen bislang bei der „Selbstfestsetzung" ihrer Entgelte an vergleichbare Gebührenpositionen der Gebührenordnung für Maßnahmen im Straßenverkehr orientiert haben, so ist die Aufnahme eigener Grundsätze für Maßnahmen nach den ECE-Regelungen in den Gebührentarif der GebOSt geboten, um die notwendige Einheitlichkeit der Gebührenerhebung auch in diesem Bereich sicherzustellen.

Bei den in der neuen Nummer 2 genannten Untersuchungen handelt es sich derzeit um Hauptuntersuchungen und außerordentliche Hauptuntersuchungen, denen die der Verordnung über den Betrieb von Kraftfahrtunternehmen im Personenverkehr unterliegenden Fahrzeuge nach den §§ 41, 42 BOKraft zu unterziehen sind. Die Untersuchungen sind bei den technischen Prüfstellen für den Kraftfahrzeugverkehr durchzuführen. Es bietet sich deshalb an, besondere Gebührensätze dafür im Gebührentarif der GebOSt festzusetzen, und zwar dort, wo die Untersuchungstätigkeit der technischen Prüfstellen allgemein in bezug auf Fahrzeuge gebührenrechtlich geregelt ist (Gebühren Nr. 411 ff.). Daher soll die entsprechende Ermächtigung auch in § 6a StVG und nicht in § 57b PBefG (Gebührenvorschriften für Amtshandlungen nach dem PBefG und den auf ihm beruhenden Rechtsvorschriften) eingestellt werden.

Zu Absatz 2

Absatz 2 stellt wie bisher das Kostendeckungsprinzip als Grundlage für die Gebührenfestsetzung heraus; dies ist nach § 3 des Verwaltungskostengesetzes erlaubt. Die bisherige ins einzelne gehende Festsetzung von Gebührenhöchstsätzen für einzelne Gruppen von Amtshandlungen, Prüfungen und Untersuchungen wird entsprechend der Kostenermächtigungsregelung in neueren Gesetzen wie dem Gesetz zur Änderung kostenrechtlicher Vorschriften auf dem Gebiet des Seeverkehrs vom 10. Mai 1978 (BGBl. S. 613) geändert.

Zu den Absätzen 3 bis 5

Die Neufassung stellt im wesentlichen, wie teilweise auch die des Absatzes 2, auf der Grundlage des Verwaltungskostengesetzes eine redaktionelle Anpassung an die neueren Kostenermächtigungsregelungen des Kraftfahrsachverständigengesetzes und des Gesetzes über die Beförderung gefährlicher Güter dar.

Absatz 3 Satz 1 enthält den Grundsatz, daß das Verwaltungskostengesetz anzuwenden ist. Satz 2, der dem geltenden § 6 a Abs. 3 Satz 2 entspricht, gestattet, die Grundsätze, die sich bei den Gebühren für Maßnahmen im Straßenverkehr bewährt haben, beizubehalten und weiterzuentwickeln.

Die persönliche Gebührenfreiheit bei Amtshandlungen des Bundes wird nicht nur den im Verwaltungskostengesetz genannten Stellen, sondern auch ausländischen diplomatischen oder konsularischen Vertretungen sowie ihren Mitgliedern und deren Ehegatten gewährt (§ 5 der Gebührenordnung für Maßnahmen im Straßenverkehr); diese Vergünstigungen sollen im Interesse der internationalen Beziehungen weiter zulässig bleiben.

Für die Kosten der nach Landesrecht zuständigen Behörden gilt dasselbe. Außerdem können bei gebührenpflichtigen Maßnahmen, die sich auf Einzelfahrzeuge beziehen, Fragen der Gesamtschuldnerschaft zu regeln sein; z. B. weil das Fahrzeug mehrere Halter hat. Gebühren nach Art der Parkgebühren eignen sich für die Kostenbefreiung nicht, weil die zu entrichtende Münze zur Betätigung eines Kontrollgeräts benötigt wird; die nach dem Verwaltungskostengesetz bestehende Gebührenfreiheit ist daher insoweit einzuschränken.

Nach § 10 Abs. 2 des Kraftfahrsachverständigengesetzes dürfen die aus der Tätigkeit der amtlich anerkannten Sachverständigen und Prüfer für den Kraftfahrzeugverkehr anfallenden Gebühren nur für Zwecke der Technischen Prüfstellen für den Kraftfahrzeugverkehr verwendet werden. Träger dieser Technischen Prüfstellen sind in den meisten Ländern die Technischen Überwachungs-Vereine als juristische Personen des bürgerlichen Rechts. Sie sind auch für amtlich anerkannte medizinisch-psychologische Untersuchungsstellen verantwortlich. Aus dieser Rechtslage haben sich bisher Besonderheiten (wie eingeschränkte Kostenfreiheit, Einbeziehung der Mehrwertsteuer in die zu erstattenden Auslagen, Bestimmung der Technischen Prüfstellen als Kostengläubiger) ergeben, denen die Gebührenvorschriften für Maßnahmen im Straßenverkehr auch weiterhin Rechnung tragen sollen.

Der Deutsche Bundestag ist dem Änderungsvorschlag des Bundesrates in Abs. 4 „Verschulden“ durch „aus Gründen, die nicht zu vertreten sind“ gefolgt.

Begründung des Bundesrates:

„Die Gebührenpflicht soll nicht an den Begriff eines „Verschuldens“ gebunden werden.“

Zu den Absätzen 6 und 7

Absatz 6 (neu) bringt eine Neuregelung der Parkgebühren. Grundsätzlich bleibt es auch künftig dabei, daß die Parkgebühr für jede angefangene halbe Stunde 0,10 DM beträgt. Dabei wird die Möglichkeit offen gehalten, künftig Parkgebühren mit Hilfe anderer Vorrichtungen oder Einrichtungen als Parkuhren zu erheben. Im Rahmen der Bestrebungen zur Verbesserung der Verkehrsverhältnisse in den Gemeinden werden die Einnahmen aus den Parkuhren zweckgebunden. Außerdem werden die Landesregierungen oder die von ihnen ermächtigten Stellen in die Lage versetzt, eine der jeweiligen örtlichen Situationen angepaßte höhere Parkgebühr zu erheben.

Es ist in Anbetracht der Verkehrssituation in den Innenstädten nicht länger zu vertreten, dem Individualverkehr unentgeltlich öffentliche Verkehrsflächen zu Parkzwecken zur Verfügung zu stellen und damit einen zusätzlichen Anreiz zu schaffen, mit dem eigenen Fahrzeug die Stadtzentren aufzusuchen. Denn die Einräumung von Parkmöglichkeiten stellt insbesondere in den Kernbereichen der Städte eine besondere Leistung dar, die über die üblichen Leistungen eines Gemeinwesens für seine Benutzer hinausgeht. Hierbei ist zu berücksichtigen, daß die Aufrechterhaltung des Fahrzeugverkehrs eine Vielzahl von baulichen und verkehrstechnischen Maßnahmen erfordert, die so erhebliche Aufwendungen mit sich bringen, daß diese auch durch die zweckgebundenen Einnahmen aus den Kraftverkehrsabgaben nicht zu decken sind. Es ist daher sachgerecht, daß diejenigen Verkehrsteilnehmer, die die besondere Leistung in Anspruch nehmen, auch angemessen zu diesen Kosten herangezogen werden.

Durch die erhöhte Parkgebühr werden die Verkehrsteilnehmer darüber hinaus veranlaßt, bei der Wahl des Verkehrsmittels die Gebühr für die Inanspruchnahme des in Betracht kommenden Parkplatzes in ihre Kalkulation einzubeziehen. Dies wiederum kann dazu führen, daß die Zahl derer, die in diesen Gebieten vergeblich Parkplätze suchen, eingeschränkt wird. Auf diese Weise wird zu einer Entlastung der Innenstädte vom Individualverkehr beigetragen. In diesem Zusammenhang hat auch die Kommission der Europäischen Gemeinschaften auf die Möglichkeit der Parkgebührenerhebung verwiesen (Denkschrift über die Abgeltung der Benutzung der Verkehrswege im Rahmen gemeinsamer Verkehrspolitik – Drucksache VI/2089 S. 28).

Höhere Parkgebühren können zugleich zu einem schnelleren Wechsel innerhalb der vorgeschriebenen Höchstzeit und damit zu einer intensiveren Nutzung des knappen Parkraums beitragen. Dieser Gesichtspunkt wurde bereits in dem Bericht der Sachverständigenkommission nach dem Gesetz über eine Untersuchung von Maßnahmen zur Verbesserung der Verkehrsverhältnisse der Gemeinden vom 25. August 1964 erwähnt (Zusammenfassung VI Buchstabe f zur Frage 4 des Berichts).

Die vorgesehene Regelung trägt auch der Entschließung des 14. Deutschen Verkehrsgerichtstages (Arbeitskreis VIII Nr. 4) Rechnung, der ebenfalls zur besseren Bewältigung des ruhenden Verkehrs höhere, etwa den Parkhäusern entsprechende Parkgebühren gefordert hat.

Ausgehend vom Verhältnis von Parkplatzangebot und -nachfrage ist Maßstab für die Obergrenze der Parkgebühr zunächst der Wert des jeweiligen Parkplatzes für den Benutzer. Da aber gewährleistet sein muß, daß die Nutzung des vorhandenen Parkraums einer möglichst großen Zahl von Verkehrsteilnehmern ermöglicht wird, kann die Obergrenze im Einzelfall niedriger anzusetzen sein. Denn danach ist jedenfalls die Erhebung einer Parkgebühr unzulässig, die durch ihre Höhe dazu führt, daß Parkflächen trotz vorhandener Parkraumnot nicht ständig belegt sind und somit nicht möglichst vielen Kraftfahrern zugute kommen. Da die Gebühr nach dem Wert des Parkplatzes für den Benutzer festgesetzt werden kann, muß auch eine innerörtliche Staffelung der Gebühren in der Regel vom Stadtrand zur Stadtmitte steigend möglich sein.

Das Gesetz schafft damit die Voraussetzung für eine flexible Regelung, die ohne starre Bindung an bestimmte Sätze die Berücksichtigung der jeweiligen örtlichen Verhältnisse sicherstellt.

Daher enthält die Ermächtigung auch nicht die Obergrenze von 1 DM pro angefangene halbe Stunde, wie sie vom Bundesrat im erfolglosen Gesetzgebungsverfahren zur Änderung des Gesetzes in der 7. Legislaturperiode gefordert wurde (Drucksache 7/1618). Eine solche Obergrenze könnte einen unerwünschten „Hochzieheffekt" in der Weise haben, daß sich hieran die Gemeinden ohne Beachtung der obigen Voraussetzungen orientieren. Ausgehend von der „grundsätzlichen" Gebühr von 0,10 DM pro angefangene halbe Stunde, sollte ein solcher Betrag nur ausnahmsweise erreicht werden und die höheren Gebühren, den jeweiligen örtlichen Gegebenheiten angepaßt, in dem Bereich zwischen 0,10 DM und 1 DM pro angefangene halbe Stunde liegen. Die Fassung entspricht dem Gesetzbeschluß des Bundestages vom 17. Oktober 1974 in der 7. Legislaturperiode (BR-Drucksache 632/74).

Im Hinblick auf die veränderten Rechtsgrundlagen für die Gebührenerhebung (Artikel 74 Nr. 22 GG in der Fassung des Änderungsgesetzes vom 12. Mai 1969 – BGBl. I S. 363) wird die Regelung der Parkgebühren an Parkuhren im Gesetz selbst und nicht mehr in der Gebührenordnung für Maßnahmen im Straßenverkehr verankert. Denn die Parkgebühr soll nicht länger eine Verwaltungsgebühr für die Bereitstellung der Parkuhr sein, sondern eine Benutzungsgebühr für die Inanspruchnahme des Parkraumes. Diese Betrachtungsweise kommt der Lebenswirklichkeit näher als die geltende Rechtslage: der Kraftfahrer will den Parkplatz, nicht die Parkuhr benutzen, letzteres macht er nur gezwungenermaßen, um sich nicht der Verfolgung einer Ordnungswidrigkeit auszusetzen (§ 49 Abs. 1 Nr. 13, Abs. 1 Nr. 3 StVO, § 24 StVG). Damit wird auch die durch das Urteil des VGH Mannheim vom 15. Dezember 1977 – V 1399/76 – entgegen ständiger Rechtsprechung (s. u. a. Beschluß des Bayer. Obersten Landesgerichts vom 16. März 1978 – 1 Ob OWi 29/78) aufgeworfene Frage nach der gesetzlichen Grundlage für die Gebühr für die Bereitstellung einer Parkuhr gegenstandslos.

Nur soweit eine höhere Gebühr als 0,10 DM je angefangene halbe Stunde erhoben werden soll, muß von der den Landesregierungen eingeräumten Ermächtigung zum Erlaß von Gebührenordnungen Gebrauch gemacht werden. Dabei besteht auch die Möglichkeit, Höchstsätze festzulegen. Dies dürfte sich insbesondere dann empfehlen, wenn die Ermächtigung weiter übertragen wird. Die Verteilung des Gebührenaufkommens entspricht der Regelung in § 5b. In der Regel werden die Gebühren damit den Gemeinden zufließen. Durch die in Satz 3 festgelegte Zweckbedingung wird sichergestellt, daß die finanzielle Leistung des Kraftfahrers, die der Gemeinde nach Abzug ihrer für die Errichtung, Unterhaltung und Überwachung der Parkuhren entstehenden Unkosten verbleibt, nur für Aufgaben des ruhenden Verkehrs verwendet werden darf. Hierbei ist an die Schaffung von Parkmöglichkeiten am Rande von Fußgängerzonen, an die Errichtung von Parkleitsystemen sowie an die Einrichtung von „park-and-ride"-Plätzen zur Erleichterung des Übergangs auf öffentliche Verkehrsmittel gedacht.

Absatz 7 (neu) bringt die gebührenrechtliche Konsequenz für die jetzt gegebene Möglichkeit, gebührenpflichtige Parkplätze einzurichten (Artikel 1 Nr. 4 Buchstabe a–dd / neue Nummer 13 /). Die Regelung erfolgt entsprechend der bei Parkuhren.

Der Deutsche Bundestag ist den Änderungsvorschlägen des Bundesrates zu Abs. 6 nicht gefolgt.

Begründung:
„Die Regierungsvorlage wird unverändert gebilligt, wonach die Parkuhrgebühren künftig auch mehr als 0,10 DM je angefangene halbe Stunde betragen können. Eine Obergrenze ist nicht vorgesehen worden, weil davon ausgegangen wird, daß hier eine entsprechende sachgerechte Kontrolle durch die örtlichen Gemeindevertretungen stattfindet."

III. Die durch die Verordnung vom 6.11.1979 (BGBl. I 1794) und vom 15.1.1980 (BGBl. I 37) geänderten und eingefügten Bestimmungen der Straßenverkehrs-Zulassungs-Ordnung (StVZO)

Übersicht

§ 4 a Sonderbestimmung für das Führen von Fahrrädern mit Hilfsmotor mit einer durch die Bauart bestimmten Höchstgeschwindigkeit von nicht mehr als 25 km/h
§ 5 Einteilung der Fahrerlaubnisse
§ 7 Mindestalter der Kraftfahrzeugführer
§ 8 Antrag auf Erteilung der Fahrerlaubnis
§ 9 Ermittlungen über die Eignung des Antragstellers durch die Behörde
§ 10 Ausfertigung des Führerscheins
§ 11 Prüfung der Befähigung des Antragstellers durch einen amtlich anerkannten Sachverständigen oder Prüfer für den Kraftfahrzeugverkehr
§ 14 Sonderbestimmungen für das Führen von Kraftfahrzeugen im öffentlichen Dienst
§ 15 Sonderbestimmungen für Inhaber einer ausländischen Fahrerlaubnis
§ 15 b Entziehung oder Einschränkung der Fahrerlaubnis, Anordung von Auflagen
§ 15 c Erteilung einer neuen Fahrerlaubnis
§ 15 e Voraussetzungen für die Erteilung der Fahrerlaubnis zur Fahrgastbeförderung
§ 18 Zulassungspflichtigkeit
§ 21 a Anerkennung von Genehmigungen und Prüfzeichen auf Grund internationaler Vereinbarungen und von Rechtsakten der Europäischen Gemeinschaften
§ 22 a Bauartgenehmigung für Fahrzeugteile
§ 23 Zuteilung der amtlichen Kennzeichen
§ 26 Karteiführung, Meldungen an das Kraftfahrt-Bundesamt, Auskunft
§ 29 Untersuchung der Kraftfahrzeuge und Anhänger
§ 31 b Überprüfung mitzuführender Gegenstände
§ 32 Abmessungen von Fahrzeugen und Zügen
§ 34 Achslast und Gesamtgewicht, Laufrollenlast von Gleiskettenfahrzeugen
§ 35 Motorleistung
§ 35 b Einrichtungen zum sicheren Führen der Fahrzeuge
§ 36 Bereifung und Laufflächen
§ 36 a Radabdeckungen, Ersatzräder
§ 42 Anhängelast hinter Kraftfahrzeugen
§ 45 Kraftstoffbehälter
§ 47 Abgase und ihre Ableitung
§ 48 Dampfkessel und Gaserzeuger
§ 50 Scheinwerfer für Fern- und Abblendlicht
§ 51 Begrenzungsleuchten, Spurhalteleuchten, Parkleuchten
§ 51 a Seitliche Kenntlichmachung
§ 51 b Umrißleuchten
§ 52 Zusätzliche Scheinwerfer und Leuchten
§ 53 Schlußleuchten, Bremsleuchten, Rückstrahler
§ 53 a Warndreieck, Warnleuchen, Warnblinkanlage
§ 53 b Kenntlichmachung von Anbaugeräten
§ 53 d Nebelschlußleuchten
§ 54 Fahrtrichtungsanzeiger
§ 55 Einrichtungen für Schallzeichen
§ 57 Geschwindigkeitsmesser und Wegstreckenzähler
§ 57 a Fahrtschreiber und Kontrollgerät
§ 57 b Prüfung der Fahrtschreiber und Kontrollgeräte
§ 60 Ausgestaltung und Anbringung der amtlichen Kennzeichen
§ 66 a Lichttechnische Einrichtungen
§ 67 Lichttechnische Einrichtungen an Fahrrädern
§ 68 Zuständigkeiten
§ 69 a Ordnungswidrigkeiten
§ 72 Inkrafttreten und Übergangsbestimmungen

Vorbemerkungen

I. Die VO vom 3.7.1979 (BGBl. I 901, amtl. Begr. VkBl. 79, 444) führte in § 23 den Abs. 1a ein und faßte § 60 Abs. 1 (Satz 2 u. 3) neu. Der neue Abs. 1a des § 23 war erforderlich, weil für die Steuerbefreiung nach § 10 KraftStG i.d.F. vom 1.2.1979 (BGBl. I 132) ein Antrag des Halters und die Zuteilung eines Kennzeichens mit grüner Beschriftung erforderlich ist. Die Zuteilung des grün-weißen Kennzeichens bleibt auch dann weiter bestehen, wenn für den betreffenden Anhänger zeitweise von der Steuervergünstigung kein Gebrauch gemacht wird, d.h. der Anhänger hinter einem Zugfahrzeug mitgeführt wird, für das kein Anhängerzuschlag nach § 10 KraftStG entrichtet wurde (amtl. Begr.: VkBl. 79, 444). Im übrigen ist Führung eines von der Kfz-Steuer befreiten Fahrzeugs Vergehen nach § 370 AO, wenn es für nicht steuerbefreite Zwecke verwendet wird. **1**

§ 60 Abs. 1 Satz 2 hat den Kreis der Fahrzeuge mit sog. grünen Kennzeichen geringfügig erweitert. Satz 2, 2. Halbsatz dient vor allem der Klarstellung, daß auch die Leiter und Mitglieder einschließlich der Familienmitglieder (so auch amtl. Begr.: VkBl. 79, 444) der Ständigen Vertretung der DDR schwarz-weiße Kennzeichen führen müssen (Nr. 3). Die Nr. 6 war erforderlich, weil nach § 3 Nr. 11 KraftStG die Behinderten nunmehr von der Steuer befreit sind. Abs. 2 Satz 3 ist dem § 23 Abs. 1a angepaßt. Der Regelung von Satz 3 unterliegen auch solche Anhänger, die in Satz 2 des § 60 Abs. 1 erwähnt sind. Somit führen z.B. auch Kfz-Anhänger von Behörden ein grün-weißes Kennzeichen, wenn für den betreffenden Anhänger nach § 10 KraftStG die Steuer nicht erhoben wird (so auch amtl. Begr. a.a.O.). **2**

II. Die VO vom 6.11.1979 (BGBl. I 1794, amtl. Begr. VkBl. 79, 836) ordnete im wesentlichen das Fahrerlaubnisrecht für motorisierte Zweiräder neu. **3**

1. Durch die **Einfügung des § 4a in die StVZO** soll erreicht werden, daß die Führer der in § 4 Abs. 1 S. 2 Nr. 1 StVZO näher bezeichneten Fahrräder mit Hilfsmotor mit einer durch die Bauart bestimmten Höchstgeschwindigkeit von nicht mehr als 25 km/h (sog. Mofa 25) ausreichende Kenntnisse der Verkehrsvorschriften und der sog. Gefahrenlehre nachweisen und hierüber eine Prüfbescheinigung besitzen müssen. Diese steht nicht einer Fahrerlaubnis gleich, wenn sie auch ebensowenig wie eine Fahrerlaubnis der Klasse 5 eine vor der zuständigen Behörde abzulegende theoretische und praktische Prüfung verlangt (vgl. § 8 Abs. 2 Nr. 3 StVZO). **4**

Für die Bescheinigungen gelten nicht die Bestimmungen über die Fahrerlaubnis. So kann das Recht zum Führen eines Mofa 25 weder durch das Gericht nach § 69 StGB noch durch die Verwaltungsbehörde nach § 4 StVG, § 15b StVZO entzogen werden. Die Verwaltungsbehörde kann nur die Maßregeln nach § 3 StVZO anordnen, wenn sich der Inhaber einer Bescheinigung nach § 4a StVZO zum Führen eines Mofa 25 als ungeeignet erwiesen hat. Die Bescheinigung kann im Verwaltungsverfahren wie ein Führerschein eingezogen werden. **5**

6 Da ein Mofa 25 ein Kraftfahrzeug ist, erstreckt sich ein nach § 44 StGB angeordnetes Fahrverbot auch auf die Führung dieser Fahrzeuge. Anders als das Fahrverbot der Verwaltungsbehörden, das grundsätzlich unbefristet ausgesprochen wird, gilt für die gerichtliche Fahrverbotsfrist eine Höchstgrenze von 3 Monaten. Ein Führerschein wird während dieser Zeit amtlich verwahrt. Eine entsprechende ausdrückliche Bestimmung fehlt in § 44 Abs. 3 StGB für die Bescheinigungen nach § 4 a StVZO. Da jedoch nur die nach § 4 a StVZO erteilte Bescheinigung nunmehr zum Führen eines Mofa 25 berechtigt, steht sie einem Führerschein i. S. des § 44 Abs. 3 StGB gleich. Bei einem gerichtlich angeordneten Fahrverbot ist deshalb die Bescheinigung amtlich zu verwahren. Die Bescheinigung kann nach § 463 b Abs. 1 StPO beschlagnahmt werden.

7 Fraglich ist, ob die Bescheinigung mit Auflagen versehen werden kann. Dies ist jedoch zu verneinen. Die StVZO behält Auflagen und Beschränkungen (§§ 3, 12 StVZO) anzuordnen der zuständigen Verwaltungsbehörde vor. Eine Übertragung auf andere Stellen ist nicht erfolgt. Außerdem wird in der Bescheinigung nach Muster 1 e von der zuständigen Stelle nur bestätigt, daß der Inhaber der Bescheinigung die erforderlichen Kenntnisse der Verkehrsvorschriften nachgewiesen hat und mit der Gefahrenlage vertraut ist. Die zuständigen Stellen haben jedoch bestehende Bedenken auch bei Bestehen der sog. theoretischen Prüfung der zuständigen Verwaltungsbehörde mitzuteilen. Diese hat dann nach § 3 StVZO zu verfahren.

8 Da die Bescheinigung nach § 4 a keine Fahrerlaubnis ist, ist Führung eines Mofa 25, ohne eine Bescheinigung erworben zu haben, kein Vergehen nach § 21 StVG.

9 **2.** Nach der Neufassung des **§ 10 Abs. 1** entfällt künftig der **Prüfervermerk** auf dem Führerschein. Um die Inhaber der Führerscheine, auf denen der Prüfervermerk durchstrichen wurde, nicht zu „benachteiligen" gestattet *Art. 4* der VO vom 6. 11. 1979 den Umtausch dieser Führerscheine gegen solche des neuen Musters 1.

10 **3.** Die Einfügung des *Abs. 1 a in § 15 b* StVZO stellt klar, daß bei vorhandenen Eignungsmängeln die Fahrerlaubnis nicht entzogen werden muß, um dann über § 12 wieder mit Auflagen oder Einschränkungen erteilt zu werden. Vielmehr ist ohne Entziehung der Fahrerlaubnis auch die Einschränkung, aber auch die Anordnung von Auflagen zulässig. Die Begriffe „bedingt geeignet" und „Einschränkung der Fahrerlaubnis" oder „erforderliche Auflagen" decken sich mit denen des § 12 StVZO. Wird die Fahrerlaubnis eingeschränkt, so ist ein Verstoß hiergegen Vergehen nach § 21 StVG (vgl. dazu § 12 StVZO Rdn. 10 bis 20 des Kommentars.

11 **III. 1. Die VO vom 15. 1. 1980** (BGBl. I 37) hat zahlreiche Einzelvorschriften der StVZO geändert (amtl. Begr.: VkBl. 80, 143). Besonders zu betonen ist, daß verschiedene Vorschriften nunmehr den neuen Meßeinheiten des Gesetzes über Einheiten im Meßwesen vom 2. 7. 1969 (BGBl. I 709 i. d. F. des Art 287 EGStGB) angepaßt wurden. Die Änderung der Anlage XIV zur StVZO wurde den EG-Richtlinien vom 26. 3. 1970 und vom 28. 6. 1977 angeglichen (vgl. Amtsbl. der EG Nr. L 220 vom 29. 8. 1977).

2. Die durch die VO vom 15. 1. 1980 vorgenommenen Änderungen enthalten grundsätzlich keine zu Zweifeln Anlaß gebende Überlegungen. In den meisten Fällen haben sie die in der Rechtsprechung aufgekommenen Zweifel behoben. Soweit die amtliche Begründung zur Auslegung heranzuziehen zweckmäßig erscheint, wurde bei den in Frage kommenden Bestimmungen darauf hingewiesen bzw. die amtliche Begründung im Wortlaut wiedergegeben. **12**

§ 4 a

Sonderbestimmung für das Führen von Fahrrädern mit Hilfsmotor mit einer durch die Bauart bestimmten Höchstgeschwindigkeit von nicht mehr als 25 km/h

(1) Wer auf öffentlichen Straßen ein Fahrrad mit Hilfsmotor der in § 4 Abs. 1 Satz 2 Nr. 1 bezeichneten Art führt, muß durch die Bescheinigung (Muster 1 e) einer von der zuständigen obersten Landesbehörde bestimmten Stelle nachweisen, daß er

1. ausreichende Kenntnisse der für den Führer eines Kraftfahrzeugs maßgebenden gesetzlichen Vorschriften hat und

2. mit den Gefahren des Straßenverkehrs und den zu ihrer Abwehr erforderlichen Verhaltensweisen vertraut ist.

(2) Die Bescheinigung ist beim Führen des in Absatz 1 bezeichneten Fahrrads mit Hilfsmotor mitzuführen und zuständigen Personen auf Verlangen zur Prüfung auszuhändigen.

(3) Der Bescheinigung (Absätze 1 und 2) bedarf es nicht, wenn ein gültiger Führerschein oder ein gültiger ausländischer Fahrausweis mitgeführt und zuständigen Personen auf Verlangen zur Prüfung ausgehändigt wird.

Eingefügt durch VO vom 6. 11. 1979, BGBl. I 1794. In Kraft ab 1. 4. 1980. Übergangsbestimmung: § 72 Abs. 2 StVZO. **1**

Bußgeldvorschrift: § 69 a Abs. 1 Nr. 4 a.

Die Bescheinigung nach § 4 a ist keine Fahrerlaubnis, da die in § 4 Abs. 1 Satz 2 Nr. 1 aufgeführten Fahrzeuge ausdrücklich vom Fahrerlaubniszwang ausgenommen sind. § 4 a ist somit auch gegenüber § 5 Sondervorschrift. Die Bescheinigung ist keine Fahrerlaubnis der Klasse 5. Mindestalter deshalb: § 7 Abs. 1 Nr. 5. Vgl. Vorbemerkungen Rdn. 3 bis 8. **2**

§ 5

Einteilung der Fahrerlaubnisse

(1) Die Fahrerlaubnis wird für jede Betriebsart (Verbrennungsmotor, Elektromotor und andere) in folgenden Klassen erteilt:

Klasse 1: Krafträder (Zweiräder, auch mit Beiwagen) mit einem Hubraum von mehr als 50 cm^3 oder mit einer durch die Bauart bestimten Höchstgeschwindigkeit von mehr als 40 km/h;

Klasse 2: Kraftfahrzeuge, deren zulässiges Gesamtgewicht (einschließlich dem eines aufgesattelten Anhängers) mehr als 7,5 t beträgt, und Züge mit mehr als 3 Achsen ohne Rücksicht auf die Klasse des ziehenden Fahrzeugs – das Mitführen der nach § 18 Abs. 2 Nr. 6 zulassungsfreien Anhänger bildet keinen Zug im Sinne dieser Vorschrift –;

Klasse 3: alle Kraftfahrzeuge, die nicht Klasse 1, 2, 4 oder 5 gehören;

Klasse 4: Kleinkrafträder, Fahrräder mit Hilfsmotor (§ 18 Abs. 2 Nr. 4);

Klasse 5: Krankenfahrstühle (§ 18 Abs. 2 Nr. 5), Kraftfahrzeuge mit einer durch die Bauart bestimmten Höchstgeschwindigkeit von nicht mehr als 25 km/h, Kraftfahrzeuge mit einem Hubraum von nicht mehr als 50 cm^3 mit Ausnahme der zu den Klassen 1 und 4 gehörenden Fahrzeuge.

Die Erlaubnis kann auf einzelne Fahrzeugarten dieser Klasse beschränkt werden. Sie gilt bezüglich der Klassen 4 und 5 für alle Betriebsarten, wenn sie insoweit nicht ausdrücklich auf eine bestimmte Betriebsart beschränkt worden ist. Eine Fahrerlaubnis, die für die Betriebsart Verbrennungsmotor erteilt worden ist, berechtigt in ihrer Klasse auch zum Führen von Fahrzeugen, die durch Elektromotor angetrieben werden.

(2) Fahrerlaubnisse der Klassen 1, 2 und 3 berechtigen zum Führen von Fahrzeugen der Klassen 4 und 5, Fahrerlaubnisse der Klasse 2 gelten auch für Fahrzeuge der Klasse 3, Fahrerlaubnisse der Klasse 4 für Fahrzeuge der Klasse 5. Beim Abschleppen eines Kraftfahrzeugs genügt die Fahrerlaubnis für die Klasse des abschleppenden Fahrzeugs.

(3) Fahrerlaubnisse, die auf Grund früheren Rechts in den Klassen 1, 2 und 3 (a und b) erteilt waren, gelten als solche der Klassen 1, 2 und 3 dieser Verordnung. Außerdem berechtigen

1. Fahrerlaubnisse, die vor dem 1. Dezember 1954 in der Klasse 1, 2, 3 oder 4 erteilt worden sind, auch zum Führen von Kraftfahrzeugen mit einem Hubraum von mehr als 50 cm^3, jedoch nicht mehr als 250 cm^3,
2. Fahrerlaubnisse, die nach dem 30. November 1954, jedoch vor dem 1. Oktober 1960 im Saarland in der Klasse 1, 2, 3 oder 4 erteilt worden sind, auch zum Führen von Kraftfahrzeugen mit einem Hubraum von mehr als 50 cm^3, jedoch nicht mehr als 125 cm^3,
3. Fahrerlaubnisse, die vor dem 1. April 1980 in der Klasse 5 erteilt worden sind, auch zum Führen von Kleinkrafträdern und von Fahrrädern mit Hilfsmotor (§ 18 Abs. 2 Nr. 4),
4. Fahrerlaubnisse, die vor dem 1. April 1980 in der Klasse 2, 3 oder 4 erteilt worden sind, auch zum Führen von Leichtkrafträdern (§ 18 Abs. 2 Nr. 4 a).

(4) Für die den Angehörigen der Bundeswehr aus dienstlichen Gründen zu erteilenden Fahrerlaubnisse gelten statt der Klassen 1 bis 3 die aus dem Muster 1 a ersichtlichen Klassen; Fahrzeuge zur Personenbeförderung werden bei Fahrten ohne Fahrgäste den Fahrzeugen zur Güterbeförderung gleichgestellt.

Die VO vom 6.11.1979, BGBl. I 1794, faßte die Beschreibung der Klassen 1, 4 und 5 neu, ergänzte Abs. 3 durch die Nr. 3 u. 4. In Abs. 4, zweite Zeile wurde die Zahl 4 durch die Zahl 3 ersetzt. In Kraft ab 1.4.1980. Muster für Führerscheine 1, 1a, 1b i.d.F. der VO vom 6.11.1979, wonach insbesondere der Prüfvermerk entfällt. 1

§ 7

Mindestalter der Kraftfahrzeugführer

(1) Niemand darf führen

1. Kraftfahrzeuge der Klasse 1 vor Vollendung des 18. Lebensjahrs,

2. Kraftfahrzeuge der Klasse 2 vor Vollendung des 21. Lebensjahrs,

3. Kraftfahrzeuge der Klasse 3 vor Vollendung des 18. Lebensjahrs,

4. Kraftfahrzeuge der Klasse 4 und 5 vor Vollendung des 16. Lebensjahrs,

5. andere Kraftfahrzeuge vor Vollendung des 15. Lebensjahrs.

Abweichend von Nummer 1 gilt bei Beschränkung der Fahrerlaubnis der Klasse 1 auf Leichtkrafträder (§ 18 Abs. 2 Nr. 4a) die Vollendung des 16. Lebensjahrs.

(1a) Wird ein Kind unter 7 Jahren auf einem Fahrrad mit Hilfsmotor im Sinne des § 4 Abs. 1 Nr. 1 mitgenommen, so muß der Fahrzeugführer mindestens 16 Jahre alt sein.

(2) Die Verwaltungsbehörde kann Ausnahmen von Absatz 1 zulassen, bei Minderjährigen jedoch nur mit Zustimmung des gesetzlichen Vertreters.

Fassung des Abs. 1 Satz 2 beruht auf der ÄndVO vom 6.11.1979, BGBl. I 1794. Die Neufassung ist ab 1.4.1980 in Kraft. Übergangsbestimmung: § 72 Abs. 2 (abweichendes Inkrafttreten). 1

Bußgeldvorschrift: § 69a Abs. 1 Nr. 4a, 4b. 2

§ 8*)

Antrag auf Erteilung der Fahrerlaubnis

(1) Der Antrag auf Erteilung der Fahrerlaubnis ist bei der zuständigen örtlichen Behörde einzureichen.

(2) Beizufügen sind

1. ein amtlicher Nachweis über Ort und Tag der Geburt,

2. ein Lichtbild in der Größe 36 mm x 47 mm bis 45 mm x 60 mm, das den Antragsteller ohne Kopfbedeckung im Halbprofil zeigt,

3. bei einem Antrag auf Erteilung der Fahrerlaubnis der Klasse 5 die Bescheinigung einer von der zuständigen Behörde bestimmten Stelle darüber, daß der Antragsteller ausrei-

chende Kenntnisse der Verkehrsvorschriften nachgewiesen hat und mit den Gefahren des Straßenverkehrs und den zu ihrer Abwehr erforderlichen Verhaltensweisen vertraut ist.

(3) Der Antragsteller hat die Erteilung eines Führungszeugnisses zur Vorlage bei der Verwaltungsbehörde nach den Vorschriften des Bundeszentralregistergesetzes zu beantragen.

1 Die VO vom 6. 11. 1979, BGBl. I 1794, änderte die geringstzulässige Lichtbildgröße von 38 x 52 mm auf 36 x 47 mm. Der BMV hatte jedoch bisher schon diese Größe zugelassen (VkBl. 78, 418). Abs. 2 Nr. 3 hat die ÄndVO durch den letzten Halbsatz ergänzt.

2 Die geänderte Lichtbildgröße gilt ab 10. 11. 1979, die Ergänzungen der Nr. 3 jedoch erst ab 1. 4. 1980.

*) § 8 wurde durch die VO v. 3. 12. 1980 geändert. Neufassung: Seite 182.

§ 9

Ermittlungen über die Eignung des Antragstellers durch die Behörde

Die zuständige örtliche Behörde hat zu ermitteln, ob Bedenken gegen die Eignung des Antragstellers zum Führen von Kraftfahrzeugen vorliegen (z. B. Bedenken wegen schwerer oder wiederholter Vergehen gegen Strafgesetze, Neigung zum Trunk, zur Rauschgiftsucht oder zu Ausschreitungen, insbesondere Roheitsvergehen, ferner Bedenken gegen die körperliche oder geistige Eignung). Mit einem Bericht über das Ergebnis ihrer Ermittlungen legt die zuständige örtliche Behörde den Antrag der Verwaltungsbehörde vor.

1 Die VO vom 6. 11. 1979, BGBl. I 1794, hat Satz 2, der sich auf Führerscheine der früheren Klasse 4 bezog, gestrichen, Neufassung in Kraft ab 1. 4. 1980.

§ 10*)

Ausfertigung des Führerscheins

(1) Ergeben sich keine Bedenken gegen die Eignung des Antragstellers, so hat die Verwaltungsbehörde, wenn eine Fahrerlaubnis der Klasse 5 beantragt ist, diese zu erteilen; einen Antrag auf Erteilung der Fahrerlaubnis der Klasse 1, 2, 3 oder 4 oder auf Streichung der Beschränkung der Fahrerlaubnis der Klasse 1 auf Leichtkrafträder hat sie einem amtlich anerkannten Sachverständigen oder Prüfer für den Kraftfahrzeugverkehr zur Prüfung der Befähigung des Antragstellers zum Führen von Kraftfahrzeugen zu übersenden. Ein vorbereiteter Führerschein (Muster 1) ohne Datumsangabe ist beizufügen, der vom Sachverständigen oder Prüfer nach dem Einsetzen des Aushändigungsdatums dem Antragsteller auszuhändigen ist, wenn die Prüfung bestanden wird; die Aushändigung hat der Sachverständige oder Prüfer der Verwaltungsbehörde unter Angabe des Datums der Aushändigung mitzuteilen. Ist der Antragsteller bereits im Besitz des Führerscheins für eine andere Klasse als der Klasse 5 (§ 5 Abs. 3 Satz 2) oder für eine andere Betriebsart, so kann die Ausfertigung eines neuen Führerscheins unterbleiben und die Erweiterung der Fahr-

erlaubnis in den vorhandenen Schein eingetragen werden; die Beschränkung der Fahrerlaubnis der Klasse 1 auf Leichtkrafträder kann gestrichen werden.

Bei Erweiterung der Fahrerlaubnis auf die Klasse 2 sind die §§ 8 b und 12 a anzuwenden; § 8 a ist bei Erweiterung der Fahrerlaubnis auf eine der anderen Klassen nicht anzuwenden. Wird ein neuer Schein ausgefertigt, so ist bei seiner Aushändigung der bisherige Schein einzuziehen und die Einziehung auf dem neuen Schein unter Angabe des Tages zu vermerken, an dem die Fahrerlaubnis vor der Erweiterung erteilt worden ist.

(2) Die Verwaltungsbehörde hat die von ihr vorbereiteten Führerscheine vor Übersendung an den Sachverständigen oder Prüfer in eine Liste einzutragen, deren laufende Nummer im Führerschein anzugeben ist. Über die ausgehändigten Führerscheine hat die Verwaltungsbehörde außerdem eine Kartei zu führen, die nach den Anfangsbuchstaben der Namen der Führerscheininhaber zu ordnen ist.

(3) Sprechen keine besonderen Gründe dagegen, so kann die Verwaltungsbehörde von der Prüfung absehen,

1. **wenn der Bewerber bei einer Behörde einer im Geltungsbereich dieser Verordnung stationierten Truppe eines der nichtdeutschen Vertragsstaaten des Nordatlantikpaktes mit Erfolg eine Fahrprüfung abgelegt hat, bei der die deutschen Verkehrsvorschriften berücksichtigt worden sind,**
2. **wenn es sich um die Erweiterung einer vor dem 1. Dezember 1954 in der Klasse 2, 3 oder 4 erteilten Fahrerlaubnis auf die Klasse 1 handelt.**

Unterbleibt die nochmalige Prüfung, so gilt Absatz 1 Satz 1 Halbsatz 1 entsprechend auch für Fahrerlaubnisse der Klassen 1, 2 und 3.

(4) Für die den Angehörigen der Bundeswehr aus dienstlichen Gründen zu erteilenden Fahrerlaubnisse sind Führerscheine nach Muster 1 a auszufertigen.

(5) Bei Fahrerlaubnissen der Klasse 5 sind Führerscheine nach Muster 1 b auszufertigen.

Die Fassung des Abs. 1 Satz 1 bis 3 beruhen auf der VO vom 6. 11. 1979, BGBl. I 1794. **1**
Die gleiche ÄndVO strich in Abs. 4 den letzten Halbsatz. In Kraft ab 1. 4. 1980; Abs. 1 Satz 2 jedoch bereits ab 1. 1. 1980 (Art. 6). Vgl. Vorbem. Rdn. 9.

*) § 10 wurde durch die VO v. 3. 12. 1980 geändert. Neufassung: Seite 183.

§ 11*)

Prüfung der Befähigung des Antragstellers durch einen amtlich anerkannten Sachverständigen oder Prüfer für den Kraftfahrzeugverkehr

(1) Der Sachverständige oder Prüfer bestimmt Zeit und Ort der Prüfung. Der Prüfling hat ein Kraftfahrzeug der Betriebsart und Klasse, für die er seine Befähigung nachweisen will, für die Prüfung bereitzustellen. Das Fahrzeug muß ausreichende Sitzplätze für den Sachverständigen, den Fahrlehrer und den Prüfling bieten; das gilt nicht bei Fahrzeugen der Klasse 1 oder 4 sowie dann, wenn die Fahrerlaubnis nur für Fahrzeuge der Klasse 2 oder 3 mit nicht mehr als 2 Sitzen (z. B. nur für Zugmaschinen) erteilt werden soll. Das Prü-

fungsfahrzeug für Klasse 1 muß mindestens 20 kW und mindestens 150 kg Leergewicht haben. Soll die Fahrerlaubnis der Klasse 1 auf Leichtkrafträder (§ 18 Abs. 2 Nr. 4 a) beschränkt werden, so muß als Prüfungsfahrzeug ein Leichtkraftrad verwendet werden.

(2) In der Prüfung hat sich der Sachverständige oder Prüfer zu überzeugen, ob der Prüfling

1. ausreichende Kenntnisse der für den Führer eines Kraftfahrzeugs maßgebenden gesetzlichen Vorschriften hat,

2. mit den Gefahren des Straßenverkehrs und den zu ihrer Abwehr erforderlichen Verhaltensweisen vertraut ist und

3. über die zur sicheren Führung eines Kraftfahrzeugs im Verkehr erforderlichen technischen Kenntnisse verfügt und zu ihrer praktischen Anwendung fähig ist.

Bei der Prüfungsfahrt darf die reine Fahrzeit 30 Minuten nicht unterschreiten, sofern der Prüfling nicht schon vorher gezeigt hat, daß er den Anforderungen der Prüfung nicht gewachsen ist. Ein Teil der Gesamtprüfstrecke muß, ausgenommen bei Leichtkrafträdern, über Autobahnen oder Kraftfahrstraßen führen. Ist dies ohne erhebliche Überschreitung der Mindestfahrzeit nicht möglich, so muß die Fahrprüfung Straßenzüge einschließen, auf denen eine höhere Geschwindigkeit als 60 km/h erlaubt ist. Die Prüfung zur Streichung der Beschränkung der Fahrerlaubnis der Klasse 1 auf Leichtkrafträder (§ 18 Abs. 2 Nr. 4 a) erstreckt sich nur auf den Umfang nach Nummer 3, wenn die Streichung spätestens 5 Jahre nach Erteilung der beschränkten Fahrerlaubnis beantragt wird. Hat der Bewerber die Prüfung nicht bestanden, so darf er sie wiederholen, wenn er nachweist, daß er in der Zwischenzeit gründlichen Unterricht genommen oder andere ihm von der Verwaltungsbehörde auferlegte Bedingungen erfüllt hat. Die Prüfung darf nicht vor Ablauf eines angemessenen Zeitraums (in der Regel nicht weniger als 2 Wochen) wiederholt werden.

(3) Macht der Sachverständige oder Prüfer Beobachtungen, die bei ihm Zweifel über die körperliche oder geistige Eignung des Prüflings (insbesondere Seh- oder Hörvermögen, körperliche Beweglichkeit, Nervenzustand) begründen, so hat er der Verwaltungsbehörde Mitteilung zu machen, damit sie nach § 12 verfahren kann.

(4) Nach der Prüfung sendet der Sachverständige oder Prüfer den Antrag unter Mitteilung des Prüfungsergebnisses an die Verwaltungsbehörde zurück.

Die VO vom 6. 11. 1979, BGBl. I 1794, fügte dem Abs. 1 die Satze 4 u. 5 an und in Abs. 2 die Sätze 2 bis 5 ein. In Kraft ist die Neufassung ab 1. 4. 1980. Übergangsbestimmung: § 72 Abs. 2 (abweichendes Inkrafttreten für Abs. 1 Satz 4, 5; Abs. 2 Satz 1 Nr. 3 und Abs. 2 Satz 2). – Prüfungsrichtlinien wurden geändert: VkBl. 80, 149.

*) § 11 wurde durch die VO v. 3. 12. 1980 geändert. Neufassung: Seite 185. Eingefügt wurde § 11 a; bisheriger § 11 a wurde 11 b (S. 186).

§ 14*)

Sonderbestimmungen für das Führen von Kraftfahrzeugen im öffentlichen Dienst

(1) Die Erlaubnis zum Führen von Kraftfahrzeugen der Bundeswehr, der Deutschen Bundesbahn, der Deutschen Bundespost, des Bundesgrenzschutzes und der Polizei, die

durch deren Dienststellen erteilt wird (§ 68 Abs. 3), berechtigt, soweit sich aus § 7 nichts anderes ergibt, zum Führen aller Fahrzeuge der betreffenden Betriebsart und Klasse, gleichgültig ob es sich um Dienstfahrzeuge handelt oder nicht. Dies gilt auch für die Bescheinigung nach § 4a. Die Erlaubnis gilt nur für die Dauer des Dienstverhältnisses; dies ist auf dem Führerschein zu vermerken, wenn es sich nicht um eine Fahrerlaubnis der Bundeswehr handelt. Außerdem ist auf dem Führerschein anzugeben, ob der Inhaber eine allgemeine Fahrerlaubnis besitzt.

(2) Bei Beendigung des Dienstverhältnisses oder der Verwendung als Kraftfahrzeugführer ist der Führerschein einzuziehen. Auf Antrag ist dem Inhaber zu bescheinigen, für welche Betriebsart und Klasse von Kraftfahrzeugen ihm die Erlaubnis erteilt war.

(3) Dem Inhaber einer Fahrerlaubnis nach Absatz 1 erteilt die Verwaltungsbehörde auf Antrag eine allgemeine Fahrerlaubnis für die entsprechende Betriebsart und Klasse von Kraftfahrzeugen ohne eine nochmalige Prüfung nach § 11, wenn nicht Tatsachen vorliegen, die den Bewerber als ungeeignet zum Führen von Kraftfahrzeugen erscheinen lassen. Dasselbe gilt bei Vorlage einer Bescheinigung nach Absatz 2, wenn die Erteilung der allgemeinen Fahrerlaubnis innerhalb von 2 Jahren nach dem Ausscheiden aus dem Kraftfahrdienst beantragt wird. Die §§ 8a und 8b sind nicht anzuwenden.

(4) In den Fällen des Absatzes 3 Satz 1 teilt die Verwaltungsbehörde der Stelle, die den Vermerk nach Absatz 1 letzter Satz anzubringen hat, die Gewährung der allgemeinen Fahrerlaubnis unverzüglich mit.

Durch die VO vom 6. 11. 1979, BGBl. I 1794, wurde in Abs. 1 der Satz 2 eingefügt und in **1**
Abs. 3 Satz 1 die Worte „§ 9 Satz 2“ gestrichen. In Kraft seit 1. 4. 1980.

*) § 14 wurde durch die VO v. 3. 12. 1980 geändert. Neufassung: Seite 190.

§ 15*)

Sonderbestimmungen für Inhaber einer ausländischen Fahrerlaubnis

(1) Dem Inhaber einer ausländischen Fahrerlaubnis ist die deutsche Fahrerlaubnis für die entsprechende Klasse von Kraftfahrzeugen zu erteilen, wenn

1. **keine Bedenken gegen seine Eignung bestehen,**
2. **er seinen Wohnsitz im Inland hat,**
3. **er sich seit einem Jahr überwiegend im Inland aufgehalten hat,**
4. **er während dieser Zeit ein Kraftfahrzeug der beantragten Fahrerlaubnisklasse geführt hat.**
   Die §§ 8a und 8b sind nicht anzuwenden.

(2) Erfüllt der Antragsteller die Voraussetzungen des Absatzes 1 Nr. 2 bis 4 nicht, so ist die Fahrerlaubnis zu erteilen, wenn er in einer Prüfung nachweist, daß er ausreichende Kenntnisse der für den Führer eines Kraftfahrzeugs maßgebenden gesetzlichen Vorschriften hat und mit den Gefahren des Straßenverkehrs und den zu ihrer Abwehr erforderlichen Verhaltensweisen vertraut ist.

1 Die VO vom 6. 11. 1979, BGBl. I 1794, gab dem letzten Halbsatz des Abs. 2 die jetzt gültige Fassung. In Kraft seit 1. 4. 1980.

*) § 15 wurde durch die VO v. 3. 12. 1980 geändert. Neufassung: Seite 191.

§ 15b

Entziehung oder Einschränkung der Fahrerlaubnis, Anordnung von Auflagen

(1) Erweist sich jemand als ungeeignet zum Führen von Kraftfahrzeugen, so muß ihm die Verwaltungsbehörde die Fahrerlaubnis entziehen. Ungeeignet ist insbesondere, wer wegen körperlicher oder geistiger Mängel ein Kraftfahrzeug nicht sicher führen kann, wer unter erheblicher Wirkung geistiger Getränke oder anderer berauschender Mittel am Verkehr teilgenommen oder sonst gegen verkehrsrechtliche Vorschriften oder Strafgesetze erheblich verstoßen hat.

(1 a) Erweist sich der Inhaber einer Fahrerlaubnis noch als bedingt geeignet zum Führen von Kraftfahrzeugen, so kann die Verwaltungsbehörde die Fahrerlaubnis soweit notwendig einschränken oder die erforderlichen Auflagen anordnen; der Betroffene hat den Auflagen nachzukommen.

(2) Besteht Anlaß zur Annahme, daß der Inhaber einer Fahrerlaubnis zum Führen eines Kraftfahrzeugs ungeeignet oder nur noch bedingt geeignet ist, so kann die Verwaltungsbehörde zur Vorbereitung der Entscheidung über die Entziehung oder die Einschränkung der Fahrerlaubnis oder über die Anordnung von Auflagen je nach den Umständen die Beibringung

1. eines amts- oder fachärztlichen Zeugnisses oder

2. eines Gutachtens einer amtlich anerkannten medizinisch-psychologischen Untersuchungsstelle oder

3. eines Gutachtens eines amtlich anerkannten Sachverständigen oder Prüfers für den Kraftfahrzeugverkehr

anordnen.

Die Verwaltungsbehörde kann mehrere dieser Anordnungen treffen; sie kann die Begutachtung auch auf einen Teilbereich der Eignung beschränken, insbesondere darauf, ob der Inhaber der Fahrerlaubnis die nach § 11 Abs. 2 erforderlichen Kenntnisse und Fähigkeiten noch besitzt.

(3) Nach der Entziehung oder Einschränkung der Fahrerlaubnis oder der Anordnung von Auflagen ist der Führerschein unverzüglich der Behörde, die die Maßnahme ausgesprochen hat, abzuliefern oder bei Einschränkung oder Auflagen zur Eintragung vorzulegen; ausländische Fahrausweise sind ihr unverzüglich zur Eintragung der Aberkennung des Rechts, von ihnen Gebrauch zu machen, vorzulegen. Dies gilt auch, wenn die Entziehung, die Einschränkung, die Anordnung einer Auflage oder die Aberkennung angefochten worden ist, die zuständige Behörde jedoch die sofortige Vollziehung ihrer Verfügung angeordnet hat.

Die VO vom 6. 11. 1979, BGBl. I 1794, faßte neu: 1. die Überschrift, 2. Abs. 2 Satz 1 und 3. Abs. 3, und fügte Abs. 1a ein. Die Neufassung und Einfügung sind in Kraft seit 10. 11. 1979. **1**

Bußgeldvorschrift: § 69a Abs. 1 Nr. 9 und 9a. – Vgl. Vorbem. Rdn. 10. **2**

§ 15 c*)

Erteilung einer neuen Fahrerlaubnis

(1) Für die Neuerteilung einer Fahrerlaubnis nach vorangegangener Entziehung gelten die Vorschriften für die Ersterteilung.

(2) Die Verwaltungsbehörde kann auf eine Fahrerlaubnisprüfung verzichten, wenn keine Tatsachen vorliegen, die die Annahme rechtfertigen, daß der Bewerber die nach § 11 Abs. 2 Satz 1 erforderlichen Kenntnisse und Fähigkeiten nicht mehr besitzt. Unterbleibt die Prüfung, so gilt § 10 Abs. 1 Satz 1 Halbsatz 1 auch für Führerscheine der Klasse 1, 2, 3 oder 4. Ein Verzicht auf die Prüfung ist nicht zulässig, wenn seit der Entziehungs oder der vorläufigen Entziehung oder der Beschlagnahme des Führerscheins oder einer sonstigen Maßnahme nach § 94 der Strafprozeßordnung mehr als 2 Jahre verstrichen sind.

(3) War die Fahrerlaubnis entzogen worden, weil der Bewerber wiederholt gegen verkehrsrechtliche Vorschriften oder Strafgesetze verstoßen hatte, so hat die Verwaltungsbehörde unbeschadet der Bestimmungen des § 12 vor der Neuerteilung der Fahrerlaubnis in der Regel die Beibringung eines Gutachtens einer amtlich anerkannten medizinisch-psychologischen Untersuchungsstelle anzuordnen. Dies gilt auch, wenn die Fahrerlaubnis wiederholt entzogen worden war.

Die VO vom 6. 11. 1979, BGBl. I 1794, paßte Abs. 2 hinsichtlich den Führerscheinklassen dem § 5 StVZO an; in Kraft ab 1. 4. 1980. **1**

*) § 15c wurde durch die VO v. 3. 12. 1980 geändert. Neufassung: Seite 192.

§ 15e

Voraussetzungen für die Erteilung der Fahrerlaubnis zur Fahrgastbeförderung

(1) Die Fahrerlaubnis zur Fahrgastbeförderung ist zu erteilen, wenn der Bewerber

1. die nach den §§ 4 bis 15 erforderliche Fahrerlaubnis besitzt,

2. das 23. – bei Beschränkung des Ausweises auf Kraftdroschken oder Mietwagen das 21., bei Beschränkung auf Krankenkraftwagen das 19. – Lebensjahr vollendet hat und keine Bedenken gegen seine persönliche Zuverlässigkeit bestehen,

3. seine geistige und körperliche Eignung nachweist

a) durch ein amtsärztliches Zeugnis oder das Zeugnis eines hauptamtlich angestellten Betriebsarztes oder

b) – bei Beschränkung des Ausweises auf Krankenkraftwagen – durch ein Zeugnis eines im Dienst des Arbeiter-Samariter-Bundes Deutschland, des Deutschen Roten Kreuzes, der Johanniter-Unfallhilfe oder des Malteser-Hilfsdienstes stehenden Arztes oder

c) auf Verlangen der Behörde durch ein fachärztliches Zeugnis oder das Gutachten einer amtlich anerkannten medizinisch-psychologischen Untersuchungsstelle

4. nachweist, daß er

a) innerhalb der letzten 5 Jahre 2 Jahre lang ein Fahrzeug der Klasse 2 oder – bei Beschränkung des Ausweises auf Fahrzeuge mit nicht mehr als 14 Fahrgastplätzen – der Klasse 3 geführt hat oder

b) – bei Beschränkung des Ausweises auf Krankenkraftwagen – innerhalb der letzten 5 Jahre ein Jahr lang ein Fahrzeug der Klasse 3 geführt hat oder

c) für die betreffende Art der Fahrgastbeförderung mindestens 3 Monate lang bei der Deutschen Bundesbahn oder der Deutschen Bundespost oder in einem Betrieb ausgebildet worden ist, dessen Eignung für solche Ausbildung von der zuständigen obersten Landesbehörde oder einer von ihr beauftragten Behörde anerkannt worden ist,

5. in einer Prüfung durch einen amtlich anerkannten Sachverständigen oder Prüfer für den Kraftfahrzeugverkehr nachweist, daß er bezüglich der Kraftfahrzeuge, für die die beantragte Erlaubnis gelten soll,

a) gründliche Kenntnisse der maßgebenden gesetzlichen Vorschriften hat,

b) mit den Gefahren des Straßenverkehrs und den zu ihrer Abwehr erforderlichen Verhaltensweisen vertraut ist,

c) über die zur sicheren Führung der Kraftfahrzeuge im Verkehr erforderlichen technischen Kenntnisse verfügt und hinreichende Fahrfertigkeit besitzt und

d) – falls die Erlaubnis für andere Fahrzeuge als Kraftdroschken, Mietwagen oder Krankenkraftwagen gelten soll – über die nötigen Kenntnisse und Handfertigkeiten zur Beseitigung einfacher Störungen verfügt,

6. – falls die Erlaubnis für andere Fahrzeuge als Kraftdroschken oder Mietwagen gelten soll – nach § 8b Abs. 3 oder 4 nachweist, daß er zur Leistung Erster Hilfe bei Verkehrsunfällen befähigt ist; dies gilt nicht, wenn ihm eine Fahrerlaubnis der Klasse 2 nach dem 1. August 1969 unbefristet erteilt worden ist,

7. – falls die Erlaubnis für Kraftdroschken gelten soll – nachweist, daß er die erforderlichen Ortskenntnisse in dem Gebiet besitzt, in dem Beförderungspflicht besteht,

8. – falls die Erlaubnis für Mietwagen oder Krankenkraftwagen gelten soll – nachweist, daß er die erforderlichen Ortskenntnisse am Ort des Betriebssitzes besitzt; dies gilt nicht, wenn der Ort des Betriebssitzes weniger als 50 000 Einwohner hat.

Die Anerkennung im Sinne des Absatzes 1 Nr. 4 Buchstabe c ist Betrieben, denen geeignetes Ausbildungspersonal sowie ausreichende Unterrichtsräume und Lehrmittel zur Verfügung stehen, bezüglich der Fahrzeugarten zu erteilen, die sie zur Fahrgastbeförderung verwenden. Die Ausbildungsdauer von 3 Monaten nach Absatz 1 Nr. 4 Buchstabe c ist

nicht erforderlich, wenn die Deutsche Bundesbahn, die Deutsche Bundespost oder ein im Sinne des Absatzes 1 Nr. 4 Buchstabe c anerkannter Betrieb bescheinigt, daß der Bewerber ordnungsgemäß ausgebildet worden ist; der Bewerber ist von einem im Sinne des Absatzes 1 Nr. 4 Buchstabe c anerkannten Betrieb nur dann ordnungsgemäß ausgebildet worden, wenn sich seine Ausbildung mindestens nach einem Ausbildungsplan gerichtet hat, der von der für die Anerkennung zuständigen Behörde genehmigt worden ist.

(2) Liegen keine Tatsachen vor, die befürchten lassen, daß der Bewerber die in Absatz 1 Nr. 5 Buchstabe a bis c genannten Voraussetzungen nicht erfüllt, so unterbleibt die Prüfung durch den amtlich anerkannten Sachverständigen oder Prüfer für den Kraftfahrzeugverkehr, wenn

1. der Bewerber innerhalb der letzten 2 Jahre vor der Stellung des Antrags eine entsprechende deutsche Fahrerlaubnis oder eine von der Bundeswehr erteilte Fahrerlaubnis der Klasse D besessen hat oder

2. die Erlaubnis auf Kraftdroschken, Mietwagen oder Krankenkraftwagen beschränkt werden soll.

(3) Hat der Bewerber nur die Befähigung zur Leistung Erster Hilfe nicht nachgewiesen, so darf die Fahrerlaubnis zur Vermeidung von Härten für eine Dauer von nicht mehr als 3 Monaten erteilt werden; dies gilt nicht für die Erlaubnis zum Führen von Krankenkraftwagen.

Die VO vom 6. 11. 1979, BGBl. I 1794, strich in Abs. 1 letzter Satz die Worte „und daß 1
der Betrieb, der die Ausbildung veranlaßt hat, bereit ist, ihm als Führer von Kraftomnibussen zu beschäftigen". In Abs. 2 Nr. 1 wurde die Frist von 5 Jahren auf 2 Jahre herabgesetzt. Neufassung in Kraft ab 1. 4. 1980.

§ 18

Zulassungspflicht

(1) Kraftfahrzeuge mit einer durch die Bauart bestimmten Höchstgeschwindigkeit von mehr als 6 km/h und ihre Anhänger (hinter Kraftfahrzeugen mitgeführte Fahrzeuge mit Ausnahme von betriebsunfähigen Fahrzeugen, die abgeschleppt werden, und von Abschleppachsen) dürfen auf öffentlichen Straßen nur in Betrieb gesetzt werden, wenn sie durch Erteilung einer Betriebserlaubnis und durch Zuteilung eines amtlichen Kennzeichens für Kraftfahrzeuge oder Anhänger von der Verwaltungsbehörde (Zulassungsstelle) zum Verkehr zugelassen sind.

(2) Ausgenommen von den Vorschriften über das Zulassungsverfahren sind

1. selbstfahrende Arbeitsmaschinen (Fahrzeuge, die nach ihrer Bauart und ihren besonderen, mit dem Fahrzeug fest verbundenen Einrichtungen zur Leistung von Arbeit, nicht zur Beförderung von Personen oder Gütern bestimmt und geeignet sind), die zu einer vom Bundesminister für Verkehr bestimmten Art solcher Fahrzeuge gehören,

2. einachsige Zugmaschinen, wenn sie nur für land- oder forstwirtschaftliche Zwecke verwendet werden,

3. einachsige Zug- oder Arbeitsmaschinen, die von Fußgängern an Holmen geführt werden,

4. Kleinkrafträder (Krafträder mit einem Hubraum von nicht mehr als 50 cm^3 und einer durch die Bauart bestimmten Höchstgeschwindigkeit von nicht mehr als 40 km/h),

4 a) Leichtkrafträder, das sind

a) Krafträder mit einem Hubraum von mehr als 50 cm^3 und nicht mehr als 80 cm^3, einer durch die Bauart bestimmten Höchstgeschwindigkeit von nicht mehr als 80 km/h und einer Nennleistungsdrehzahl von nicht mehr als 6000 min^{-1},

b) Krafträder mit einem Hubraum von nicht mehr als 50cm^3 und einer durch die Bauart bestimmten Höchstgeschwindigkeit von mehr als 40 km/h (Kleinkrafträder bisherigen Rechts),

5. maschinell angetriebene Krankenfahrstühle (nach der Bauart zum Gebrauch durch körperlich gebrechliche oder behinderte Personen bestimmte Kraftfahrzeuge mit höchstens 2 Sitzen, einem Leergewicht von nicht mehr als 300 kg und einer durch die Bauart bestimmten Höchstgeschwindigkeit von nicht mehr als 30 km/h),

6. folgende Arten von Anhängern:

a) Anhänger in land- oder forstwirtschaftlichen Betrieben, wenn die Anhänger nur für land- oder forstwirtschaftliche Zwecke verwendet und mit einer Geschwindigkeit von nicht mehr als 25 km/h hinter Zugmaschinen oder hinter selbstfahrenden Arbeitsmaschinen einer vom Bundesminister für Verkehr nach Nummer 1 bestimmten Art mitgeführt werden; beträgt die durch die Bauart bestimmte Höchstgeschwindigkeit des ziehenden Fahrzeugs mehr als 25 km/h, so sind diese Anhänger nur dann zulassungsfrei, wenn sie für eine Höchstgeschwindigkeit von nicht mehr als 25 km/h in der durch § 58 vorgeschriebenen Weise gekennzeichnet oder – beim Mitführen hinter Zugmaschinen mit einer Geschwindigkeit von nicht mehr als 8 km/h (Betriebsvorschrift) – eisenbereift sind;

b) land- oder forstwirtschaftliche Arbeitsgeräte sowie hinter land- oder forstwirtschaftlichen einachsigen Zug- oder Arbeitsmaschinen mitgeführte Sitzkarren (einachsige Anhänger, die nach ihrer Bauart nur geeignet und bestimmt sind, dem Führer einer einachsigen Zug- oder Arbeitsmaschine das Führen des Fahrzeuges von einem Sitz aus zu ermöglichen);

c) Anhänger hinter Straßenwalzen;

d) Maschinen für den Straßenbau, die von Kraftfahrzeugen mit einer Geschwindigkeit von nicht mehr als 25 km/h mitgeführt werden; Buchstabe a letzter Satz gilt entsprechend;

e) Wohnwagen und Packwagen im Gewerbe nach Schaustellerart, die von Zugmaschinen mit einer Geschwindigkeit von nicht mehr als 25 km/h mitgeführt werden; Buchstabe a letzter Satz gilt entsprechend;

f) Anhänger, die lediglich der Straßenreinigung dienen;

g) eisenbereifte Möbelwagen;

h) einachsige Anhänger hinter Krafträdern;

i) Anhänger für Feuerlöschzwecke;

k) Anhänger des Abwehrdienstes gegen den Kartoffelkäfer;

l) Arbeitsmaschinen;

m) Spezialanhänger zur Beförderung von Sportgeräten oder Tieren für Sportzwecke;

n) Anhänger, die als Verladerampen dienen;

o) fahrbare Baubuden, die von Kraftfahrzeugen mit einer Geschwindigkeit von nicht mehr als 25 km/h mitgeführt werden; Buchstabe a letzter Satz gilt entsprechend;

p) einspurige, einachsige Anhänger (Einradanhänger) hinter Personenkraftwagen, wenn das zulässige Gesamtgewicht nicht mehr als 150 kg, die Breite über alles nicht mehr als 1000 mm, die Höhe über alles nicht mehr als 1000 mm und die Länge über alles nicht mehr als 1200 mm betragen.

(3) Fahrzeuge, die nach Absatz 2 von den Vorschriften über das Zulassungsverfahren ausgenommen sind, dürfen auf öffentlichen Straßen nur in Betrieb gesetzt werden, wenn die zuständige Behörde für sie eine Betriebserlaubnis erteilt hat. Ausgenommen sind

1. Fahrräder mit Hilfsmotor, die vor dem 1. Januar 1957 erstmals in den Verkehr gekommen sind, sowie die vor dem 1. Mai 1965 erstmals in den Verkehr gekommenen Fahrräder mit Hilfsmotor, deren durch die Bauart bestimmte Höchstgeschwindigkeit nicht mehr als 20 km/h beträgt,

2. Kleinkrafträder mit regelmäßigem Standort im Saarland, wenn sie vor dem 1. Oktober 1960 im Saarland erstmals in den Verkehr gekommen sind, sowie Fahrzeuge, die nach der Übergangsvorschrift des § 72 zu § 18 Abs. 2 Nr. 4 wie Kleinkrafträder zu behandeln sind,

3. Anhänger hinter Fahrrädern mit Hilfsmotor, wenn die durch die Bauart bestimmte Höchstgeschwindigkeit des ziehenden Fahrzeugs 25 km/h nicht überschreitet oder der Anhänger vor dem 1. April 1961 erstmals in den Verkehr gekommen ist,

4. einachsige Zug- oder Arbeitsmaschinen, die von Fußgängern an Holmen geführt werden,

5. land- oder forstwirtschaftliche Arbeitsgeräte mit einem zulässigen Gesamtgewicht von nicht mehr als 3 t sowie hinter land- oder forstwirtschaftlichen einachsigen Zug- oder Arbeitsmaschinen mitgeführte Sitzkarren (Abs. 2 Nr. 6 Buchstabe b).

(4) Die nach Absatz 3 betriebserlaubnispflichtigen selbstfahrenden Arbeitsmaschinen und einachsigen Zugmaschinen müssen beim Verkehr auf öffentlichen Straßen amtliche Kennzeichen führen, wenn ihre durch die Bauart bestimmte Höchstgeschwindigkeit 20 km/h überschreitet; dasselbe gilt für Leichtkrafträder. Kleinkrafträder mit einer durch die Bauart bestimmten Höchstgeschwindigkeit von nicht mehr als 40 km/h, Fahrräder mit Hilfsmotor und maschinell angetriebene Krankenfahrstühle sind, wenn ihr Halter der Versicherungspflicht nach dem Pflichtversicherungsgesetz unterliegt, nach § 29 e, sonst durch amtliche Kennzeichen zu kennzeichnen. Für die Kennzeichnung von betriebserlaubnispflichtigen selbstfahrenden Arbeitsmaschinen und einachsigen land- oder forstwirtschaftlichen Zugmaschinen mit einer durch die Bauart bestimmten Höchstgeschwindigkeit von nicht mehr als 20 km/h gilt § 64 d entsprechend.

(4 a) Auf Fahrzeuge, die nach Absatz 4 amtliche Kennzeichen führen müssen, sind die Bestimmungen über die Kennzeichnung der im Zulassungsverfahren zu behandelnden

Kraftfahrzeuge mit Ausnahme des § 23 Abs. 1 Satz 2 und Satz 4 Nr. 3 und 4 entsprechend anzuwenden. Auf amtliche Kennzeichen von Kleinkrafträdern mit einer durch die Bauart bestimmten Höchstgeschwindigkeit von nicht mehr als 40 km/h, von Fahrrädern mit Hilfsmotor und von maschinell angetriebenen Krankenfahrstühlen ist auch § 23 Abs. 4 Satz 1 bis 5 nicht anzuwenden.

(5) Wer ein nach Absatz 3 betriebserlaubnispflichtiges Fahrzeug führt oder mitführt, muß bei sich haben und zuständigen Personen auf Verlangen zur Prüfung aushändigen

1. die Ablichtung oder den Abdruck einer Allgemeinen Betriebserlaubnis (§ 20) oder

2. eine Betriebserlaubnis im Einzelfall (§ 21), die von der Zulassungsstelle durch den Vermerk „Betriebserlaubnis erteilt" auf dem Gutachten eines amtlich anerkannten Sachverständigen für den Kraftfahrzeugverkehr ausgestellt ist;
bei den in Abs. 2 Nr. 2 und Nr. 6 Buchstabe a genannten Fahrzeugen genügt es, daß der Fahrzeughalter einen dieser Nachweise aufbewahrt und zuständigen Personen auf Verlangen zur Prüfung aushändigt. Handelt es sich um eine Allgemeine Betriebserlaubnis, so muß deren Inhaber oder ein amtlich anerkannter Sachverständiger oder Prüfer für den Kraftfahrzeugverkehr auf der Ablichtung oder dem Abdruck unter Angabe der Fahrgestellnummer bestätigt haben, daß das Fahrzeug dem genehmigten Typ entspricht. In allen Fällen muß auf dem Nachweis das etwa zugeteilte amtliche Kennzeichen von der Zulassungsstelle vermerkt sein.

(6) Wer ein Fahrzeug der in Abs. 3 Nr. 1 oder 2 genannten Art führt, muß bei sich haben und zuständigen Personen auf Verlangen zur Prüfung aushändigen

1. die Ablichtung oder den Abdruck einer Allgemeinen Betriebserlaubnis für den Motor (§ 20) oder

2. die Bescheinigung eines amtlich anerkannten Sachverständigen für den Kraftfahrzeugverkehr über den Hubraum des Motors sowie darüber, daß der Motor mit seinen zugehörigen Teilen den Vorschriften dieser Verordnung entspricht.

Handelt es sich um eine Allgemeine Betriebserlaubnis, so muß deren Inhaber oder ein amtlich anerkannter Sachverständiger oder Prüfer für den Kraftfahrzeugverkehr auf der Ablichtung oder dem Abdruck unter Angabe der Motornummer bestätigt haben, daß der Motor dem genehmigten Typ entspricht. Absatz 5 letzter Satz für entsprechend anzuwenden.

(7) Auf Antrag können für die in Abs. 2 genannten Fahrzeuge Fahrzeugbriefe ausgestellt werden; die Fahrzeuge sind dann in dem üblichen Zulassungsverfahren zu behandeln.

1 Die VO vom 6. 11. 1979, BGBl. I 1794, faßte den Klammervermerk in Abs. 2 Nr. 4 neu, fügte die Nr. 4 a ein und paßte in Abs. 4 den zweiten Halbsatz des ersten Satzes der neuen Begriffsbestimmung für Leichtkrafträder an. In Kraft seit 1. 4. 1980. Übergangsbestimmung: § 72 Abs. 2.

2 Bußgeldvorschriften: § 69 a Abs. 2 Nr. 3, 4, 6, 9 c bis f, 10.

§ 21a

Anerkennung von Genehmigungen und Prüfzeichen auf Grund internationaler Vereinbarungen und von Rechtsakten der Europäischen Gemeinschaften

(1) Im Verfahren auf Erteilung der Betriebserlaubnis werden Genehmigungen und Prüfzeichen anerkannt, die ein ausländischer Staat für Ausrüstungsgegenstände oder Fahrzeugteile oder in bezug auf solche Gegenstände oder Teile für bestimmte Fahrzeugtypen unter Beachtung der mit der Bundesrepublik Deutschland vereinbarten Bedingungen erteilt hat. Dasselbe gilt für Genehmigungen und Prüfzeichen, die das Kraftfahrt-Bundesamt für solche Gegenstände oder Teile oder in bezug auf diese für bestimmte Fahrzeugtypen erteilt, wenn das Genehmigungsverfahren unter Beachtung der von der Bundesrepublik Deutschland mit ausländischen Staaten vereinbarten Bedingungen durchgeführt worden ist. § 22a bleibt unberührt.

(1a) Absatz 1 gilt entsprechend für Genehmigungen und Prüfzeichen, die auf Grund von Rechtsakten der Europäischen Gemeinschaften erteilt werden oder anzuerkennen sind.

(2) Das Prüfzeichen nach Absatz 1 besteht aus einem Kreis, in dessen Innerem sich der Buchstabe „E" und die Kennzahl des Staates befinden, der die Genehmigung erteilt hat, sowie aus der Genehmigungsnummer in der Nähe dieses Kreises, gegebenenfalls aus der Nummer der internationalen Vereinbarung mit dem Buchstaben „R" und gegebenenfalls aus zusätzlichen Zeichen. Das Prüfzeichen nach Absatz 1a besteht aus einem Rechteck, in dessen Innerem sich der Buchstabe „e" und die Kennzahl oder die Kennbuchstaben des Staates befinden, der die Genehmigung erteilt hat, aus der Bauartgenehmigungsnummer in der Nähe dieses Rechtecks sowie gegebenenfalls aus zusätzlichen Zeichen. Die Kennzahl für die Bundesrepublik Deutschland ist in allen Fällen „1".

(3) Mit einem Prüfzeichen der in den Absätzen 1 bis 2 erwähnten Art darf ein Ausrüstungsgegenstand oder ein Fahrzeugteil nur gekennzeichnet sein, wenn er der Genehmigung in jeder Hinsicht entspricht. Zeichen, die zu Verwechslungen mit einem solchen Prüfzeichen Anlaß geben können, dürfen an Ausrüstungsgegenständen oder Fahrzeugteilen nicht angebracht sein.

Die VO vom 15. 1. 1980, BGBl. I 37 fügte den Abs. 1a ein und faßte Abs. 2 neu. In Kraft seit 1. 2. 1980. **1**

Die Neufassung gibt nun neben dem ECE-Prüfzeichen (Abs. 2 Satz 1) auch Inhalt und Ausgestaltung des bei den EG vereinbarten Prüfzeichens wieder (Abs. 2 Satz 2). **2**

Bußgeldvorschriften: § 69a Abs. 2 Nr. 8.

§ 22a

Bauartgenehmigung für Fahrzeugteile

(1) Die nachstehend aufgeführten Einrichtungen, gleichgültig ob sie an zulassungspflichtigen oder an zulassungsfreien Fahrzeugen verwendet werden, müssen in einer amtlich genehmigten Bauart ausgeführt sein:

1. **Heizungen in Kraftfahrzeugen, ausgenommen elektrische Heizungen sowie Warmwasserheizungen, bei denen als Wärmequelle das Kühlwasser des Motors verwendet wird;**
2. **Gleitschutzeinrichtungen (§ 37 Abs. 1 Satz 2);**
3. **Scheiben aus Sicherheitsglas (§ 40);**
4. **(aufgehoben)**
5. **Auflaufbremsen (§ 41 Abs. 10);**
6. **Einrichtungen zur Verbindung von Fahrzeugen (§ 43 Abs. 1), mit Ausnahme von**
   a) **Einrichtungen, die aus technischen Gründen nicht selbständig im Genehmigungsverfahren behandelt werden können (z. B. Deichseln an einachsigen Anhängern, wenn sie Teil des Rahmens und nicht verstellbar sind),**
   b) **Ackerschienen (Anhängerschienen), ihrer Befestigungseinrichtung und dem Dreipunktanbau an land- oder forstwirtschaftlichen Zug- oder Arbeitsmaschinen,**
   c) **Zugeinrichtungen an land- oder forstwirtschaftlichen Arbeitsgeräten, die hinter Kraftfahrzeugen mit geführt werden und nur im Fahren eine ihrem Zweck entsprechende Arbeit leisten können, wenn sie zur Verbindung mit den unter Buchstabe b genannten Einrichtungen bestimmt sind,**
   d) **Abschlepp- und Rangiereinrichtungen einschließlich Abschleppstangen und Abschleppseilen,**
   e) **Langbäumen,**
   f) **Verbindungseinrichtungen an Anbaugeräten, die an land- oder forstwirtschaftlichen Zugmaschinen angebracht werden;**
7. **Scheinwerfer für Fernlicht und für Abblendlicht sowie für Fern- und Abblendlicht (§ 50);**
8. **Begrenzungsleuchten (§ 51 Abs. 1 und 2, § 53 b Abs. 1);**

8 a) **Spurhalteleuchten (§ 51 Abs. 2 a);**

9. **Parkleuchten (§ 51 Abs. 3);**

9 a) **Umrißleuchten (§ 51 b),**

10. **Nebelscheinwerfer (§ 52 Abs. 1);**
11. **Kennleuchten für blaues Blinklicht (§ 52 Abs. 3);**
12. **Kennleuchten für gelbes Blinklicht (§ 52 Abs. 4);**
13. **Schlußleuchten (§ 53 Abs. 1 und 6, § 53 b);**
14. **Bremsleuchten (§ 53 Abs. 2);**
15. **Rückstrahler und retroreflektierende Streifen an Reifen für Krafträder (§ 51 Abs. 2, § 51 a Abs. 1 und 4, § 53 Abs. 4, 6 und 7, § 53 b, § 66 a Abs. 4 dieser Verordnung, § 22 Abs. 4 der Straßenverkehrs-Ordnung);**
16. **Warndreiecke und Warnleuchten (§ 53 a Abs. 1 und 3);**

16 a) **Nebelschlußleuchten (§ 53 d);**

17. **Fahrtrichtungsanzeiger (§ 54);**

18. **Glühlampen für bauartgenehmigungspflichtige lichttechnische Einrichtungen, soweit die Glühlampen nicht fester Bestandteil der Einrichtungen sind (§ 49a Abs. 6, § 67 Abs. 10 dieser Verordnung, § 22 Abs. 4 und 5 der Straßenverkehrs-Ordnung);**
19. **Warneinrichtungen mit einer Folge von Klängen verschiedener Grundfrequenz – Einsatzhorn – (§ 55 Abs. 3);**
20. **Fahrtschreiber (§ 57a);**
21. **Beleuchtungseinrichtungen für amtliche Kennzeichen (§ 60);**
22. **Lichtmaschinen, Scheinwerfer, Schlußleuchten, rote, gelbe und weiße Rückstrahler, Pedalrückstrahler und retroreflektierende Streifen an Reifen für Fahrräder (§ 67 Abs. 1 bis 7);**
23. **(aufgehoben)**
24. **Beiwagen von Krafträdern;**
25. **Sicherheitsgurte in Kraftfahrzeugen;**
26. **Leuchten zur Sicherung hinausragender Ladung (§ 22 Abs. 4 und 5 der Straßenverkehrs-Ordnung).**

(2) Fahrzeugteile, die in einer amtlich genehmigten Bauart ausgeführt sein müssen, dürfen zur Verwendung im Geltungsbereich dieser Verordnung nur feilgeboten, veräußert, erworben oder verwendet werden, wenn sie mit einem amtlich vorgeschriebenen und zugeteilten Prüfzeichen gekennzeichnet sind. Die Ausgestaltung der Prüfzeichen und das Verfahren bestimmt der Bundesminister für Verkehr; insoweit gilt die Verordnung über die Prüfung und Kennzeichnung bauartgenehmigungspflichtiger Fahrzeugteile (Fahrzeugteileverordnung).

(3) Die Absätze 1 und 2 sind nicht anzuwenden auf

1. **Einrichtungen, die zur Erprobung im Straßenverkehr verwendet werden, wenn der Führer des Fahrzeugs eine entsprechende amtliche Bescheinigung mit sich führt und zuständigen Personen auf Verlangen zur Prüfung aushändigt,**
2. **Einrichtungen – ausgenommen Glühlampen –, die in den Geltungsbereich dieser Verordnung verbracht worden sind, an Fahrzeugen verwendet werden, die außerhalb des Geltungsbereichs dieser Verordnung gebaut worden sind, und in ihrer Wirkung etwa den nach Absatz 1 geprüften Einrichtungen gleicher Art entsprechen.**

(4) Absatz 2 ist nicht anzuwenden auf Einrichtungen, für die eine Einzelgenehmigung im Sinne der Fahrzeugteileverordnung erteilt worden ist. Werden solche Einrichtungen im Verkehr verwendet, so ist die Urkunde über die Genehmigung mitzuführen und zuständigen Personen auf Verlangen zur Prüfung auszuhändigen; dies gilt nicht, wenn die Genehmigung aus dem Fahrzeugschein, aus dem Nachweis nach § 18 Abs. 5 oder aus dem statt des Fahrzeugscheins mitgeführten Anhängerverzeichnis hervorgeht.

(5) Mit einem amtlich zugeteilten Prüfzeichen der in Absatz 2 erwähnten Art darf ein Fahrzeugteil nur gekennzeichnet sein, wenn es der Bauartgenehmigung in jeder Hinsicht entspricht. Zeichen, die zu Verwechslungen mit einem amtlich zugeteilten Prüfzeichen Anlaß geben können, dürfen an den Fahrzeugteilen nicht angebracht sein.

(6) Die Absätze 2 und 5 gelten entsprechend für Einrichtungen, die einer EWG-Bauartgenehmigung bedürfen.

1 Die VO vom 15.1.1980, BGBl. I 37, fügte die Nr. 9 a und 16 a ein und faßte die Nr. 15 und 22 neu. In Kraft seit 1.2.1980. Übergangsbestimmung: § 72 Abs. 2, für die Abs. 1 Nr. 1, 3, 6, 10, 11, 12, 16, 17, 18, 19, 22, 24, sowie Abs. 2 und 3.

2 Die Neufassung der Nr. 22 stellt klar, daß andere als elektrische Beleuchtungseinrichtungen nicht zulässig sind (so auch amtl. Begr. VkBl. 80, 144).

3 Bußgeldvorschriften: § 69 a Abs. 2 Nr. 7, 8, 9 h; vgl. auch Rdn. 18 zu § 22 a StVZO des Kommentars.

§ 23

Zuteilung der amtlichen Kennzeichen

(1) Die Zuteilung des amtlichen Kennzeichens für ein Kraftfahrzeug oder einen Kraftfahrzeuganhänger hat der Verfügungsberechtigte bei der Verwaltungsbehörde (Zulassungsstelle) zu beantragen, in deren Bezirk das Fahrzeug seinen regelmäßigen Standort (Heimatort) haben soll. Mit dem Antrag ist der Fahrzeugbrief vorzulegen und, wenn noch keine Betriebserlaubnis erteilt ist, diese zugleich zu beantragen. Als Fahrzeugbrief dürfen nur die amtlich hergestellten Vordrucke mit einem für die Bundesdruckerei geschützten wasserzeichenähnlichen Sicherheitsmerkmal verwendet werden. Der Antrag muß enthalten

1. **Vorname, Name, gegebenenfalls auch Geburtsname, Geburtstag, Geburtsort, genaue Angabe von Beruf oder Gewerbe (Wirtschaftszweig) und Anschrift dessen, für den das Fahrzeug zugelassen werden soll, sowie den regelmäßigen Standort des Fahrzeugs; die Richtigkeit dieser Angaben ist der Zulassungsstelle auf Verlangen nachzuweisen,**
2. **Art des Fahrzeugs,**
3. **Nummer des beigefügten Fahrzeugbriefs,**
4. **genaue Anschrift dessen, dem die Zulassungsstelle den Brief aushändigen soll,**
5. **den Nachweis, daß eine dem Pflichtversicherungsgesetz entsprechende Kraftfahrzeugpflichtversicherung besteht oder daß der Halter der Versicherungspflicht nicht unterliegt. Halter, die nach § 2 Abs. 1 Nr. 5 des Pflichtversicherungsgesetzes der Versicherungspflicht nicht unterliegen, haben den Nachweis nach Muster 1 d zu führen.**

Bei den Angaben zu Nummer 2 sind als Personenkraftwagen auch Kraftfahrzeuge mit einem zulässigen Gesamtgewicht von nicht mehr als 2,8 t zu bezeichnen, die nach ihrer Bauart und Einrichtung geeignet und bestimmt sind, wahlweise vorwiegend der Beförderung von Personen oder vorwiegend der Beförderung von Gütern zu dienen, und die außer dem Führersitz Plätze für nicht mehr als 8 Personen haben.

(1 a) Ein Kennzeichen mit grüner Beschriftung auf weißem Grund (§ 60 Abs. 1 Satz 3) ist für Kraftfahrzeuganhänger zuzuteilen, wenn dies für Zwecke der Sonderregelung für Kraftfahrzeuganhänger im Kraftfahrzeugsteuergesetz beantragt wird. Die Zuteilung des

Kennzeichens mit grüner Beschriftung auf weißem Grund ist im Fahrzeugschein zu vermerken.

(2) Das von der Zulassungsstelle zuzuteilende Kennzeichen enthält das Unterscheidungszeichen für den Verwaltungsbezirk und die Erkennungsnummer, unter der das Fahrzeug bei der Zulassungsstelle eingetragen ist. Das Unterscheidungszeichen für den Verwaltungsbezirk besteht aus einem bis 3 Buchstaben nach dem Plan in Anlage I. Die Erkennungsnummer besteht aus Buchstaben und Zahlen. Sie ist in fortlaufender Folge nach der Einteilung in Anlage II in der Reihenfolge der Buchstabentafel der Anlage III auszugeben. Die Fahrzeuge der Bundes- und Landesorgane, des Diplomatischen Corps und bevorrechtigter internationaler Organisationen werden nach dem Plan in Anlage IV gekennzeichnet. Die Erkennungsnummern dieser Fahrzeuge, der Fahrzeuge der unter Abschnitt A und B der Anlage IV nicht angegebenen Behörden, des Verwaltungs- und technischen Personals (einschließlich der zum Haushalt gehörenden Familienmitglieder) der diplomatischen und konsularischen Vertretungen und der Fahrzeuge bevorrechtigter internationaler Organisationen, soweit sie nicht unter Satz 5 fallen, bestehen nur aus Zahlen; die Zahlen dürfen nicht mehr als 6 Stellen haben. Nach dem Plan in Anlage IV werden auch die Fahrzeuge der Ständigen Vertretung der Deutschen Demokratischen Republik, ihres Leiters und ihrer Mitglieder (einschließlich der zum Haushalt gehörenden Familienmitglieder) gekennzeichnet, soweit die Mitglieder mit der Wahrnehmung der Aufgaben der Ständigen Vertretung betraut sind. Für die Erkennungsnummern der Fahrzeuge der Mitglieder des Verwaltungs- und technischen Personals der Ständigen Vertretung der Deutschen Demokratischen Republik (einschließlich der zum Haushalt gehörenden Familienmitglieder) gilt Satz 6 entsprechend.

(3) Das Kennzeichen ist nach § 60 auszugestalten und anzubringen.

(4) Amtliche Kennzeichen müssen mit dem Dienststempel der Zulassungsstelle oder einer von ihr beauftragten Behörde versehen sein; die an zulassungsfreien Anhängern nach § 60 Abs. 5 zu führenden Kennzeichen dürfen nicht amtlich abgestempelt werden. Als Abstempelung gilt auch die Anbringung von Stempelplaketten; die Plaketten müssen so beschaffen sein und so befestigt werden, daß sie beim Ablösen in jedem Fall zerstört werden. Zur Abstempelung des Kennzeichens ist das Fahrzeug vorzuführen, wenn die Zulassungsstelle nicht darauf verzichtet. Bei der Abstempelung ist zu prüfen, ob das Kennzeichen, insbesondere seine Ausgestaltung und seine Anbringung, den Rechtsvorschriften entspricht. Fahrten zur Abstempelung der Kennzeichen und Rückfahrten nach Entfernung des Stempels dürfen mit ungestempelten Kennzeichen ausgeführt werden. Die Zulassungsstelle kann das zugeteilte Kennzeichen ändern und hierbei das Fahrzeug vorführen lassen.

(5) Für Tankfahrzeuge, die nach Bauart und Ausrüstung zur Beförderung gefährlicher Güter i. S. der Verordnung über die Beförderung gefährlicher Güter auf der Straße (Gefahrgutverordnung Straße) geeignet sind und die der Fahrzeughalter hierfür verwenden will, darf das amtliche Kennzeichen nur zugeteilt werden, wenn die Prüfbescheinigung nach § 6 Abs. 2 Gefahrgutverordnung Straße vorgelegt wird.

Die VO vom 15. 1. 1980, BGBl. I 37, fordert nunmehr bei dem Antrag nach Abs. 1 Nr. 1 **1**
auch die Angabe des Geburtsortes. Abs. 5 wurde neu gefaßt. Abs. 1 Nr. 1 tritt in der Neu-

fassung am 1.8.1980 in Kraft (§ 72 Abs. 2). Neufassung des Abs. 5 ist in Kraft seit 1.2.1980. Zu Abs. 5 vgl. GefahrgutVStr. vom 23.8.1979, BGBl. I 1509.

2 Die VO vom 6.11.1979, BGBl. I 1794, paßte die Anl. V der StVZO dem neuen Begriff „Leichtkrafträder" (vgl. § 18 Abs. 2 Nr. 4 a) an und bestimmte, daß auf den Seiten 1 und 2 jeweils unter Buchstaben a die Worte „Kleinkrafträder mit einer durch die Bauart bestimmten Höchstgeschwindigkeit von mehr als 40 km/h" durch die Worte „Leichtkrafträder" ersetzt und auf Seite 5 dem Wort „Kleinkrafträder" die Worte „Leichtkrafträder und" vorangestellt werden.

3 Die VO vom 15.1.1980 faßte die Anl. I neu (von Abdruck wird abgesehen).

Bußgeldvorschrift: § 69 a Abs. 2 Nr. 4; vgl. dazu auch Rdn. 22 des Kommentars zu § 23.

§ 26

Karteiführung, Meldungen an das Kraftfahrt-Bundesamt, Auskunft

(1) Die Zulassungsstellen haben die zum Verkehr zugelassenen Fahrzeuge bis zur endgültigen Zurückziehung aus dem Verkehr in einer Kartei nachzuweisen. Die Karteikarte ist nach dem vom Kraftfahrt-Bundesamt bestimmten Vordruck auf Grund des Fahrzeugbriefs zu fertigen. Eine Durchschrift der Karte ist dem Kraftfahrt-Bundesamt zu übersenden.

(2) Die Kartei ist nach den Erkennungsnummern der Fahrzeuge zu ordnen.

(3) Änderungen in der Kartei hat die Zulassungsstelle dem Kraftfahrt-Bundesamt zu melden.

(4) Zulassungsfreie Kraftfahrzeuge, denen ein amtliches Kennzeichen zugeteilt worden ist (§ 18 Abs. 4 Satz 1), sind von der Zulassungsstelle in einer Kartei nachzuweisen. Aus der Kartei müssen hervorgehen: Vorname, Name, gegebenenfalls auch Geburtsname, Geburtstag, Geburtsort, genaue Angabe von Beruf oder Gewerbe (Wirtschaftszweig) und Anschrift dessen, für den das Kennzeichen dem Fahrzeug zugeteilt worden ist, ferner Art, Hersteller, Typ und regelmäßiger Standort des Fahrzeugs, Fahrgestellnummer und Tag der ersten Zuteilung eines Kennzeichens sowie zusätzlich bei selbstfahrenden Arbeitsmaschinen und einachsigen Zugmaschinen Antriebsart, zulässiges Gesamtgewicht und Zahl der Achsen, bei Kranwagen auch die Kranlast. Absatz 1 Satz 3, Absatz 2 und Absatz 3 sind entsprechend anzuwenden.

(4 a) Der Nachweis nach Absatz 1 oder 4 kann statt durch eine Kartei durch maschinellen Datenträger in einer Datei erfolgen. Die Erfassung der Daten und ihre Übermittlung an das Kraftfahrt-Bundesamt sind nach einem von diesem bestimmten Datenmeldesatz vorzunehmen. Im übrigen sind die Absätze 2 und 3 entsprechend anzuwenden.

(5) Die Zulassungsstellen erteilen im Einzelfall auf Antrag Behörden und bei Darlegung eines berechtigten Interesses auch anderen Auskunft über die Fahrzeuge, die Halter und die Versicherungen.

1 Die VO vom 15.1.1980, BGBl. I 37 fordert nunmehr in Abs. 4 auch die Angabe des Geburtsorts. In Kraft ab 1.8.1980 (§ 72 Abs. 2).

§ 29

Untersuchung der Kraftfahrzeuge und Anhänger

(1) Die Halter von Fahrzeugen, die ein eigenes amtliches Kennzeichen nach Art der Anlage V haben müssen, haben ihre Fahrzeuge auf ihre Kosten nach Maßgabe der Anlage VIII in regelmäßigen Zeitabständen untersuchen zu lassen. Ausgenommen sind

1. Fahrzeuge mit rotem Kennzeichen (§ 28),

2. Fahrzeuge, die nach § 18 Abs. 7 behandelt werden, es sei denn, daß sie nach § 18 Abs. 4 Satz 1 amtliche Kennzeichen führen müssen,

3. Fahrzeuge der Bundeswehr und des Bundesgrenzschutzes.

(2) Der Halter hat den Monat, in dem das Fahrzeug zur Hauptuntersuchung bei einem amtlich anerkannten Sachverständigen oder Prüfer für den Kraftfahrzeugverkehr spätestens angemeldet werden muß, durch eine Prüfplakette nach Anlage IX nachzuweisen. Sie ist von der Zulassungsstelle oder vom amtlich anerkannten Sachverständigen oder Prüfer zuzuteilen, wenn keine Bedenken gegen die Vorschriftsmäßigkeit des Fahrzeugs bestehen. Weist das Fahrzeug lediglich geringe Mängel auf, so kann die Prüfplakette zugeteilt werden, wenn die unverzügliche Beseitigung der Mängel zu erwarten ist. Andere Stellen dürfen Prüfplaketten nur nach Maßgabe der Anlage VIII anbringen.

(2 a) Durch die Prüfplakette wird bescheinigt, daß das Fahrzeug zum Zeitpunkt seiner letzten Hauptuntersuchung bis auf etwaige geringe Mängel für vorschriftsmäßig befunden worden ist.

(3) Der Halter hat dafür zu sorgen, daß die Prüfplakette am hinteren Kennzeichen des Fahrzeugs nach Maßgabe der Anlage IX dauerhaft angebracht und so befestigt ist, daß sie gegen Mißbrauch gesichert ist; sie darf weder verdeckt noch verschmutzt sein.

(4) Monat und Jahr des Ablaufs der Frist für die Anmeldung zur nächsten Hauptuntersuchung müssen von demjenigen, der die Prüfplakette zugeteilt oder angebracht hat, vermerkt werden

1. bei den im üblichen Zulassungsverfahren behandelten Fahrzeugen im Fahrzeugschein,

2. bei anderen Fahrzeugen auf dem nach § 18 Abs. 5 mitzuführenden Nachweis.

(5) Die Prüfplakette wird mit dem Ablauf von 2 Monaten nach dem angegebenen Monat ungültig. Befindet sich an einem Fahrzeug, das mit einer Prüfplakette versehen sein muß, keine gültige Prüfplakette, so kann die Zulassungsstelle für die Zeit bis zur Anbringung der erforderlichen Prüfplakette den Betrieb des Fahrzeugs im öffentlichen Verkehr untersagen oder beschränken. Der Betroffene hat das Verbot oder die Beschränkung zu beachten; § 17 Abs. 2 gilt entsprechend.

(6) Einrichtungen aller Art, die zu Verwechslungen mit der in Anlage IX beschriebenen Prüfplakette Anlaß geben können, dürfen an Kraftfahrzeugen und ihren Anhängern nicht angebracht sein.

1. Die VO vom 15. 1. 1980, BGBl. I 37 fügte den Abs. 2 a ein. In Kraft seit 1. 2. 1980. **1**
Zu dem neu eingefügten Abs. 2 a führt die amtl. Begr. (VkBl. 80, 144) aus:

„Es sind Zweifel aufgekommen über die Bedeutung der Prüfplakette; so wird insbesondere im Urteil des OLG Hamm vom 26. April 1974 – 1 Ss 34/74 – (VRS 47 S. 430, MDR 1974 S. 857) ausgeführt, es sei im Text der StVZO nicht eindeutig bestimmt, daß die Prüfplakette bescheinigt, daß das Fahrzeug zum Zeitpunkt seiner letzten Untersuchung – abgesehen von etwaigen geringen Mängeln – für vorschriftsmäßig befunden wurde. Der neue Absatz 2a bringt nun die erforderliche Klarstellung."

2 *2.* Durch die VO vom 15. 1. 1980 (BGBl. I 37) wurden die *Anlagen VIII und IX* zur StVZO geändert (abgedruckt als Anhang zu § 29 StVZO des Kommentars). Übergangsvorschriften: § 72 Abs. 2.

3 *3.* Bußgeldvorschriften: § 69a Abs. 2 Nr. 2 und 14 bis 18.

a) Änderungen der Anlage VIII (Seite 1654ff. des Kommentars):

		Haupt-unters.	Zwischen-unters.	Bremsen-sonder-unters.
2.1.2	Personenkraftwagen			
	allgemein	24	–	–
	für Personenbeförderung nach den Vorschriften des Personenbeförderungsgesetzes oder nach den Vorschriften des § 1 Nr. 4 Buchstabe d oder g der Freistellungs-Verordnung	12	–	–
2.1.6	Selbstfahrende Arbeitsmaschinen			
	mit einem zulässigen Gesamtgewicht von nicht mehr als 2,8 t	24	–	–
	mit einem zulässigen Gesamtgewicht von mehr als 2,8 t, jedoch nicht mehr als 6 t	12	–	–
	mit einem zulässigen Gesamtgewicht von mehr als 6 t	12	–	12
2.1.8	Kraftfahrzeuge, die nicht unter 2.1.1 bis 2.1.6 fallen mit einem zulässigen Gesamtgewicht von nicht mehr als 6 t	24	–	–
	mit einem zulässigen Gesamtgewicht von mehr als 6 t	24	–	24
	jedoch Krankenkraftwagen			
	mit nicht mehr als 8 Fahrgastplätzen	12	–	–
	mit mehr als 8 Fahrgastplätzen	12	3	12

3.1 Ergänzt durch folgenden Satz 5:

„Der Halter hat das Fahrzeug spätestens zu diesem Zeitpunkt, jedoch wenn dieser Zeitpunkt vor Ablauf der Anmeldefrist liegt, spätestens am Tage des Ablaufs der Anmeldefrist zur Untersuchung vorzuführen."

Übergangsbestimmungen: § 72 Abs. 2.

b) Änderungen der Anlage IX (Seite 1663 des Kommentars):

a) Abbildung der Prüfplakette mit Zahlen 1 bis 12 entgegen dem Uhrzeigersinn;

b) Die Ergänzungsbestimmungen werden wie folgt geändert:

aa) Nummer 1 Satz 4 erhält folgende Fassung:

„Sie ist für das Anmeldungsjahr
1983 orange
1984 blau
1985 gelb
1986 braun
1987 rosa
1988 grün.“

bb) In Nummer 4 Satz 1 erhält der Klammerzusatz „(Zahlen 1 bis 12)“ folgende Fassung:
„(Zahlen 1 bis 12 entgegen dem Uhrzeigersinn dargestellt)“.

§ 31 b

Überprüfung mitzuführender Gegenstände

Führer von Kraftfahrzeugen sind verpflichtet, zuständigen Personen auf Verlangen folgende mitzuführende Gegenstände vorzuzeigen und zur Prüfung des vorschriftsmäßigen Zustands auszuhändigen:

1. **Feuerlöscher (§ 35g Abs. 1 und § 61 Abs. 1),**
2. **Erste-Hilfe-Material (§ 35h Abs. 1 und 3, § 61 Abs. 1),**
3. **Unterlegkeile (§ 41 Abs. 14),**
4. **Warndreiecke und Warnleuchten (§ 53a Abs. 2),**
5. **windsichere Handlampen (§ 54b).**

Eingefügt durch die VO vom 15.1.1980, BGBl. I 37. In Kraft seit 1.2.1980.

Bußgeldvorschrift: § 69a Abs. 5 Nr. 4b.

§ 32

Abmessungen von Fahrzeugen und Zügen

(1) Bei Kraftfahrzeugen und Anhängern beträgt die höchstzulässige

1. Breite über alles

a) allgemein	**2,5 m**
b) bei land- oder forstwirtschaftlichen Arbeitsgeräten	**3,0 m**

c) bei auswechselbaren land- oder forstwirtschaftlichen Anbaugeräten an Zugmaschinen und Sonderfahrzeugen sowie bei Geräten an Fahrzeugen für die Straßenunterhaltung 3,0 m

d. bei Schneeräumgeräten – ausgenommen während der Schneeräumung – 3,0 m

e) bei Anhängern hinter Krafträdern 1,0 m

Unberücksichtigt bleiben Breitenüberschreitungen durch Zollsiegel einschließlich ihrer Schutz- und Befestigungseinrichtungen, Reifen in der Berührungszone mit der Fahrbahn, Schneeketten, Begrenzungsleuchten, Spurhalteleuchten, Fahrtrichtungsanzeiger, Außenspiegel, elastische Schmutzfänger und herablaßbare Trittstufen. Gemessen wird bei geschlossenen Türen und Fenstern und bei Geradeausstellung der Räder.

2. Höhe über alles 4,0 m

3. Länge über alles – ausgenommen Außenspiegel –

a) bei Einzelfahrzeugen – ausgenommen Sattelanhänger – 12,0 m

b) bei Sattelkraftfahrzeugen (Sattelzugmaschine und Sattelanhänger) 15,0 m

c) bei Kraftomnibussen, die als Gelenkfahrzeuge ausgebildet sind (Kraftfahrzeuge, deren Nutzfläche durch ein Gelenk unterteilt ist, bei denen der angelenkte Teil jedoch kein selbständiges Fahrzeug darstellt) 18,0 m

d) bei Zügen (unter Beachtung der Vorschriften über Einzelfahrzeuge) 18,0 m

(2) Kraftfahrzeuge und Züge müssen so gebaut und eingerichtet sein, daß die bei einer Kreisfahrt von 360° überstrichene Ringfläche mit einem äußeren Radius von 12 m keine größere Breite als 6,7 m hat. Dabei muß die vordere – bei hinterradgelenkten Fahrzeugen die hintere – äußerste Begrenzung des Kraftfahrzeugs auf dem Kreis von 12 m Radius geführt werden. Beim Einfahren aus der tangierenden Geraden in diesen Kreis darf kein Teil des Kraftfahrzeugs oder Zuges diese Gerade um mehr als 0,8 m nach außen überschneiden.

(3) Am Umriß der Fahrzeuge dürfen keine Teile so hervorragen, daß sie den Verkehr mehr als unvermeidbar gefährden.

1 Die VO vom 15.1.1980, BGBl. I 37, faßte Abs. 1 Nr. 1 Satz 2 neu. In Kraft seit 1.2.1980.

2 Bußgeldvorschrift: § 69 a Abs. 3 Nr. 2. – Die früher schon geltenden Übergangsbestimmungen wurden nicht geändert (§ 72 Abs. 2).

§ 34

Achslast und Gesamtgewicht, Laufrollenlast von Gleiskettenfahrzeugen

(1) Die Achslast ist die Gesamtlast, die von den Rädern einer Achse auf die Fahrbahn übertragen wird. Die Einzelachslast ist die Gesamtlast aller Räder, deren Mittelpunkt zwischen 2 weniger als 1 m voneinander entfernten, zum Mittellängsschnitt des Fahrzeugs

rechtwinklig stehenden Vertikalebenen liegen (Einzelachse). Die Doppelachslast ist die Gesamtlast aller Räder, deren Mittelpunkte zwischen 2 mindestens 1 m und weniger als 2 m voneinander entfernten, zum Mittellängsschnitt des Fahrzeugs rechtwinklig stehenden Vertikalebenen liegen (Doppelachse).

(2) Die zulässige Achslast ist die Achslast, die unter Berücksichtigung der Werkstoffbeanspruchung und nachstehender Vorschriften nicht überschritten werden darf:

§ 34 Abs. 3	**(Höchstwerte für Achslasten);**
§ 36	**(Bereifung und Laufflächen);**
§ 41 Abs. 11	**(Bremsen an einachsigen Anhängern).**

Das zulässige Gesamtgewicht ist das Gewicht, das unter Berücksichtigung der Werkstoffbeanspruchung und nachstehender Vorschriften nicht überschritten werden darf:

§ 34 Abs. 3	**(Höchstwerte für Achslasten und Gesamtgewichte);**
§ 34 Abs. 6 und 7	**(Sonderbestimmungen für Gleiskettenfahrzeuge);**
§ 34 a	**(Anzahl der zulässigen Plätze in Kraftomnibussen);**
§ 35	**(Mindestmotorleistung);**
§ 41 Abs. 10	**(Auflaufbremsen);**
§ 41 Abs. 15	**(Dauerbremse).**

Das danach zulässige Gesamtgewicht errechnet sich

1. bei Zügen aus der Summe der zulässigen Gesamtgewichte des ziehenden Fahrzeugs und des Anhängers,

2. bei Sattelkraftfahrzeugen aus der Summe der zulässigen Gesamtgewichte der Sattelzugmaschine und des Sattelanhängers, vermindert um den jeweils höheren Wert

a) der zulässigen Aufliegelast der Sattelzugmaschine oder

b) der zulässigen Sattellast des Sattelanhängers,

bei gleichen Werten um diesen Wert.

Ergibt sich danach ein höherer Wert als 38 t, so gelten als zulässiges Gesamtgewicht 38 t.

(3) Bei Kraftfahrzeugen und Anhängern mit Luftreifen oder den in § 36 zulässig erklärten Gummireifen dürfen die zulässige Achslast und das zulässige Gesamtgewicht folgende Werte nicht übersteigen:

1. Einzelachslast	**10,0 t**
jedoch im Saarland für den grenzüberschreitenden Güterverkehr	**13,0 t**
2. Doppelachslast	**16,0 t**
jedoch im Saarland für den grenzüberschreitenden Güterverkehr	**21,0 t**
3. zulässiges Gesamtgewicht	
a) Einzelfahrzeug – ausgenommen Sattelanhänger –	
1. Fahrzeug mit nicht mehr als 2 Achsen	**16,0 t**
jedoch im Saarland für den grenzüberschreitenden Güterverkehr	**19,0 t**
2. Fahrzeug mit mehr als 2 Achsen	**22,0 t**
jedoch im Saarland für den grenzüberschreitenden Güterverkehr	**26,0 t**

b) Kraftomnibus, der als Gelenkfahrzeug ausgebildet ist, 28,0 t

c) Sattelkraftfahrzeug 38,0 t

d) Zug (unter Beachtung der Vorschriften über die Einzelfahrzeuge) 38,0 t.

Sind Fahrzeuge mit anderen Reifen versehen, so darf die Achslast höchstens 4 t betragen. Straßenwalzen sind von den Vorschriften über Achslasten befreit. Das zulässige Gesamtgewicht dreirädriger Fahrräder mit Hilfsmotor zur Lastenbeförderung darf höchstens 250 kg betragen.

(4) Bei Lastkraftwagen und Sattelzugmaschinen und bei Anhängern zur Lastenbeförderung müssen außen an der rechten Seite des Fahrzeugs jeweils über den Rädern die zulässigen Achslasten sowie am vorderen Teil der Fahrzeuge das zulässige Gesamtgewicht – bei Sattelzugmaschinen und bei Sattelanhängern auch die zulässige Aufliegelast – angeschrieben sein; die Höhe der Schriftzeichen muß mindestens 49 mm, die Schriftstärke mindestens 7 mm betragen. Dies gilt nicht für Fahrzeuge der Bundeswehr, des Bundesgrenzschutzes, der Polizei und des Katastrophenschutzes sowie für eisenbereifte Anhänger, die nur für land- oder forstwirtschaftliche Zwecke verwendet werden. Bei Fahrzeugen mit einem zulässigen Gesamtgewicht von nicht mehr als 2,8 t genügen Schriftzeichen mit einer Höhe von mindestens 20 mm und einer Schriftstärke von mindestens 2,5 mm. Bei Sattelzugmaschinen dürfen die zulässigen Achslasten und die zulässige Aufliegelast an einem anderen Teil der rechten Fahrzeugseite (z. B. am Führerhaus) angeschrieben sein.

(5) Kann der Führer eines Fahrzeugs auf Verlangen einer zuständigen Person die Einhaltung der für das Fahrzeug zugelassenen Achslasten nicht glaubhaft machen, so ist er verpflichtet, sie nach Weisung dieser Person auf einer Waage oder einem Achslastmesser (Radlastmesser) feststellen zu lassen. Liegt die Waage nicht in der Fahrtrichtung des Fahrzeugs, so besteht diese Verpflichtung nur, wenn der zurückzulegende Umweg nicht mehr als 6 km beträgt. Nach der Wägung ist dem Führer eine Bescheinigung über das Ergebnis der Wägung zu erteilen. Die Kosten der Wägung fallen dem Halter des Fahrzeugs zur Last, wenn ein zu beanstandendes Übergewicht festgestellt wird. Die prüfende Person kann eine der Überlastung entsprechende Um- oder Entladung fordern, deren Kosten der Halter zu tragen hat.

(6) Bei Fahrzeugen, die ganz oder teilweise auf endlosen Ketten oder Bändern laufen (Gleiskettenfahrzeuge), darf die Last einer Laufrolle auf ebener Fahrbahn 1,5 t nicht übersteigen. Laufrollen müssen bei Fahrzeugen mit einem Gesamtgewicht von mehr als 8 t so angebracht sein, daß die Last einer um 60 mm angehobenen Laufrolle bei stehendem Fahrzeug nicht mehr als doppelt so groß ist wie die auf ebener Fahrbahn zulässige Laufrollenlast. Das Gesamtgewicht von Gleiskettenfahrzeugen darf 18 t nicht übersteigen.

(7) Ein Gleiskettenfahrzeug (Abs. 6) darf die Fahrbahn zwischen der ersten und letzten Laufrolle höchstens mit 4 t je Meter belasten; die Belastung darf 6 t je Meter betragen, wenn sich das Gewicht auf 2 hintereinander laufende Gleiskettenpaare oder eine Radachse und ein Gleiskettenpaar verteilt und der Längsabstand zwischen der Mitte der vorderen und hinteren Auflageflächen mindestens 3 m beträgt.

1 Die VO vom 15.1.1980, BGBl. I 37, faßte Abs. 2 Satz 3 Nr. 2 neu. In Kraft seit 1.2.1980.

Bußgeldvorschriften: § 69 Abs. 3 Nr. 4 und Abs. 5 Nr. 4c i. d. F. der VO vom 15. 1. 1980. Übergangsbestimmungen gelten weiter (§ 72 Abs. 2). 2

§ 35

Motorleistung

Bei Lastkraftwagen und Kraftomnibussen, bei Sattelkraftfahrzeugen zur Güter- oder Personenbeförderung, sowie bei Lastkraftwagen- und Kraftomnibuszügen muß eine Motorleistung von mindestens 4,4 kW, bei Zugmaschinen und Zugmaschinenzügen – ausgenommen für land- oder forstwirtschaftliche Zwecke – von mindestens 2,2 kW je Tonne des zulässigen Gesamtgewichts des Kraftfahrzeugs und der jeweiligen Anhängelast vorhanden sein; dies gilt nicht für die mit elektrischer Energie angetriebenen Fahrzeuge sowie für Kraftfahrzeuge – auch mit Anhänger – mit einer durch die Bauart bestimmten Höchstgeschwindigkeit von nicht mehr als 25 km/h.

Die VO vom 15. 1. 1980, BGBl. I 37, paßte die Vorschrift lediglich den neuen gesetzlichen Meßeinheiten an (vgl. § 1 Ges. über Einheiten im Meßwesen). In Kraft ab 1. 2. 1980. 1

Bußgeldvorschrift: § 69a Abs. 3 Nr. 6. – Übergangsbestimmungen: § 72 Abs. 2. 2

§ 35b

Einrichtungen zum sicheren Führen der Fahrzeuge

(1) Die Einrichtungen zum Führen der Fahrzeuge müssen leicht und sicher zu bedienen sein.

(2) Für den Fahrzeugführer muß ein ausreichendes Sichtfeld unter allen Betriebs- und Witterungsverhältnissen gewährleistet sein. Bei Kraftomnibussen muß durch bauliche Maßnahmen sichergestellt sein, daß sich neben dem Fahrzeugführer keine Personen aufhalten können. In Kraftomnibussen des Ferienziel-Reiseverkehrs, des Ausflugs- und des Mietomnibusverkehrs (§ 48 Abs. 1 und 2 und § 49 des Personenbeförderungsgesetzes) dürfen jedoch neben dem Platz des Fahrzeugführers 2 Sitze für das Begleitpersonal vorhanden sein, wenn an diesen Sitzen die Aufschrift „Nur für Begleitpersonal" an gut sichtbarer Stelle gut lesbar angebracht ist; dies gilt auch, wenn diese Kraftomnibusse im Linienverkehr (§§ 42 und 43 Nr. 1 bis 4 des Personenbeförderungsgesetzes) verwendet werden, und für Kraftomnibusse im Verkehr nach § 1 Nr. 4 Buchstaben d und g der Freistellungs-Verordnung vom 30. August 1962 (BGBl. I S. 601), geändert durch die Verordnung vom 16. Juni 1967 (BGBl. I S. 602).

Abs. 2 Satz 3 erhielt seine Fassung durch die VO vom 15. 1. 1980, BGBl. I 37; in Kraft seit 1. 2. 1980. 1

2 Zur Neufassung führt die amtl. Begr. (VkBl. 80, 145) aus:

„§ 35b Abs. 2 Satz 2 soll den Führern von Kraftomnibussen ein ausreichendes Sichtfeld nach den Seiten sichern. In Kraftomnibussen des Ferienziel-Reiseverkehrs, des Ausflugs- und Mietomnibusverkehrs (§ 48 Abs. 1 und 2 und § 49 des Personenbeförderungsgesetzes) wird zugelassen, daß neben dem Fahrzeugführer 2 Sitze für das Begleitpersonal vorhanden sind. Hier kann es im Interesse der Verkehrssicherheit liegen, daß der Fahrzeugführer durch eine streckenkundige Begleitperson Fahrhinweise erhält.

Im Interesse der Verkehrssicherheit kann es aber auch sein, daß im Verkehr nach § 1 Nr. 4 Buchstaben d und g der Freistellungs-Verordnung (freigestellter Schülerverkehr etc.) der Fahrzeugführer durch aufsichtsführende Begleitpersonen (Lehrer, Eltern, Schülerlotsen) von Aufsichtsaufgaben entlastet wird. § 35b Abs. 2 Satz 3 ist daher entsprechend ergänzt worden. Die Gefahr einer Behinderung des Fahrzeugführers ist gering, wenn durch Unterrichtung dafür gesorgt wird, daß die aufsichtsführenden Begleitpersonen die Sicht des Fahrzeugführers durch ihr Verhalten nicht beeinträchtigen."

3 Bußgeldvorschriften: § 69a Abs. 3 Nr. 7a StVZO.

§ 36

Bereifung und Laufflächen

(1) Maße und Bauart der Reifen müssen den Betriebsbedingungen, besonders der Belastung und Geschwindigkeit, entsprechen. Bei Verwendung von M + S-Reifen (Winterreifen) gilt die Forderung hinsichtlich der Geschwindigkeit auch als erfüllt, wenn die für M + S-Reifen zulässige Höchstgeschwindigkeit unter der durch die Bauart bestimmten Höchstgeschwindigkeit des Fahrzeugs liegt, jedoch

1. die für M + S-Reifen zulässige Höchstgeschwindigkeit im Blickfeld des Fahrzeugführers sinnfällig angegeben ist,

2. die für M + S-Reifen zulässige Höchstgeschwindigkeit im Betrieb nicht überschritten wird.

Reifen oder andere Laufflächen dürfen keine Unebenheiten haben, die eine feste Fahrbahn beschädigen können; eiserne Reifen müssen abgerundete Kanten haben. Nägel müssen eingelassen sein.

(2) Die Räder der Kraftfahrzeuge und Anhänger müssen mit Luftreifen versehen sein, soweit nicht nachstehend andere Bereifungen zugelassen sind. Als Luftreifen gelten Reifen, deren Arbeitsvermögen überwiegend durch den Überdruck des eingeschlossenen Luftinhalts bestimmt wird. Luftreifen an Kraftfahrzeugen und Anhänger müssen am ganzen Umfang und auf der ganzen Breite der Lauffläche mit Profilrillen oder Einschnitten versehen sein. Die Profilrillen oder Einschnitte müssen an jeder Stelle der Lauffläche mindestens 1 mm tief sein.

(2a) An Kraftfahrzeugen – ausgenommen Personenkraftwagen – mit einem zulässigen Gesamtgewicht von mehr als 2,8 t und einer durch die Bauart bestimmten Höchstgeschwindigkeit von mehr als 40 km/h und an ihren Anhängern dürfen die Räder einer

Achse entweder nur mit Diagonal- oder nur mit Radialreifen ausgerüstet sein. Personenkraftwagen sowie andere Kraftfahrzeuge mit einem zulässigen Gesamtgewicht von nicht mehr als 2,8 t und einer durch die Bauart bestimmten Höchstgeschwindigkeit von mehr als 40 km/h und ihre Anhänger dürfen entweder nur mit Diagonal- oder nur mit Radialreifen ausgerüstet sein; im Zug gilt dies nur für das jeweilige Einzelfahrzeug. Die Sätze 1 und 2 gelten nicht für die nach § 58 für eine Höchstgeschwindigkeit von nicht mehr als 25 km/h gekennzeichneten Anhänger hinter Kraftfahrzeugen, die mit einer Geschwindigkeit von nicht mehr als 25 km/h gefahren werden (Betriebsvorschrift).

(3) Statt Luftreifen sind für Fahrzeuge mit Geschwindigkeiten von nicht mehr als 25 km/h (für Kraftfahrzeuge ohne gefederte Triebachse jedoch nur bei Höchstgeschwindigkeiten von nicht mehr als 16 km/h) Gummireifen zulässig, die folgenden Anforderungen genügen: Auf beiden Seiten des Reifens muß eine 10 mm breite, hervorstehende und deutlich erkennbare Rippe die Grenze angeben, bis zu welcher der Reifen abgefahren werden darf; die Rippe darf nur durch Angaben über den Hersteller, die Größe und dergleichen sowie durch Aussparungen des Reifens unterbrochen sein. Der Reifen muß an der Abfahrgrenze noch ein Arbeitsvermögen von mindestens 60 J haben. Die Flächenpressung des Reifens darf unter der höchstzulässigen statischen Belastung 0,8 N/mm^2 nicht übersteigen. Der Reifen muß zwischen Rippe und Stahlband beiderseits die Aufschrift tragen: „60 J“. Das Arbeitsvermögen von 60 J ist noch vorhanden, wenn die Eindrückung der Gummibereifung eines Rades mit Einzel- oder Doppelreifen beim Aufbringen einer Mehrlast von 1000 kg auf die bereits mit der höchstzulässigen statischen Belastung beschwerte Bereifung um einen Mindestbetrag zunimmt, der sich nach folgender Formel errechnet:

$$f = \frac{6000}{P + 500};$$

dabei bedeutet f den Mindestbetrag der Zunahme des Eindrucks in Millimetern und P die höchstzulässige statische Belastung in Kilogramm. Die höchstzulässige statische Belastung darf 100 N/mm der Grundflächenbreite des Reifens nicht übersteigen; sie darf jedoch 125 kg betragen, wenn die Fahrzeuge eine Höchstgeschwindigkeit von 8 km/h nicht überschreiten und entsprechende Geschwindigkeitsschilder (§ 58) angebracht sind. Die Flächenpressung ist unter der höchstzulässigen statischen Belastung ohne Berücksichtigung der Aussparung auf der Lauffläche zu ermitteln. Die Vorschriften über das Arbeitsvermögen gelten nicht für Gummireifen an Elektrokarren mit gefederter Triebachse und einer durch die Bauart bestimmten Höchstgeschwindigkeit von nicht mehr als 20 km/h sowie deren Anhänger.

(4) Eiserne Reifen mit einem Auflagedruck von nicht mehr als 125 N/mm Reifenbreite sind zulässig

1. für Zugmaschinen in land- oder forstwirtschaftlichen Betrieben, deren zulässiges Gesamtgewicht 4 t und deren durch die Bauart bestimmte Höchstgeschwindigkeit 8 km/h nicht übersteigt,
2. für Arbeitsmaschinen (§ 18 Abs. 2), deren durch die Bauart bestimmte Höchstgeschwindigkeit 8 km/h nicht übersteigt, und für Fahrzeuge, die von ihnen mitgeführt werden,

3. hinter Zugmaschinen mit einer Geschwindigkeit von nicht mehr als 8 km/h (Betriebsvorschrift)

a) für Möbelwagen,

b) für Wohn- und Schaustellerwagen, wenn sie nur zwischen dem Festplatz oder Abstellplatz und dem nächstgelegenen Bahnhof oder zwischen dem Festplatz und einem in der Nähe gelegenen Abstellplatz befördert werden,

c) für Unterkunftswagen der Bauarbeiter, wenn sie von oder nach einer Baustelle befördert werden und nicht gleichzeitig zu einem erheblichen Teil der Beförderung von Gütern dienen,

d) für die beim Wegebau und bei der Wegeunterhaltung verwendeten fahrbaren Geräte und Maschinen bei der Beförderung von oder nach einer Baustelle,

e) für land- oder forstwirtschaftliche Arbeitsgeräte und für Fahrzeuge zur Beförderung von land- oder forstwirtschaftlichen Bedarfsgütern, Arbeitsgeräten oder Erzeugnissen.

(5) Bei Gleiskettenfahrzeugen (§ 34 Abs. 6) darf die Kette oder das Band (Gleiskette) keine schädlichen Kratzbewegungen gegen die Fahrbahn ausführen. Die Kanten der Bodenplatten und ihrer Rippen müssen rund sein. Die Rundungen metallischer Bodenplatten und Rippen müssen an den Längsseiten der Gleisketten einen Halbmesser von mindestens 60 mm haben. Der Druck der durch eine Laufrolle belasteten Auflagefläche von Gleisketten auf die ebene Fahrbahn darf 1,5 N/mm² nicht übersteigen. Als Auflagefläche gilt nur derjenige Teil einer Gleiskette, der tatsächlich auf einer ebenen Fahrbahn aufliegt. Im Hinblick auf die Beschaffenheit der Laufflächen und der Federung wird für Gleiskettenfahrzeuge und Züge, in denen Gleiskettenfahrzeuge mitgeführt werden,

1. allgemein die Geschwindigkeit auf 8 km/h,

2. wenn die Laufrollen der Gleisketten mit 40 mm hohen Gummireifen versehen sind oder die Auflageflächen der Gleisketten ein Gummipolster haben, die Geschwindigkeit auf 16 km/h

beschränkt; sind die Laufflächen gummigepolstert und die Laufrollen mit 40 mm hohen Gummireifen versehen oder besonders abgefedert, so ist die Geschwindigkeit nicht beschränkt.

1 Die VO vom 15. 1. 1980, BGBl. I 37, fügte Abs. 2 a ein. Sie tritt nach § 72 Abs. 2 der Neufassung am 1. 1. 1981 in Kraft. In den Abs. 3, 4 und 5 wurden die Meßeinheiten „mkg", „Kg/cm" und „Kg/cm²" durch die neuen Meßbezeichnungen „J" und „N/mm" bzw. „N/mm²" ersetzt.

2 Zu Abs. 2 a führt die amtl. Begr. (VkBl. 80, 145) aus:

„Von Sachverständigen wird die Auffassung vertreten, daß das Fahrverhalten durch Mischbereifung ungünstig beeinflußt und die Verkehrssicherheit z. T. erheblich beeinträchtigt werden kann. Mischbereifung bringt fast immer auf Grund der bauart- und profilartbedingten charakteristischen Unterschiede unerwünschte Gierreaktionen und bei Zwillingsbereifung auch unerwünschte Radlastverteilungen mit sich.

Auch bei der UN-Wirtschaftskommission für Europa (ECE) ist die Frage der Mischbereifung erörtert und eine entsprechende Empfehlung ausgearbeitet worden. Von sachverständiger Seite wird diese Empfehlung z. B. bei Personenkraftwagen für zu großzügig und bei schwereren Lastkraftwagen für zu stark einschränkend gehalten. Der ECE-Empfehlung ist daher nicht in allen Punkten gefolgt worden.

Die gemischte Verwendung von Reifen mit Standardstraßenprofil (Sommerreifen) und M + S-Profil (Winterreifen) an einem Fahrzeug soll jetzt nicht geregelt werden. Die Profilbilder beider Profilarten sind nicht definiert und unterscheiden sich insbesondere bei neu entwickelten Reifen nicht wesentlich. Auch besteht keine Pflicht, die Reifen entsprechend zu kennzeichnen, so daß die Winterreifen die Kennzeichnung „M + S" durchaus fehlen kann. Eine eindeutige Trennung zwischen Reifen mit Standardstraßenprofil und M + S-Profil ist daher nicht immer möglich. Dies könnte zu Schwierigkeiten bei der Durchführung einer solchen Vorschrift führen."

Bußgeldvorschrift: § 69a Abs. 3 Nr. 8. **3**

§ 36a

Radabdeckungen, Ersatzräder

(1) Die Räder von Kraftfahrzeugen und ihren Anhängern müssen mit hinreichend wirkenden Abdeckungen (Kotflügel, Schmutzfänger oder Radeinbauten) versehen sein.

(2) Absatz 1 gilt nicht für

1. Kraftfahrzeuge mit einer durch die Bauart bestimmten Höchstgeschwindigkeit von nicht mehr als 25 km/h,

2. die Hinterräder von Sattelzugmaschinen, wenn ein Sattelanhänger mitgeführt wird, dessen Aufbau die Räder überdeckt und die Anbringung einer vollen Radabdeckung nicht zuläßt; in diesem Falle genügen Abdeckungen vor und hinter dem Rad, die bis zur Höhe der Radoberkante reichen,

3. eisenbereifte Fahrzeuge,

4. Anhänger zur Beförderung von Eisenbahnwagen auf der Straße (Straßenroller),

5. Anhänger, die in der durch § 58 vorgeschriebenen Weise für eine Höchstgeschwindigkeit von nicht mehr als 25 km/h gekennzeichnet sind,

6. land- oder forstwirtschaftliche Arbeitsgeräte,

7. die hinter land- oder forstwirtschaftlichen einachsigen Zug- oder Arbeitsmaschinen mitgeführten Sitzkarren (§ 18 Abs. 2 Nr. 6 Buchstabe b),

8. die Vorderräder von mehrachsigen Anhängern für die Beförderung von Langholz.

(3) Für außen an Fahrzeugen mitgeführte Ersatzräder müssen Halterungen vorhanden sein, die die Ersatzräder sicher aufnehmen und allen betriebsüblichen Beanspruchungen standhalten können. Die Ersatzräder müssen gegen Verlieren durch 2 voneinander unabhängige Einrichtungen gesichert sein. Die Einrichtungen müssen so beschaffen sein, daß

eine von ihnen wirksam bleibt, wenn die andere – insbesondere durch Bruch, Versagen oder Bedienungsfehler – ausfällt.

1 Die VO vom 15. 1. 1980, BGBl. I 37, ersetzte in Abs. 3 jeweils das Wort „Sicherungen" durch das Wort Einrichtungen. Neubezeichnung in Kraft seit 1. 2. 1980. Die Übergangsvorschrift wurde ebenfalls neu gefaßt (§ 72 Abs. 2).

2 Der Begriff „Sicherungen" wurde durch das Wort „Einrichtungen" deshalb ersetzt, um klarzustellen, daß Schraubensicherungen wie Splinte keine geeignete Sicherungseinrichtung sind (amtl. Begr.: VkBl. 80, 145).

3 Bußgeldvorschrift: § 69 a Abs. 3 Nr. 8.

§ 42

Anhängelast hinter Kraftfahrzeugen

(1) Die von Krafträdern, Personenkraftwagen und Lastkraftwagen gezogene Anhängelast darf weder das zulässige Gesamtgewicht – bei Lastkraftwagen in Zügen mit durchgehender Bremsanlage das 1,4fache des zulässigen Gesamtgewichts – des ziehenden Fahrzeugs noch den etwa vom Hersteller des ziehenden Fahrzeugs angegebenen oder amtlich als zulässig erklärten Wert übersteigen.

(2) Hinter Krafträdern und Personenkraftwagen dürfen Anhänger ohne ausreichende eigene Bremse nur mitgeführt werden, wenn das ziehende Fahrzeug Allradbremse und der Anhänger nur eine Achse hat; Krafträder gelten trotz getrennter Bedienungseinrichtungen für die Vorderrad- und Hinterradbremse als Fahrzeuge mit Allradbremse, Krafträder mit Beiwagen jedoch nur dann, wenn auch das Beiwagenrad eine Bremse hat. Werden einachsige Anhänger ohne ausreichende eigene Bremse mitgeführt, so darf die Anhängelast höchstens die Hälfte des um 75 kg erhöhten Leergewichts des ziehenden Fahrzeugs, aber nicht mehr als 750 kg betragen.

(3) Das Leergewicht ist das Gewicht des betriebsfertigen Fahrzeugs ohne austauschbare Ladungsträger (Behälter, die dazu bestimmt und geeignet sind, Ladungen aufzunehmen und auf oder an verschiedenen Trägerfahrzeugen verwendet zu werden, wie Container, Wechselbehälter), aber mit vollständig gefüllten eingebauten Kraftstoffbehältern einschließlich des Gewichts aller im Betrieb mitgeführten Ausrüstungsteile (z. B. Ersatzräder und -bereifung, Ersatzteile, Werkzeug, Wagenheber, Feuerlöscher, Aufsteckwände, Planengestell mit Planenbügeln und Planenlatten oder Planenstangen, Plane, Gleitschutzeinrichtungen, Belastungsgewichte), bei anderen Kraftfahrzeugen als Krafträdern und Personenkraftwagen zuzüglich 75 kg als Fahrergewicht.

1 Die VO vom 15. 1. 1980, BGBl. I 37, gab dem Abs. 3 die jetzt gültige Fassung. In Kraft seit 1. 2. 1980.

2 Amtl. Begr. zu Abs. 3 der Neufassung (VkBl. 80, 145):

„Austauschbare Ladungsträger (Container, Wechselbehälter) sind bisher als Ladung und nicht als Bestandteil des Fahrzeugs, das sie transportiert, behandelt worden. In den bisherigen Vorschriften der StVZO war dieses Vorgehen jedoch nicht ausdrücklich festgelegt. Die Einfügung bringt nun die notwendige Klarheit."

Bußgeldvorschrift: § 69a Abs. 3 Nr. 3, 4 StVZO. 3

§ 45

Kraftstoffbehälter

(1) Kraftstoffbehälter müssen korrosionsfest sein. Sie müssen bei doppeltem Betriebsüberdruck, mindestens aber bei einem Überdruck von 0,3 bar oder, soweit sie der Druckgasverordnung vom 20. Juni 1968 (BGBl. I S. 730), zuletzt geändert durch die Verordnung vom 21. Juli 1976 (BGBl. I S. 1889), unterliegen, bei dem dort geforderten Prüfdruck dicht sein. Weichgelötete Behälter müssen auch nach dem Ausschmelzen des Lotes zusammenhalten. Auftretender Überdruck oder den Betriebsdruck übersteigender Druck muß sich durch geeignete Einrichtungen (Öffnungen, Sicherheitsventile und dergleichen) selbsttätig ausgleichen. Entlüftungsöffnungen sind gegen Hindurchschlagen von Flammen zu sichern. Am Behälter weich angelötete Teile müssen zugleich vernietet, angeschraubt oder in anderer Weise sicher befestigt sein. Kraftstoff darf aus dem Füllverschluß oder den zum Ausgleich von Überdruck bestimmten Einrichtungen auch bei Schräglage, Kurvenfahrt oder Stößen nicht ausfließen.

(2) Kraftstoffbehälter für Vergaserkraftstoff dürfen nicht unmittelbar hinter der Frontverkleidung des Fahrzeugs liegen; sie müssen so vom Motor getrennt sein, daß auch bei Unfällen eine Entzündung des Kraftstoffs nicht zu erwarten ist. Dies gilt nicht für Krafträder und für Zugmaschinen mit offenem Führersitz.

(3) Bei Kraftomnibussen dürfen Kraftstoffbehälter nicht im Fahrgast- oder Führerraum liegen. Sie müssen so angebracht sein, daß bei einem Brand die Ausstiege nicht unmittelbar gefährdet sind. Bei Kraftomnibussen müssen Behälter für Vergaserkraftstoff hinten oder seitlich unter dem Fußboden in einem Abstand von mindestens 500 mm von den Türöffnungen untergebracht sein. Kann dieses Maß nicht eingehalten werden, so ist ein entsprechender Teil des Behälters mit Ausnahme der Unterseite durch eine Blechwand abzuschirmen.

Die VO vom 15. 1. 1980, BGBl. I 37, faßte Abs. 1 Satz 1 neu. In Kraft seit 1. 2. 1980. 1

Bußgeldvorschrift: § 69a Abs. 3 Nr. 14. Übergangsbestimmungen gelten weiter (§ 72 2
Abs. 2).

§ 47

Abgase und ihre Ableitung

(1) Kraftfahrzeuge mit Fremdzündungsmotor, auf die sich die Anlage XIV bezieht, müssen hinsichtlich ihres Abgasverhaltens bei verschiedenen Betriebszuständen den Vor-

schriften der Anlage XIV über die Prüfung Typ I und hinsichtlich der Kurbelgehäuseentlüftung den Vorschriften der Anlage XIV über die Prüfung Typ III entsprechen. Sie müssen ferner hinsichtlich ihres Gehalts an Kohlenmonoxid im Abgas beim Leerlauf im Verfahren auf Erteilung einer Betriebserlaubnis den Anforderungen der Anlage XIV über die Prüfung Typ II, sonst der Anlage XI genügen.

(2) Kraftfahrzeuge mit Dieselmotor (Kompressionszündungsmotor), auf die sich die Anlage XV bezieht, müssen hinsichtlich der Emission verunreinigender Stoffe im Abgas den Vorschriften der Anlage XV entsprechen. Kraftfahrzeuge mit Dieselmotor, auf die sich die Anlage XVI bezieht, müssen hinsichtlich der Emission verunreinigender Stoffe im Abgas den Vorschriften der Anlage XV oder XVI entsprechen.

(3) Die Mündungen von Auspuffrohren dürfen nur nach oben oder nach hinten oder nach hinten links bis zu einem Winkel von 45° zur Fahrzeuglängsachse gerichtet sein; sie müssen so angebracht sein, daß das Eindringen von Abgasen in das Fahrzeuginnere nicht zu erwarten ist. Auspuffrohre dürfen weder über die seitliche noch über die hintere Begrenzung der Fahrzeuge hinausragen.

1 Die VO vom 15. 1. 1980, BGBl. I 37, fügte dem Abs. 2 den Satz 2 an. Übergangsbestimmung: § 72 Abs. 2. Abs. 2 Satz 2 tritt in Kraft am 1. 1. 1982 für die von diesem Tag an erstmals in den Verkehr kommenden Kraftfahrzeuge (§ 72 Abs. 2).

2 Die genannte VO änderte Anhang I und III der Anlage XIV zur StVZO (VkBl. 80, 125; frühere Fassung veröffentlicht in VkBl. 70, 467). Die Anlage XVI samt ihren Anhängen I bis X wurde neu eingefügt (VkBl. 80, 136); amtl. Begr.: VkBl. 80, 148.

3 Die Übergangsbestimmungen zu § 47 gelten auch für die hierzu erlassenen Anlagen (§ 72 Abs. 2 zu § 47 StVZO).

Bußgeldvorschrift: § 69a Abs. 3 Nr. 15.

§ 48

Dampfkessel und Gaserzeuger

(1) Dampfkessel mit Zwangsdurchlauf und mit einer Rohrschlange bis zu 35 l Gesamtinhalt, Sauggaserzeugeranlagen und Druckgaserzeugeranlagen mit einem Aufladedruck von nicht mehr als 2 bar Überdruck sind in dem Zulassungsverfahren für Kraftfahrzeuge nach dieser Verordnung, nicht nach anderen Vorschriften, genehmigungs- oder abnahmepflichtig.

(2) Funkenauswurf und Herausfallen von Brennstoffresten müssen ausgeschlossen sein. Brennbare Teile des Fahrzeugs sind gegen starke Erhitzung im Betrieb zu schützen.

1 Die VO vom 15. 1. 1980, BGBl. I 37, ersetzte die Maßeinheit „atü“ durch „bar“. Eine Änderung ist hierdurch nicht eingetreten.

2 Bußgeldvorschrift: § 69a Abs. 3 Nr. 16 StVZO.

§ 50

Scheinwerfer für Fern- und Abblendlicht

(1) Für die Beleuchtung der Fahrbahn darf nur weißes Licht verwendet werden.

(2) Kraftfahrzeuge müssen mit 2 nach vorn wirkenden Scheinwerfern ausgerüstet sein, Krafträder – auch mit Beiwagen – mit einem Scheinwerfer. An mehrspurigen Kraftfahrzeugen, deren Breite 1000 mm nicht übersteigt, sowie an Krankenfahrstühlen und an Fahrzeugen, die die Baumerkmale von Krankenfahrstühlen haben, deren Geschwindigkeit aber 30 km/h übersteigt, genügt ein Scheinwerfer. Bei Kraftfahrzeugen mit einer durch die Bauart bestimmten Höchstgeschwindigkeit von nicht mehr als 8 km/h genügen Leuchten ohne Scheinwerferwirkung. Für einachsige Zug- oder Arbeitsmaschinen, die von Fußgängern an Holmen geführt werden, gilt § 17 Abs. 5 der Straßenverkehrs-Ordnung. Bei einachsigen Zugmaschinen, hinter denen ein einachsiger Anhänger mitgeführt wird, dürfen die Scheinwerfer statt an der Zugmaschine am Anhänger angebracht sein. Kraftfahrzeuge des Straßendienstes, die von den öffentlichen Verwaltungen oder in deren Auftrag verwendet werden und deren zeitweise vorgebaute Arbeitsgeräte die vorschriftsmäßig angebrachten Scheinwerfer verdecken, dürfen mit 2 zusätzlichen Scheinwerfern für Fern- und Abblendlicht oder zusätzlich mit Scheinwerfern nach Abs. 4 ausgerüstet sein, die höher als 1000 mm (Abs. 3) über der Fahrbahn angebracht sein dürfen; es darf jeweils nur ein Scheinwerferpaar einschaltbar sein. Die höher angebrachten Scheinwerfer dürfen nur dann eingeschaltet werden, wenn die unteren Scheinwerfer verdeckt sind.

(3) Die untere Spiegelkante von Scheinwerfern darf nicht höher als 1000 mm, bei Zugmaschinen in land- und forstwirtschaftlichen Betrieben nicht höher als 1200 mm über der Fahrbahn liegen. Dies gilt nicht für Fahrzeuge des Straßendienstes, die von den öffentlichen Verwaltungen oder in deren Auftrag verwendet werden, sowie für selbstfahrende Arbeitsmaschinen, deren Bauart das vorschriftsmäßige Anbringen der Scheinwerfer nicht zuläßt und deren durch die Bauart bestimmte Höchstgeschwindigkeit nicht mehr als 25 km/h beträgt. Scheinwerfer müssen an den Fahrzeugen einstellbar und so befestigt sein, daß eine unbeabsichtigte Verstellung nicht eintreten kann.

(4) Für das Fernlicht und für das Abblendlicht dürfen besondere Scheinwerfer vorhanden sein; sie dürfen so geschaltet sein, daß bei Fernlicht die Abblendscheinwerfer mitbrennen.

(5) Die Scheinwerfer müssen bei Dunkelheit die Fahrbahn so beleuchten (Fernlicht), daß die Beleuchtungsstärke in einer Entfernung von 100 m in der Längsachse des Fahrzeugs in Höhe der Scheinwerfermitten mindestens beträgt

1. 0,25 lx bei Krafträdern mit einem Hubraum von nicht mehr als 100 cm^3,

2. 0,50 lx bei Krafträdern mit einem Hubraum über 100 cm^3,

3. 1,00 lx bei anderen Kraftfahrzeugen.

Die Einschaltung des Fernlichts muß durch eine blau leuchtende Lampe im Blickfeld des Fahrzeugführers angezeigt werden; bei Krafträdern und Zugmaschinen mit offenem Führersitz kann die Einschaltung des Fernlichts durch die Stellung des Schalthebels angezeigt werden. Kraftfahrzeuge mit einer durch die Bauart bestimmten Höchstgeschwindigkeit

von nicht mehr als 30 km/h brauchen nur mit Scheinwerfern ausgerüstet zu sein, die den Vorschriften des Absatzes 6 Satz 2 und 3 entsprechen.

(6) Paarweise verwendete Scheinwerfer für Fern- und Abblendlicht müssen so eingerichtet sein, daß sie nur gleichzeitig und gleichmäßig abgeblendet werden können. Die Blendung gilt als behoben (Abblendlicht), wenn die Beleuchtungsstärke in einer Entfernung von 25 m vor jedem einzelnen Scheinwerfer auf einer Ebene senkrecht zur Fahrbahn in Höhe der Scheinwerfermitte und darüber nicht mehr als 1 lx beträgt. Liegt die untere Spiegelkante der Scheinwerfer (Abs. 3 Satz 1) höher als 1000 mm, so darf die Beleuchtungsstärke unter den gleichen Bedingungen oberhalb einer Höhe von 1000 mm 1 lx nicht übersteigen. Bei den an selbstfahrenden Arbeitsmaschinen abgebrachten Scheinwerfern, deren Anbringungshöhe 1200 mm übersteigt, darf die Hell-Dunkel-Grenze 15 m vor dem Scheinwerfer nur halb so hoch liegen wie die Scheinwerfermitte. Bei Scheinwerfern für asymmetrisches Abblendlicht darf die 1-Lux-Grenze von dem der Scheinwerfermitte entsprechenden Punkt unter einem Winkel von 15° nach rechts ansteigen, sofern nicht in internationalen Vereinbarungen oder Rechtsakten nach § 21 a etwas anderes bestimmt ist. Die Scheinwerfer müssen die Fahrbahn so beleuchten, daß die Beleuchtungsstärke in einer Entfernung von 25 m vor den Scheinwerfern senkrecht zum auffallenden Licht in 150 mm Höhe über der Fahrbahn mindestens die in Absatz 5 angegebenen Wert erreicht.

(6 a) Die Absätze 2 bis 6 gelten nicht für Fahrräder mit Hilfsmotor und für Kleinkrafträder mit einer durch die Bauart bestimmten Höchstgeschwindigkeit von nicht mehr als 40 km/h. Diese Fahrzeuge müssen mit einem Scheinwerfer für Dauerabblendlicht ausgerüstet sein, dessen Beleuchtungsstärke in einer Entfernung von 25 m vor dem Scheinwerfer auf einer Ebene senkrecht zur Fahrbahn in Höhe der Scheinwerfermitte und darüber nicht mehr als 1 lx beträgt. Der Scheinwerfer muß am Fahrzeug einstellbar und so befestigt sein, daß er sich nicht unbeabsichtigt verstellen kann. Die Nennleistung der Glühlampe im Scheinwerfer muß 15 W betragen.

(7) Die Beleuchtungsstärke ist bei stehendem Motor, vollgeladener Batterie und bei richtig eingestellten Scheinwerfern zu messen.

(8) Kraftfahrzeuge müssen so beschaffen sein, daß sich die Neigung des Abblendlichtbündels in 10 m Entfernung auch im ungünstigsten Belastungszustand des Fahrzeugs um höchstens 200 mm verändern kann.

1 Die VO vom 15. 1. 1980, BGBl. I 37 fügte in Abs. 6 dem Satz 5 den zweiten Halbsatz an und in Abs. 6 a den Satz 3 ein; in Kraft ab 1. 2. 1980. Die Übergangsvorschrift des § 72 Abs. 2 gilt weiter.

2 Bußgeldvorschrift: § 69 a Abs. 3 Nr. 18 StVZO.

§ 51

Begrenzungsleuchten, Spurhalteleuchten, Parkleuchten

(1) Kraftfahrzeuge – ausgenommen Krafträder ohne Beiwagen und Kraftfahrzeuge mit einer Breite von weniger als 1000 mm – müssen zur Kenntlichmachung ihrer seitlichen Begrenzung nach vorn mit 2 Begrenzungsleuchten ausgerüstet sein, bei denen der äußere

Rand der Lichtaustrittsfläche nicht mehr als 400 mm von der breitesten Stelle des Fahrzeugumrisses entfernt sein darf. Zulässig sind 2 zusätzliche Begrenzungsleuchten, die Bestandteil der Scheinwerfer sein müssen. Beträgt der Abstand des äußeren Randes der Lichtaustrittsfläche der Scheinwerfer von den breitesten Stellen des Fahrzeugumrisses nicht mehr als 400 mm, so genügen in die Scheinwerfer eingebaute Begrenzungsleuchten. Das Licht der Begrenzungsleuchten muß weiß sein; es darf nicht blenden. Die Begrenzungsleuchten müssen auch bei Fernlicht und Abblendlicht ständig leuchten. Bei Krafträdern mit Beiwagen muß eine Begrenzungsleuchte auf der äußeren Seite des Beiwagens angebracht sein. Krafträder ohne Beiwagen dürfen im Scheinwerfer eine Leuchte nach Art der Begrenzungsleuchten führen; Satz 5 ist nicht anzuwenden. An Elektrokarren sind Begrenzungsleuchten nicht erforderlich, wenn der Abstand des äußeren Randes der Lichtaustrittsfläche der Scheinwerfer von den breitesten Stellen des Fahrzeugumrisses nicht mehr als 400 mm beträgt; dasselbe gilt für einachsige Zug- oder Arbeitsmaschinen, wenn sie von Fußgängern an Holmen geführt werden oder ihre durch die Bauart bestimmte Höchstgeschwindigkeit 30 km/h nicht übersteigt.

(2) Die seitliche Begrenzung von Anhängern, die mehr als 400 mm über den äußeren Rand der Lichtaustrittsfläche der Begrenzungsleuchten des vorderen Fahrzeugs hinausragen, muß nach Absatz 1 kenntlich gemacht werden. Anhänger dürfen an der Vorderseite mit zwei nicht dreieckigen weißen Rückstrahlern ausgerüstet sein. Der von der Längsmittelebene am weitesten entfernte Punkt der leuchtenden Fläche der Rückstrahler darf nicht mehr als 150 mm vom äußersten Punkt der Breite über alles des Anhängers entfernt sein. Die Höhe über der Fahrbahn (höchster Punkt der leuchtenden Fläche) darf nicht mehr als 900 mm betragen. Läßt die Bauart des Fahrzeugs eine solche Anbringung nicht zu, so dürfen die Rückstrahler höher angebracht sein, jedoch nicht höher als 1500 mm.

(2a) An Anhängern darf am hinteren Ende der beiden Längsseiten je eine nach vorn wirkende Leuchte für weißes Licht (Spurhalteleuchte) angebracht sein.

(3) An Personenkraftwagen ohne Anhänger und an anderen Kraftfahrzeugen, deren Länge 6 m und deren Breite 2 m nicht übersteigen, genügen zur Kenntlichmachung der seitlichen Begrenzung beim Parken innerhalb geschlossener Ortschaften an der dem Verkehr zugewandten Fahrzeugseite

1. eine Leuchte (Parkleuchte), die nach vorn weißes und nach hinten rotes Licht zeigt und mindestens 600 mm (unter Rand der Lichtaustrittsfläche) und höchstens 1550 mm (oberen Rand der Lichtaustrittsfläche) über der Fahrbahn angebracht sein muß oder

2. eine mit der Schlußleuchte in einem Gerät vereinigte Parkleuchte für rotes Licht und eine mit der Begrenzungsleuchte in einem Gerät vereinigte Parkleuchte für weißes Licht oder

3. eine Schlußleuchte und eine Begrenzungsleuchte.

Parkleuchten (Nummer 1) dürfen abnehmbar sein, wenn dies in der Bauartgenehmigung angegeben ist.

Die VO vom 15. 1. 1980, BGBl. I 37, hat Abs. 2 durch die Sätze 2 bis 4 ergänzt. Abs. 4 **1**
wurde gestrichen (siehe jetzt: § 51 a).

Die amtl. Begr. (VkBl. 80, 145) führt zur Ergänzung des Abs. 2 aus: **2**

„Weiße Rückstrahler an der Vorderseite von Anhängern sind erforderlich, wenn in Anwendung von Artikel 10 Abs. 1 der Richtlinie 70/156/EWG der Anhänger hinsichtlich des

Anbaus der Beleuchtungs- und Lichtsignaleinrichtungen nach der Richtlinie 76/756/EWG geprüft werden soll. Da das Kraftfahrt-Bundesamt bisher nur zur Anwendung der genannten Richtlinien im Rahmen des geltenden Rechts ermächtigt worden ist, wäre die Genehmigung von Ausnahmen erforderlich geworden. Aber auch bei der Umrüstung von im Verkehr befindlichen Fahrzeugen hätten die zuständigen Landesbehörden in jedem Einzelfall Ausnahmen gewähren müssen. Durch die Einfügung der Sätze 2, 3 und 4 in § 51 Abs. 2 wird dieser Verwaltungsaufwand vermieden."

3 Die Neufassung ist in Kraft seit 1.2.1980.

Bußgeldvorschrift: § 69a Abs. 3 Nr. 18 StVZO.

§ 51a

Seitliche Kenntlichmachung

(1) Kraftfahrzeuge – ausgenommen Personenkraftwagen – mit einer Länge von mehr als 6 m sowie Anhänger müssen an den Längsseiten mit nach der Seite wirkenden gelben, nicht dreieckigen Rückstrahlern ausgerüstet sein. Mindestens je einer dieser Rückstrahler muß im mittleren Drittel des Fahrzeugs angeordnet sein; der am weitesten vorn angebrachte Rückstrahler darf nicht mehr als 3 m vom vordersten Punkt des Fahrzeugs, bei Anhängern vom vordersten Punkt der Zugeinrichtung entfernt sein. Zwischen zwei aufeinanderfolgenden Rückstrahlern darf der Abstand nicht mehr als 3 m betragen. Der am weitesten hinten angebrachte Rückstrahler darf nicht mehr als 1 m vom hintersten Punkt des Fahrzeugs entfernt sein. Die Höhe über der Fahrbahn (höchster Punkt der leuchtenden Fläche) darf nicht mehr als 900 mm betragen. Läßt die Bauart des Fahrzeugs das nicht zu, so dürfen die Rückstrahler höher angebracht sein, jedoch nicht höher als 1500 mm.

(2) Die nach Absatz 1 anzubringenden Rückstrahler dürfen abnehmbar sein

1. an Fahrzeugen, deren Bauart eine dauernde feste Anbringung nicht zuläßt und

2. an land- oder forstwirtschaftlichen Bodenbearbeitungsgeräten, die hinter Kraftfahrzeugen mitgeführt werden.

3. Die seitliche Kenntlichmachung von Fahrzeugen, für die sie nicht vorgeschrieben ist, muß Absatz 1 entsprechen. Jedoch genügt je ein Rückstrahler im vorderen und im hinteren Drittel.

(4) Retroreflektierende gelbe waagerechte Streifen, die unterbrochen sein können, an den Längsseiten von Fahrzeugen sind zulässig. Sie dürfen nicht die Form von Schriftzügen oder Emblemen haben.

(5) Ringförmig zusammenhängende retroreflektierende weiße Streifen an den Rädern von Krafträdern sind zulässig.

1 Eingefügt durch die VO vom 15.1.1980, BGBl. I 37. § 51a übernimmt in neuer Fassung den früheren § 51 Abs. 4. In Kraft ab 1.1.1981. Übergangsbestimmung: § 72 Abs. 2.

2 Bußgeldvorschrift: § 69a Abs. 3 Nr. 18.

§ 51 b

Umrißleuchten

Fahrzeuge mit einer Breite von mehr als 2,10 m dürfen auf jeder Fahrzeugseite mit einer nach vorn wirkenden weißen und einer nach hinten wirkenden roten Umrißleuchte oder je einer zusätzlichen Begrenzungsleuchte und Schlußleuchte ausgerüstet sein. Die Leuchten jeder Fahrzeugseite dürfen zu einer Leuchte zusammengefaßt sein. Die Umrißleuchten müssen möglichst nahe dem äußersten Punkt der Breite über alles und so hoch, wie es mit den Anforderungen der Anbringung in Richtung der Breite und der Symmetrie der Leuchten vereinbar ist, angebracht sein.

Eingefügt durch die VO vom 15. 1. 1980, BGBl. I 37. In Kraft seit 1. 2. 1980. **1**

§ 52

Zusätzliche Scheinwerfer und Leuchten

(1) Außer mit den in § 50 vorgeschriebenen Scheinwerfern zur Beleuchtung der Fahrbahn dürfen mehrspurige Kraftfahrzeuge mit 2 Nebelscheinwerfern für weißes oder hellgelbes Licht ausgerüstet sein, Krafträder, auch mit Beiwagen, mit nur einem Nebelscheinwerfer. Sie dürfen nicht höher als die am Fahrzeug befindlichen Scheinwerfer für Abblendlicht angebracht sein. Sind mehrspurige Kraftfahrzeuge mit Nebelscheinwerfern ausgerüstet, bei denen der äußere Rand der Lichtaustrittsfläche mehr als 400 mm vor der breitesten Stelle des Fahrzeugumrisses entfernt ist, so müssen die Nebelscheinwerfer so geschaltet sein, daß sie nur zusammen mit dem Abblendlicht brennen können. Nebelscheinwerfer müssen einstellbar und an dafür geeigneten Teilen der Fahrzeuge so befestigt sein, daß sie sich nicht unbeabsichtigt verstellen können. Sie müssen so eingestellt sein, daß eine Blendung anderer Verkehrsteilnehmer nicht zu erwarten ist. Die Blendung gilt als behoben, wenn die Beleuchtungsstärke in einer Entfernung von 25 m vor jedem einzelnen Nebelscheinwerfer auf einer Ebene senkrecht zur Fahrbahn in Höhe der Scheinwerfermitte und darüber bei Nennspannung an den Klemmen der Scheinwerferlampe nicht mehr als 1 lx beträgt. Nebelscheinwerfer dürfen während der Zeit der Nichtbenutzung abgedeckt sein.

(2) Suchscheinwerfer und Rückfahrscheinwerfer fallen nicht unter die Vorschriften des Absatzes 1. Ein Suchscheinwerfer für eine Leistungsaufnahme von höchstens 35 W mit weißem Licht ist zulässig; er darf nur zugleich mit dem Schlußlicht und der Beleuchtung des hinteren Kennzeichens einschaltbar sein. Ein oder 2 Rückfahrscheinwerfer für weißes Licht sind zulässig, wenn sie so geneigt sind, daß sie die Fahrbahn auf höchstens 10 m hinter dem Fahrzeug beleuchten. Rückfahrscheinwerfer müssen so geschaltet sein, daß sie weder bei Vorwärtsfahrten noch nach Abziehen des Schalterschlüssels brennen können.

(3) Mit einer oder mehreren Kennleuchten für blaues Blinklicht (Rundumlicht) dürfen ausgerüstet sein.

1. Kraftfahrzeuge, die dem Vollzugsdienst der Polizei, der Militärpolizei, des Bundesgrenzschutzes oder des Zolldienstes dienen, insbesondere Kommando-, Streifen-, Mannschaftstransport-, Verkehrsunfall-, Mordkommissionsfahrzeuge,

2. Einsatz- und Kommando-Kraftfahrzeuge der Feuerwehren und der anderen Einheiten und Einrichtungen des Katastrophenschutzes,
3. Kraftfahrzeuge, die nach dem Fahrzeugschein als Unfallhilfswagen öffentlicher Verkehrsbetriebe anerkannt sind,
4. Kraftfahrzeuge, die nach ihrer Bauart zur Beförderung von kranken oder verletzten Personen geeignet sind, von jedermann benutzt werden können und nach dem Fahrzeugschein als Krankenkraftwagen anerkannt sind,
5. Kraftfahrzeuge, die nach ihrer Einrichtung zur Beförderung von Blutkonserven geeignet und nach dem Fahrzeugschein als Kraftfahrzeug des Blutspendedienstes anerkannt sind.

(4) Mit einer oder 2 Kennleuchten für gelbes Blinklicht (Rundumlicht) dürfen ausgerüstet sein

1. Fahrzeuge, die dem Bau, der Unterhaltung oder Reinigung von Straßen oder von Anlagen im Straßenraum oder die der Müllabfuhr dienen und durch einen weiß-roten Anstrich oder durch weiß-rot-weiße Warnfahnen gekennzeichnet sind,
2. Kraftfahrzeuge, die nach ihrer Bauart oder Einrichtung zur Pannenhilfe geeignet und nach dem Fahrzeugschein als Pannenhilfsfahrzeug anerkannt sind. Die Zulassungsstelle kann zur Vorbereitung ihrer Entscheidung die Beibringung des Gutachtens eines amtlich anerkannten Sachverständigen oder Prüfers für den Kraftfahrzeugverkehr darüber anordnen, ob das Kraftfahrzeug nach seiner Bauart oder Einrichtung zur Pannenhilfe geeignet ist,
3. Fahrzeuge mit ungewöhnlicher Breite oder Länge oder mit ungewöhnlich breiter oder langer Ladung, sofern die genehmigende Behörde die Führung der Kennleuchten vorgeschrieben hat.

(5) Krankenkraftwagen (Absatz 3 Br. 4) dürfen mit einer nur nach vorn wirkenden besonderen Beleuchtungseinrichtung (z. B. Rot-Kreuz-Leuchte) ausgerüstet sein, um den Verwendungszweck des Fahrzeugs kenntlich zu machen. Die Beleuchtungseinrichtung darf keine Scheinwerferwirkung haben.

(6) An Kraftfahrzeugen, in denen ein Arzt zur Hilfeleistung in Notfällen unterwegs ist, darf während des Einsatzes ein nach vorn und nach hinten wirkendes Schild mit der in schwarzer Farbe auf gelbem Grund versehenen Aufschrift „Arzt Notfalleinsatz" auf dem Dach angebracht sein, das gelbes Blinklicht ausstrahlt; dies gilt nur, wenn der Arzt zum Führen des Schildes berechtigt ist. Die Berechtigung zum Führen des Schildes erteilt auf Antrag die Zulassungsstelle; sie entscheidet nach Anhörung der zuständigen Ärztekammer. Der Berechtigte erhält hierüber eine Bescheinigung, die während der Einsatzfahrt mitzuführen und zuständigen Personen auf Verlangen zur Prüfung auszuhändigen ist.

(7) Mit einer oder mehreren Leuchten zur Beleuchtung von Arbeitsgeräten und Arbeitsstellen (Arbeitsscheinwerfer) dürfen ausgerüstet sein

1. Zugmaschinen für land- oder forstwirtschaftliche Zwecke,
2. Zugmaschinen, die für den Betrieb mit auswechselbaren Arbeitsgeräten bestimmt sind,
3. im Schaustellergewerbe verwendete Zugmaschinen,

4. selbstfahrende Arbeitsmaschinen,

5. Fahrzeuge der Feuerwehren und der anderen Einheiten und Einrichtungen des Katastrophenschutzes,

6. Fahrzeuge, die dem Bau, der Unterhaltung oder der Reinigung von Straßen oder von Anlagen im Straßenraum oder der Müllabfuhr dienen,

7. Pannenhilfsfahrzeuge,

8. Kraftfahrzeuge, die nach dem Fahrzeugschein als Unfallhilfswagen öffentlicher Verkehrsbetriebe anerkannt sind.

Arbeitsscheinwerfer dürfen nicht während der Fahrt benutzt und nur dann eingeschaltet werden, wenn nicht zu erwarten ist, daß sie Verkehrsteilnehmer auf öffentlichen Straßen blenden. Arbeitsscheinwerfer an Fahrzeugen nach Satz 1 Nr. 6 dürfen auch während der Fahrt eingeschaltet sein, wenn die Fahrt zum Arbeitsvorgang gehört; sie dürfen an diesen Fahrzeugen nur so angebracht oder eingestellt sein, daß sie andere Verkehrsteilnehmer nicht blenden können.

Die VO vom 15. 1. 1980, BGBl. I 37, faßte Abs. 6 neu. Übergangsvorschrift hierzu: § 72 Abs. 2. In Abs. 7 wurde die Nr. 6 klarer formuliert und Satz 3 angefügt. In Kraft seit 1. 2. 1980. **1**

Die nunmehrige Fassung des Abs. 6 bezieht die Berechtigung des Schildes auf die Person des Arztes (nicht mehr wie vorher auf das Fahrzeug). Der Arzt kann nunmehr im Notfalleinsatz das Schild an jedem von ihm benutzten Fahrzeug anbringen. **2**

Bußgeldvorschrift: § 69 a Abs. 3 Nr. 18 für Abs. 1, 2, 7 Satz 2, 3 und § 69 a Abs. 5 Nr. 5 b für Abs. 6 Satz 3. **3**

§ 53

Schlußleuchten, Bremsleuchten, Rückstrahler

(1) Kraftfahrzeuge müssen nach hinten mit 2 ausreichend wirkenden Schlußleuchten für rotes Licht ausgerüstet sein, deren Lichtaustrittsflächen wenigstens 400 mm (unterer Rand) bis höchstens 1550 mm (oberer Rand) über der Fahrbahn liegen müssen. Bei Krafträdern braucht die Höhe über der Fahrbahn nur 250 mm zu betragen. Kraftfahrzeuge dürfen mit 2 zusätzlichen, höher als 1550 mm über der Fahrbahn angebrachten Schlußleuchten ausgerüstet sein. Die Schlußleuchten müssen möglichst weit voneinander angebracht, der äußere Rand ihrer Lichtaustrittsfläche darf nicht mehr als 400 mm von der breitesten Stelle des Fahrzeugumrisses entfernt sein. Elektrische Schlußleuchten dürfen an einer gemeinsamen Sicherung nur angeschlossen sein, wenn die Wirksamkeit der Schlußleuchten vom Führersitz aus überwacht werden kann. Krafträder ohne Beiwagen brauchen nur mit einer Schlußleuchte ausgerüstet zu sein.

(2) Kraftfahrzeuge müssen mit 2 Bremsleuchten für rotes Licht ausgerüstet sein, die nach rückwärts die Betätigung der Betriebsbremse, bei Fahrzeugen nach § 41 Abs. 7 der mechanischen Bremse, anzeigen und auch bei Tage deutlich aufleuchten. Dies gilt nicht für Krafträder mit oder ohne Beiwagen sowie für Kraftfahrzeuge mit einer durch die Bauart

bestimmten Höchstgeschwindigkeit von nicht mehr als 25 km/h und für Krankenfahrstühle; an diesen Fahrzeugen vorhandene Bremsleuchten müssen den Vorschriften dieses Absatzes entsprechen, jedoch ist bei Krafträdern ohne Beiwagen nur eine Bremsleuchte zulässig. Bremsleuchten, die in der Nähe der Schlußleuchten angebracht oder damit zusammengebaut sind, müssen stärker als diese leuchten. Bremsleuchten dürfen höchstens 300 mm (unterer Rand der Lichtaustrittsfläche) oberhalb der Höhe der Schlußleuchten (oberer Rand der Lichtaustrittsfläche) und höchstens 1550 mm (oberer Rand der Licht austrittsfläche) über der Fahrbahn angebracht sein; die Bremsleuchten von Fahrzeugen des Straßendienstes, die von den öffentlichen Verwaltungen oder in deren Auftrag verwendet werden, dürfen nicht höher als 1550 mm über der Fahrbahn liegen. Mehrspurige Kraftfahrzeuge dürfen mit zwei zusätzlichen höher als 1000 mm über der Fahrbahn innen oder außen am Fahrzeug fest angebrachten Bremsleuchten ausgerüstet sein; sie dürfen – abweichend von Satz 4 – auch höher als 300 mm oderhalb der Schlußleuchten und höher als 1550 mm über der Fahrbahn angebracht sein.

(3) Beim Mitführen von Anhängern müssen die Schluß- und Bremsleuchten, soweit sie für das ziehende Kraftfahrzeug vorgeschrieben sind, auch am Ende des Zuges angebracht sein; jedoch müssen mehrspurige Anhänger hinter Krafträdern mit Schlußleuchten ausgerüstet sein, wie sie für mehrspurige Kraftfahrzeuge vorgeschrieben sind. Die Vorschriften der Absätze 1 und 2 sind entsprechend anzuwenden.

(4) Kraftfahrzeuge müssen an der Rückseite mit 2 roten Rückstrahlern ausgerüstet sein. Anhänger müssen mit 2 dreieckigen roten Rückstrahlern ausgerüstet sein; die Seitenlänge solcher Rückstrahler muß mindestens 150 mm betragen, die Spitze des Dreiecks muß nach oben zeigen. Rückstrahler dürfen nicht mehr als 400 mm (äußerer Rand) von der breitesten Stelle des Fahrzeugumrisses entfernt und höchstens 900 mm (unterer Rand) über der Fahrbahn angebracht sein. Ist wegen der Bauart des Fahrzeugs eine solche Anbringung der Rückstrahler nicht möglich, so sind 2 zusätzliche Rückstrahler erforderlich, wobei ein Paar Rückstrahler so niedrig wie möglich und nicht mehr als 400 mm von der breitesten Stelle des Fahrzeugsumrisses entfernt und das andere Paar möglichst weit auseinander und höchstens 900 mm über der Fahrbahn angebracht sein muß. Krafträder ohne Beiwagen brauchen nur mit einem Rückstrahler ausgerüstet zu sein. An den hinter Kraftfahrzeugen mitgeführten Schneeräumgeräten mit einer Breite von mehr als 3 m muß in der Mitte zwischen den beiden anderen Rückstrahlern ein zusätzlicher dreieckiger Rückstrahler angebracht sein. Fahrräder mit Hilfsmotor dürfen mit Pedalrückstrahlern (§ 67 Abs. 6) ausgerüstet sein. Dreieckige Rückstrahler sind an Kraftfahrzeugen nicht zulässig.

(5) Schlußleuchten, Bremsleuchten und Rückstrahler müssen möglichst am äußersten Ende des Fahrzeugs angebracht sein. Ist dies wegen der Bauart des Fahrzeugs nicht möglich, und beträgt der Abstand des äußersten Endes des Fahrzeugs von den zur Längsachse des Fahrzeugs senkrecht liegenden Ebenen, an denen sich die Schlußleuchten, die Bremsleuchten oder die Rückstrahler befinden, mehr als 1000 mm, so muß je eine der genannten Einrichtungen zusätzlich möglichst weit hinten und möglichst in der nach den Absätzen 1, 2 und 4 vorgeschriebenen Höhe etwa in der Mittellinie der Fahrzeugspur angebracht sein. Nach hinten hinausragende fahrbare Anhängeleitern, Förderbänder und Kräne sind außerdem am Tage wie eine Ladung nach § 22 Abs. 4 der Straßenverkehrs-Ordnung kenntlich zu machen.

(6) Die Absätze 1 und 2 gelten nicht für einachsige Zug- oder Arbeitsmaschinen. Sind einachsige Zug- oder Arbeitsmaschinen mit einem Anhänger verbunden, so müssen an der

Rückseite des Anhängers die für Kraftfahrzeuge vorgeschriebenen Schlußleuchten angebracht sein. An einspurigen Anhängern hinter einachsigen Zug- oder Arbeitsmaschinen und hinter Krafträdern – auch mit Beiwagen – genügen für die rückwärtige Sicherung eine Schlußleuchte und ein dreieckiger Rückstrahler.

(7) Abweichend von Absatz 4 Satz 2 dürfen

1. **land- oder forstwirtschaftliche Arbeitsgeräte, die hinter Kraftfahrzeugen mitgeführt werden und nur im Fahren eine ihrem Zweck entsprechende Arbeit leisten können,**
2. **eisenbereifte Anhänger, die nur für land- oder forstwirtschaftliche Zwecke verwendet werden,**

mit Rückstrahlern ausgerüstet sein, wie sie nach Absatz 4 Satz 1 und 8 für Kraftfahrzeuge vorgeschrieben sind.

(7a) Anhänger, die nur für land- oder forstwirtschaftliche Zwecke eingesetzt werden, können neben den Rückstrahlern nach Absatz 4 Satz 2 auch Rückstrahler führen, wie sie für Kraftfahrzeuge vorgeschrieben sind.

(7b) Rückstrahler an hinter Kraftfahrzeugen mitgeführten land- oder forstwirtschaftlichen Bodenbearbeitungsgeräten dürfen abnehmbar sein.

(8) Mit Abschleppwagen abgeschleppte betriebsfähige Fahrzeuge müssen Schlußleuchten, Bremsleuchten, Rückstrahler und Fahrtrichtungsanzeiger haben. Diese Beleuchtungseinrichtungen dürfen auf einem Leuchtenträger (§ 49a Abs. 9) angebracht sein; sie müssen vom Abschleppwagen aus betätigt werden können.

Die VO vom 15. 1. 1980, BGBl. I 37 strich in Abs. 2 den Hinweis auf die Zulässigkeit von Bremsleuchten für gelbes Licht. **1**

Abs. 2 Satz 5 wurde neu gefaßt. In Abs. 4 wurde die Zahl „700 mm" durch die Zahl „900 mm" ersetzt (Anpassung an die Richtlinie 76/756 EWG). **2**

Soweit die Übergangsbestimmung des § 72 Abs. 2 nicht eingreift, in Kraft seit 1. 2. 1980. **3**

Bußgeldvorschrift: § 69a Abs. 3 Nr. 18.

§ 53a

Warndreieck, Warnleuchte, Warnblinkanlage

(1) Warndreiecke und Warnleuchten müssen tragbar, standsicher und so beschaffen sein, daß sie bei Gebrauch auf ausreichende Entfernung erkennbar sind. Warndreiecke müssen rückstrahlend sein; Warnleuchten müssen gelbes Blinklicht abstrahlen, von der Lichtanlage des Fahrzeugs unabhängig sein und eine ausreichende Brenndauer haben. Die Warneinrichtungen müssen in betriebsfertigem Zustand sein.

(2) In Kraftfahrzeugen mit Ausnahme von Krankenfahrstühlen, Krafträdern und einachsigen Zug- oder Arbeitsmaschinen müssen mindestens folgende Warneinrichtungen mitgeführt werden:

1. in Personenkraftwagen, land- oder forstwirtschaftlichen Zug- oder Arbeitsmaschinen sowie in anderen Kraftfahrzeugen mit einem zulässigen Gesamtgewicht von nicht mehr als 2,8 t:
ein Warndreieck;

2. in Kraftfahrzeugen mit einem zulässigen Gesamtgewicht von mehr als 2,8 t:
ein Warndreieck und getrennt davon eine Warnleuchte.

(3) Warnleuchten, die mitgeführt werden, ohne daß sie nach Absatz 2 vorgeschrieben sind, dürfen abweichend von Absatz 1 von der Lichtanlage des Fahrzeugs abhängig, im Fahrzeug fest angebracht oder so beschaffen sein, daß sei bei Bedarf innen oder außen am Fahrzeug angebracht werden können.

(4) Mehrspurige Fahrzeuge, die mit Fahrtrichtungsanzeigern ausgerüstet sein müssen, müssen zusätzlich eine Warnblinkanlage haben. Sie muß wie folgt beschaffen sein:

1. Für die Schaltung muß im Kraftfahrzeug ein besonderer Schalter vorhanden sein.

2. Nach dem Einschalten müssen alle am Fahrzeug oder Zug vorhandenen Blinkleuchten gleichzeitig mit einer Frequenz von 1,5 Hz ± 0,5 Hz (90 Impulse ± 30 Impulse in der Minute) gelbes Blinklicht abstrahlen.

3. Dem Fahrzeugführer muß durch eine auffällige Kontrolleuchte für rotes Licht angezeigt werden, daß das Warnblinklicht eingeschaltet ist.

(5) Warnblinkanlagen an Fahrzeugen, für die sie nicht vorgeschrieben sind, müssen den Vorschriften des Absatzes 4 entsprechen.

1 Die VO vom 15.1.1980, BGBl. I 37, faßte die Frequenzfolge in Abs. 4 Nr. 2 neu, ohne daß damit eine sachliche Änderung eintrat. Die redaktionelle Angleichung gilt ab 1.2.1980. Vgl. Übergangsvorschrift: § 72 Abs. 2.

2 Bußgeldvorschrift: § 69a Abs. 3 Nr. 19.

§ 53b

Kenntlichmachung von Anbaugeräten

(1) Anbaugeräte, die seitlich mehr als 400 mm über den äußeren Rand der Lichtaustrittsflächen der Begrenzungs- oder der Schlußleuchten des Fahrzeugs hinausragen, müssen mit Begrenzungsleuchten (§ 51 Abs. 1), Schlußleuchten (§ 53 Abs. 1) und Rückstrahlern (§ 53 Abs. 4) ausgerüstet sein. Die Leuchten müssen so angebracht sein, daß der äußere Rand ihrer Lichtaustrittsflächen nicht mehr als 400 mm von der äußersten Begrenzung des Anbaugeräts und der obere Rand nicht mehr als 1550 mm von der Fahrbahn entfernt sind. Der äußere Rand der Rückstrahler darf nicht mehr als 400 mm von der äußersten Begrenzung des Anbaugeräts, der untere Rand nicht mehr als 900 mm von der Fahrbahn entfernt sein. Die Leuchten und die Rückstrahler dürfen außerhalb der Zeit, in der Beleuchtung nötig ist (§ 17 Abs. 1 der Straßenverkehrs-Ordnung), abgenommen sein.

(2) Anbaugeräte, deren äußerstes Ende mehr als 1000 mm über die Schlußleuchten des Fahrzeugs hinausragt, müssen mit einer Schlußleuchte (§ 53 Abs. 1) und einem Rückstrahler (§ 53 Abs. 4) ausgerüstet sein. Schlußleuchte und Rückstrahler müssen möglichst am äußersten Ende des Anbaugeräts und möglichst in der Mittellinie der Fahrzeugspur angebracht sein. Der obere Rand der Lichtaustrittsfläche der Schlußleuchte darf nicht mehr als 1550 mm, der untere Rand des Rückstrahlers nicht mehr als 900 mm von der Fahrbahn entfernt sein. Schlußleuchte und Rückstrahler dürfen außerhalb der Zeit, in der Beleuchtung nötig ist (§ 17 Abs. 1 der Straßenverkehrs-Ordnung), abgenommen sein. Im übrigen gilt § 22 Abs. 4 Satz 3 und 4 der Straßenverkehrs-Ordnung entsprechend; statt der dort genannten Sicherungsmittel dürfen auch mindestens 300 mm x 600 mm große Tafeln, Folien oder Anstriche mit unter 45° nach außen und nach unten verlaufenden, je 100 mm breiten roten und weißen Streifen verwendet werden.

Die VO vom 15. 1. 1980, BGBl. I 37, ersetzte in Abs. 1 Satz 3 und Abs. 2 Satz 3 jeweils die Zahl „700" durch die Zahl „900". Dies geschah in Anpassung an die Richtlinie 76/756 EWG. In Kraft seit 1. 2. 1980. **1**

Bußgeldvorschrift: § 69 a Abs. 3 Nr. 19 a. **2**

§ 53 d

Nebelschlußleuchten

(1) Kraftfahrzeuge und ihre Anhänger dürfen an der Rückseite mit einer oder zwei – Krafträder nur mit einer – Nebelschlußleuchten für rotes Licht ausgerüstet sein, deren Lichtaustrittsflächen nicht weniger als 250 mm (niedrigster Punkt der leuchtenden Fläche) und nicht mehr als 1000 mm (höchster Punkt der leuchtenden Fläche) über der Fahrbahn liegen dürfen. In allen Fällen muß der Abstand zwischen den leuchtenden Flächen der Nebelschlußleuchte und der Bremsleuchte mehr als 100 mm betragen. Ist an mehrspurigen Fahrzeugen nur eine Nebelschlußleuchte angebracht, so muß sie auf der Fahrzeuglängsmittelebene oder links davon angeordnet sein.

(2) Nebelschlußleuchten dürfen nur dann leuchten können, wenn die Scheinwerfer für Fernlicht, für Abblendlicht oder die Nebelscheinwerfer eingeschaltet sind. Sind Nebelscheinwerfer vorhanden, so müssen die Nebelschlußleuchten unabhängig von den Nebelscheinwerfern ausgeschaltet werden können.

(3) Die Einschaltung der Nebelschlußleuchten muß durch eine Kontrolleuchte für gelbes Licht im Blickfeld des Fahrzeugführers angezeigt werden.

Eingefügt durch die VO vom 15. 1. 1980, BGBl. I 37. Übergangsvorschrift: § 72 Abs. 2. **1**

Bußgeldvorschrift: § 69 a Abs. 3 Nr. 19 c.

Die 13. AusnVO vom 27. 7. 1966 (Seite 1785 des Kommentars) wurde durch Art. 2 der VO vom 15. 1. 1980 aufgehoben. Sie war im Hinblick auf § 53 d StVZO gegenstandslos geworden. **2**

§ 54

Fahrtrichtungsanzeiger

(1) Kraftfahrzeuge und ihre Anhänger müssen mit Fahrtrichtungsanzeigern ausgerüstet sein. Die Fahrtrichtungsanzeiger müssen nach dem Einschalten mit einer Frequenz von 1,5 Hz ± 0,5 Hz (90 Impulse ± 30 Impulse in der Minute) zwischen hell und dunkel sowie auf derselben Fahrzeugseite – ausgenommen an Krafträdern mit Wechselstromlichtanlage – in gleicher Phase blinken. Sie müssen so angebracht und beschaffen sein, daß die Anzeige der beabsichtigten Richtungsänderung unter allen Beleuchtungs- und Betriebsverhältnissen von anderen Verkehrsteilnehmern, für die ihre Erkennbarkeit von Bedeutung ist, deutlich wahrgenommen werden kann. Fahrtrichtungsanzeiger brauchen ihre Funktion nicht zu erfüllen, solange sie Warnblinklicht abstrahlen.

(2) Sind Fahrtrichtungsanzeiger nicht im Blickfeld des Führers angebracht, so muß ihre Wirksamkeit dem Führer sinnfällig angezeigt werden; dies gilt nicht für Fahrtrichtungsanzeiger an Krafträdern. Fahrtrichtungsanzeiger dürfen die Sicht des Fahrzeugführers nicht behindern.

(3) Als Fahrtrichtungsanzeiger sind nur Blinkleuchten für gelbes Licht zulässig.

(4) Erforderlich sind

1. an mehrspurigen Kraftfahrzeugen
   paarweise angebrachte Blinkleuchten an der Vorderseite und an der Rückseite. Statt der Blinkleuchten an der Vorderseite dürfen Fahrtrichtungsanzeiger am vorderen Teil der beiden Längsseiten angebracht sein. An Fahrzeugen mit einer Länge von nicht mehr als 4 m und einer Breite von nicht mehr als 1,60 m genügen Fahrtrichtungsanzeiger an den beiden Längsseiten. An Fahrzeugen, bei denen der Abstand zwischen den einander zugekehrten äußeren Rändern der Lichtaustrittsflächen der Blinkleuchten an der Vorderseite und an der Rückseite mehr als 6 m beträgt, müssen zusätzliche Fahrtrichtungsanzeiger an den beiden Längsseiten angebracht sein,

2. an Krafträdern
   a) paarweise angebrachte Blinkleuchten an der Vorderseite und an der Rückseite. Der Abstand des inneren Randes der Lichtaustrittsfläche der Blinkleuchten muß von der durch die Längsachse des Kraftrades verlaufenden senkrechten Ebene bei den an der Rückseite angebrachten Blinkleuchten mindestens 120 mm, bei den an der Vorderseite angebrachten Blinkleuchten mindestens 170 mm und vom Rand der Lichtaustrittsfläche des Scheinwerfers mindestens 100 mm betragen,

      oder

   b) Blinkleuchten an den beiden Längsseiten. Der Abstand des inneren Randes der Lichtaustrittsfläche der Blinkleuchten von der durch die Längsachse des Kraftrades verlaufenden senkrechten Ebene muß mindestens 280 mm betragen. Der untere Rand der Lichtaustrittsfläche von Blinkleuchten an Krafträdern muß mindestens 350 mm über der Fahrbahn liegen. Wird ein Beiwagen mitgeführt, so müssen die für die betreffende Seite vorgesehenen Blinkleuchten an der Außenseite des Beiwagens angebracht sein,

3. an Anhängern
paarweise angebrachte Blinkleuchten an der Rückseite. Beim Mitführen von 2 Anhängern genügen Blinkleuchten am letzten Anhänger, wenn die Anhänger hinter einer Zugmaschine mit einer durch die Bauart bestimmten Höchstgeschwindigkeit von nicht mehr als 25 km/h mitgeführt werden oder wenn sie für eine Höchstgeschwindigkeit von nicht mehr als 25 km/h in der durch § 58 vorgeschriebenen Weise gekennzeichnet sind.

(5) Fahrtrichtungsanzeiger sind nicht erforderlich an

1. einachsigen Zugmaschinen,

2. einachsigen Arbeitsmaschinen,

3. offenen Krankenfahrstühlen,

4. Leichtkrafträdern, Kleinkrafträdern und Fahrrädern mit Hilfsmotor,

5. folgenden Arten von Anhängern:

a) eisenbereiften Anhängern, die nur für land- oder forstwirtschaftliche Zwecke verwendet werden;

b) angehängten land- oder forstwirtschaftlichen Arbeitsgeräten, soweit sie die Blinkleuchten des ziehenden Fahrzeugs nicht verdecken;

c) einachsigen Anhängern hinter Krafträdern;

d) Sitzkarren (§ 18 Abs. 2 Nr. 6 Buchstabe b).

(6) Fahrtrichtungsanzeiger an Fahrzeugen, für die sie nicht vorgeschrieben sind, müssen den vorstehenden Vorschriften entsprechen.

Die VO vom 6. 11. 1979, BGBl. I 1794, fügte in Abs. 5 Nr. 4 die Leichtkrafträder ein. **1**
Begriff: § 18 Abs. 2 Nr. 4a StVZO i. d. F. der VO vom 6. 11. 1979. Die Einfügung ist in Kraft seit 1. 4. 1980. § 18 Abs. 2 Nr. 4a enthält jedoch zwei Begriffsdefinitionen für Leichtkrafträder. Nach der zu § 18 erlassenen Übergangsvorschrift gelten als Leichtkrafträder z. Z. bis zum 31. 12. 1983 nur die Kleinkrafträder bisherigen Rechts. Für Leichtkrafträder neueren Rechts (§ 18 Abs. 2 Nr. 4a, Buchstabe a) gelten die Bestimmungen für Leichtkrafträder erst mit Wirkung vom 1. 1. 1981 an, weil erst an diesem Tage die neue Begriffsbestimmung in Kraft tritt.

Die VO vom 15. 1. 1980, BGBl. I 37, faßte Abs. 1 Satz 2 neu. In Kraft seit 1. 2. 1980. **2**

Übergangsbestimmung: § 72 Abs. 2. **3**

Bußgeldvorschrift: § 69a Abs. 3 Nr. 20.

§ 55

Einrichtungen für Schallzeichen

(1) Kraftfahrzeuge müssen mindestens eine Einrichtung für Schallzeichen haben, deren Klang gefährdete Verkehrsteilnehmer auf das Herannahen eines Kraftfahrzeugs aufmerksam macht, ohne sie zu erschrecken und andere mehr als unvermeidbar zu belästigen. Ist

mehr als eine Einrichtung für Schallzeichen angebracht, so muß sichergestellt sein, daß jeweils nur eine Einrichtung betätigt werden kann. Die Umschaltung auf die eine oder andere Einrichtung darf die Abgabe einer Folge von Klängen verschiedener Grundfrequenzen nicht ermöglichen.

(2) Als Einrichtungen für Schallzeichen dürfen Hupen und Hörner angebracht sein, die einen Klang mit gleichbleibenden Grundfrequenzen (auch harmonischen Akkord) erzeugen, der frei von Nebengeräuschen ist. Die Lautstärke darf in 7 m Entfernung von dem Anbringungsort der Schallquelle am Fahrzeug und in einem Höhenbereich von 500 mm bis 1500 mm über der Fahrbahn an keiner Stelle 104 DIN-phon übersteigen. Die Messungen sind auf einem freien Platz mit möglichst glatter Oberfläche bei Windstille durchzuführen; Hindernisse (Bäume, Sträucher u. a.), die durch Widerhall oder Dämpfung stören können, müssen von der Schallquelle mindestens doppelt so weit entfernt sein wie der Schallempfänger.

(3) Kraftfahrzeuge, die auf Grund des § 52 Abs. 3 Kennleuchten für blaues Blinklicht führen, müssen mit mindestens einer Warneinrichtung mit einer Folge von Klängen verschiedener Grundfrequenz (Einsatzhorn) ausgerüstet sein. Ist mehr als ein Einsatzhorn angebracht, so muß sichergestellt sein, daß jeweils nur eines betätigt werden kann. Andere als die in Satz 1 genannten Kraftfahrzeuge dürfen mit dem Einsatzhorn nicht ausgerüstet sein.

(4) Andere als die in den Absätzen 1 bis 3 beschriebenen Einrichtungen für Schallzeichen sowie Sirenen dürfen an Kraftfahrzeugen nicht angebracht sein.

(5) Absatz 1 gilt nicht für eisenbereifte Kraftfahrzeuge mit einer durch die Bauart bestimmten Höchstgeschwindigkeit von nicht mehr als 8 km/h und für einachsige Zug- oder Arbeitsmaschinen, die von Fußgängern an Holmen geführt werden.

(6) Für Kleinkrafträder mit einer durch die Bauart bestimmten Höchstgeschwindigkeit von nicht mehr als 40 km/h sowie für Fahrräder mit Hilfsmotor gilt § 64 a.

1 Die VO vom 15. 1. 1980, BGBl. I 37, fügte dem Abs. 1 die Sätze 2 und 3 an und faßte den Abs. 3 neu. Der Satz 1 des Abs. 1 wurde in Anpassung an die Sätze 2 und 3 dahin ergänzt, daß Kraftfahrzeuge „mindestens" eine Einrichtung für Schallzeichen haben müssen. Unter „Einrichtung" ist die Gesamtheit aller am Fahrzeug angebrachten Hupen und Hörner zu verstehen, die bei einer Betätigung einen gemeinsamen Klang erzeugen (keine Tonfolge abgeben: Amtl. Begr.: VkBl. 80, 146). In Kraft seit 1. 2. 1980.

2 Bußgeldvorschrift: § 69 a Abs. 3 Nr. 22.

§ 57

Geschwindigkeitsmesser und Wegstreckenzähler

(1) Kraftfahrzeuge müssen mit einem im Blickfeld des Führers liegenden Geschwindigkeitsmesser, der mit einem Wegstreckenzähler verbunden sein kann, ausgerüstet sein; ausgenommen sind Kraftfahrzeuge mit einer durch die Bauart bestimmten Höchstge-

schwindigkeit von nicht mehr als 25 km/h sowie mit Fahrtschreibern ausgerüstete Kraftfahrzeuge, wenn die Geschwindigkeitsskala des Fahrtschreibers im Blickfeld des Führers liegt. Der Anzeigebereich muß mindestens die durch die Bauart bestimmte Höchstgeschwindigkeit des Fahrzeugs enthalten.

(2) Die Anzeige der in Absatz 1 genannten Geräte darf vom Sollwert abweichen

1. **bei Geschwindigkeitsmessern in den letzten beiden Dritteln des Anzeigebereichs – jedoch mindestens von der 50 km/h-Anzeige ab, wenn die letzten beiden Drittel des Anzeigebereichs oberhalb der 50 km/h-Anzeige liegen – 0 bis plus 7 vom Hundert des Skalenendwerts; bei Geschwindigkeiten von 20 km/h und darüber darf die Anzeige den Sollwert nicht unterschreiten,**
2. **bei Wegstreckenzählern + 4 vom Hundert.**

Abs. 1 Satz 2 wurde durch die VO vom 15. 1. 1980, BGBl. I 37 angefügt. Er stellt aber nur klar, was auch bisher schon galt (amtl. Begr.: VkBl. 80, 146). 1

Bußgeldvorschrift: § 69a Abs. 3 Nr. 25. 2

Übergangsvorschrift des § 72 Abs. 2 gilt weiter.

§ 57a

Fahrtschreiber und Kontrollgerät

(1) Mit einem eichfähigen Fahrtschreiber sind auszurüsten

1. **Kraftfahrzeuge mit einem zulässigen Gesamtgewicht von 7,5 t und darüber,**
2. **Zugmaschinen mit einer Motorleistung von 40 kW und darüber, die nicht ausschließlich für land- oder forstwirtschaftliche Zwecke eingesetzt werden,**
3. **zur Beförderung von Personen bestimmte Kraftfahrzeuge mit mehr als 8 Fahrgastplätzen.**

Dies gilt nicht für Kraftfahrzeuge mit einer durch die Bauart bestimmten Höchstgeschwindigkeit von nicht mehr als 40 km/h, ferner nicht für Kraftfahrzeuge der Bundeswehr, es sei denn, daß es sich um Kraftfahrzeuge der Bundeswehrverwaltung oder um Kraftomnibusse handelt.

(1a) Der Fahrtschreiber sowie alle lösbaren Verbindungen der Übertragungseinrichtungen müssen plombiert sein.

(2) Der Fahrtschreiber muß vom Beginn bis zum Ende jeder Fahrt ununterbrochen in Betrieb sein und auch die Haltezeiten aufzeichnen. Die Schaublätter – bei mehreren miteinander verbundenen Schaublättern (Schaublattbündel) das erste Blatt – sind vor Antritt der Fahrt mit dem Namen der Führer sowie dem Ausgangspunkt und Datum der ersten Fahrt zu bezeichnen; ferner ist der Stand des Wegstreckenzählers am Beginn und am Ende der Fahrt oder beim Einlegen und bei der Entnahme des Schaublatts vom Kraftfahrzeughalter oder dessen Beauftragten einzutragen; andere, durch Rechtsvorschriften weder ge-

forderte noch erlaubte Vermerke auf der Vorderseite des Schaublatten sind unzulässig. Es dürfen nur Schaublätter mit Prüfzeichen verwendet werden, die für den verwendeten Fahrtschreibertyp zugeteilt sind. Die Schaublätter sind zuständigen Personen auf Verlangen jederzeit vorzulegen; der Kraftfahrzeughalter hat sie ein Jahr lang aufzubewahren. Auf jeder Fahrt muß mindestens ein Ersatzschaublatt mitgeführt werden.

(3) Die Absätze 1 bis 2 gelten nicht, wenn das Fahrzeug mit einem Kontrollgerät im Sinne der Verordnung (EWG) Nr. 1463/70 vom 20. Juli 1970 (Amtsblatt Nr. L 164 vom 27. Juli 1970) ausgerüstet ist. Das Kontrollgerät ist nach den Artikeln 15 bis 18 der Verordnung (EWG) Nr. 1463/70 zu betreiben.

(4) Weitergehende Anforderungen in Sondervorschriften bleiben unberührt.

1 Die VO vom 15. 1. 1980, BGBl. I 37, faßte Abs. 1 Satz 1 Nr. 2 neu und fügte Abs. 1 a und in Abs. 2 den zweiten Halbsatz des Satzes 2 ein. Abs. 1 Nr. 2 entspricht nunmehr dem Art. 4 Nr. 7 der EWG-VO Nr. 543/69. Abs. 1 a ist aus Anh. I Abschnitt V Nr. 4 der EWG-VO Nr. 1463/70 übernommen. Übergangsvorschrift: § 72 Abs. 2. Abs. 1 a trat in Kraft am 1. 5. 1980, sonst in Kraft seit 1. 2. 1980.

2 Bußgeldvorschrift: § 69 a Abs. 3 Nr. 25, 25 a, Abs. 5 Nr. 6, 6 a und 6 c.

§ 57b

Prüfung der Fahrtschreiber und Kontrollgeräte

(1) Halter, deren Kraftfahrzeuge mit einem Fahrtschreiber nach § 57 a Abs. 1, mit einem Kontrollgerät nach der Verordnung (EWG) Nr. 1463/70 (ABl. EG Nr. L 164 S. 1) oder mit einem Kontrollgerät nach § 15 a Abs. 8 oder § 57 a Abs. 3 oder nach § 6 der Verordnung zur Durchführung der Verordnung (EWG) Nr. 543/69 vom 22. August 1969 (Bundesgesetzbl. I S. 1307, 1791) ausgerüstet sind, haben auf ihre Kosten die Fahrtschreiber oder die Kontrollgeräte nach jedem Einbau, jeder Reparatur oder jeder Änderung der Wegdrehzahl oder des wirksamen Reifenumfangs des Kraftfahrzeugs, sonst mindestens einmal innerhalb von 2 Jahren seit der letzten Prüfung durch einen hierfür amtlich anerkannten Hersteller für Fahrtschreiber oder Kontrollgeräte oder durch eine von diesem ermächtigte Werkstatt prüfen zu lassen, daß Einbau, Zustand, Meßgenauigkeit und Arbeitsweise vorschriftsmäßig sind; ausgenommen sind Kraftfahrzeuge der Bundeswehr und des Bundesgrenzschutzes. Bestehen keine Bedenken gegen die Vorschriftsmäßigkeit, so hat der Hersteller oder die Werkstatt auf dem Fahrtschreiber oder dem Kontrollgerät gut sichtbar und dauerhaft ein Einbauschild anzubringen; das Schild muß plombiert sein und folgende Angaben enthalten:

1. Name, Anschrift oder Firmenzeichen des Herstellers oder der Werkstatt;

2. Wegdrehzahl des Kraftfahrzeugs;

3. wirksamer Reifenumfang des Kraftfahrzeugs;

4. Datum der Prüfung;

5. die letzten 8 Zeichen der Fahrgestellnummer des Kraftfahrzeugs.

(2) Wird der Fahrtschreiber oder das Kontrollgerät vom Fahrzeughersteller eingebaut, so hat dieser, sofern er hierfür amtlich anerkannt ist, die nach dem Einbau vorgesehene Prüfung vorzunehmen und das Einbauschild nach den Vorschriften des Absatzes 1 anzubringen und zu plombieren. Das Einbauschild hat anstelle der nach Absatz 1 Satz 2 Nr. 1 geforderten Angaben über den Fahrtschreiber- oder Kontrollgerätehersteller Name, Anschrift oder Firmenzeichen des Fahrzeugherstellers zu enthalten.

(3) Der Halter hat dafür zu sorgen, daß das Einbauschild die vorgeschriebenen Angaben enthält, plombiert sowie vorschriftsmäßig angebracht und weder verdeckt noch verschmutzt ist.

(4) Für die Anerkennung der Fahrtschreiber- oder Kontrollgerätehersteller oder der Fahrzeughersteller ist die oberste Landesbehörde oder die von ihr bestimmte Behörde zuständig.

(5) Die Anerkennung kann erteilt werden

1. zur Vornahme der Prüfungen durch den Antragsteller selbst,

2. zur Ermächtigung von Werkstätten, die die Prüfungen vornehmen.

(6) Die Anerkennung wird erteilt, wenn

1. der Antragsteller, bei juristischen Personen die nach Gesetz oder Satzung zur Vertretung berufenen Personen, zuverlässig sind,

2. der Antragsteller, falls er die Prüfungen selbst vornimmt, nachweist, daß er über die erforderlichen Fachkräfte sowie über die notwendigen dem Stand der Technik entsprechenden Prüfgeräte und sonstigen Einrichtungen und Ausstattungen verfügt,

3. der Antragsteller, falls er die Prüfungen durch von ihm ermächtigte Werkstätten vornehmen läßt, nachweist, daß er durch entsprechende Überwachungs- und Weisungsbefugnisse sichergestellt hat, daß bei den Werkstätten die Voraussetzungen nach Numer 2 vorliegen und die Durchführung der Prüfungen ordnungsgemäß erfolgt.

(7) Wird die Anerkennung nach Absatz 5 Nr. 2 ausgesprochen, so hat der Fahrtschreiber- oder Kontrollgerätehersteller die von ihm ermächtigten Werkstätten der Anerkennungsbehörde mitzuteilen.

(8) Die Anerkennung kann mit Auflagen verbunden werden, die erforderlich sind, um sicherzustellen, daß die Prüfungen ordnungsgemäß durchgeführt werden; sie ist nicht übertragbar. Die Anerkennung ist zurückzunehmen, wenn bei ihrer Erteilung eine der Voraussetzungen nach Absatz 6 nicht vorgelegen hat; von der Rücknahme kann abgesehen werden, wenn der Mangel nicht mehr besteht. Die Anerkennung ist zu widerrufen, wenn nachträglich eine der Voraussetzungen nach Absatz 6 weggefallen oder wenn die Prüfung wiederholt nicht ordnungsgemäß durchgeführt oder wenn sonst gegen die Pflichten aus der Anerkennung oder gegen Auflagen gröblich verstoßen worden ist.

(9) Die oberste Landesbehörde oder die von ihr bestimmte Behörde übt die Aufsicht über die Inhaber der Anerkennung aus. Die Aufsichtsbehörde kann selbst prüfen lassen, ob insbesondere die Voraussetzungen für die Anerkennung noch gegeben sind, ob die Prüfungen ordnungsgemäß durchgeführt und ob die sich sonst aus der Anerkennung oder den Auflagen ergebenden Pflichten erfüllt werden.

(10) Die Deutsche Bundesbahn und die Deutsche Bundespost können die Prüfungen der Fahrtschreiber oder Kontrollgeräte an ihren Kraftfahrzeugen selbst durchführen. Bezüglich des Einbauschildes ist Absatz 1 Satz 2 entsprechend anzuwenden mit der Maßgabe, daß unter Nummer 1 Name und Anschrift der prüfenden Stelle anzugeben sind.

1 Die VO vom 15. 1. 1980, BGBl. I 37, fügte dem Abs. 1 die Nr. 5 an. Übergangsbestimmung: § 72 Abs. 2.

2 Bußgeldvorschrift: § 69 a Abs. 5 Nr. 6 b.

§ 60

Ausgestaltung und Anbringung der amtlichen Kennzeichen

(1) Unterscheidungszeichen und Erkennungsnummern (§ 23 Abs. 2) sind in schwarzer Schrift auf weißem Grund anzugeben. Bei Fahrzeugen, deren Halten von der Kraftfahrzeugsteuer befreit ist, ist die Beschriftung grün auf weißem Grund; dies gilt nicht für

1. Fahrzeuge von Behörden,

2. Fahrzeuge des Personals von diplomatischen und konsularischen Vertretungen,

3. Fahrzeuge des Leiters und der Mitglieder der Ständigen Vertretung der Deutschen Demokratischen Republik einschließlich der zum Haushalt gehörenden Familienmitglieder,

4. Kraftomnibusse und Personenkraftwagen mit 8 oder 9 Sitzplätzen einschließlich Führersitz sowie Kraftfahrzeuganhänger, die hinter diesen Fahrzeugen mitgeführt werden, wenn das Fahrzeug überwiegend im Linienverkehr verwendet wird,

5. Leichtkrafträder, Kleinkrafträder, Fahrräder mit Hilfsmotor,

6. Fahrzeuge von Behinderten im Sinne von § 3 Nr. 11 des Kraftfahrzeugsteuergesetzes.

Außerdem ist die Beschriftung grün auf weißem Grund bei Kennzeichen von Kraftfahrzeuganhängern, denen nach § 23 Abs. 1 a ein solches Kennzeichen zugeteilt worden ist. Kennzeichen können erhaben sein. Sie dürfen nicht spiegeln, und sie dürfen weder verdeckt noch verschmutzt sein. Form, Größe und Ausgestaltung von Kennzeichen müssen den Mustern und Angaben in Anlage V entsprechen; für Kennzeichen von Kleinkrafträdern mit einer durch die Bauart bestimmten Höchstgeschwindigkeit von nicht mehr als 40 km/h, von Fahrrädern mit Hilfsmotor und von maschinell angetriebenen Krankenfahrstühlen gilt Anlage VII.

(2) Das Kennzeichen ist an der Vorderseite und an der Rückseite des Kraftfahrzeugs fest anzubringen; bei einachsigen Zugmaschinen genügt die Anbringung an deren Vorderseite, bei Anhängern die Anbringung an deren Rückseite. An schrägen Außenwänden können an Stelle jedes vorderen und hinteren Kennzeichens je 2 Kennzeichen beiderseits an jedem Ende des Fahrzeugs angebracht sein. Bei Fahrzeugen, an denen nach § 49 a Abs. 9 Leuchtenträger zulässig sind, darf das hintere Kennzeichen – gegebenenfalls zusätzlich – auf dem Leuchtenträger angebracht sein. Das hintere Kennzeichen darf bis zu einem Vertikalwinkel von 30° in Fahrtrichtung geneigt sein. Bei allen Fahrzeugen mit Ausnahme

von Elektrokarren und ihren Anhängern darf der untere Rand des vorderen Kennzeichens nicht weniger als 200 mm, der des hinteren Kennzeichens nicht weniger als 300 mm – bei Kraftrollern nicht weniger als 200 mm – über der Fahrbahn liegen. Die Kennzeichen dürfen die sonst vorhandene Bodenfreiheit des Fahrzeugs nicht verringern. Der obere Rand des hinteren Kennzeichens darf nicht höher als 1200 mm über der Fahrbahn liegen. Läßt die Bauart des Fahrzeugs eine solche Anbringung nicht zu, so darf der Abstand größer sein. Kennzeichen müssen vor und hinter dem Fahrzeug in einem Winkelbereich von je 30° beiderseits der Fahrzeuglängsachse stets auf ausreichende Entfernung lesbar sein.

(3) Krafträder brauchen im innerdeutschen Verkehr ein vorderes Kennzeichen nicht zu führen. Wird ein solches Kennzeichen in der Fahrtrichtung angebracht, so kann es der Kotflügelrundung entsprechend gekrümmt sein. Seine Vorderecken sind abzurunden; seine vordere und seine obere Kante müssen wulstartig ausgestaltet sein.

(4) Hintere Kennzeichen müssen eine Beleuchtungseinrichtung haben, die das ganze Kennzeichen bei Fahrzeugen der Gattung a der Anlage V auf 20 m, bei Fahrzeugen der Gattung b, c und d dieser Anlage auf 25 m lesbar macht. Bei Kleinkrafträdern mit Hilfsmotor und maschinell angetriebenen Krankenfahrstühlen, die ein amtliches Kennzeichen führen, ist eine Einrichtung zur Beleuchtung des Kennzeichens zulässig, jedoch nicht erforderlich. Die Beleuchtungseinrichtung darf kein Licht unmittelbar nach hinten austreten lassen.

(5) Beim Mitführen von zulassungfreien Anhängern mit Ausnahme der in § 53 Abs. 7 bezeichneten Anhänger oder der Anhänger des Straßendienstes, die von den öffentlichen Verwaltungen oder in deren Auftrag verwendet werden, muß an der Rückseite des letzten Anhängers das gleiche Kennzeichen wie am Kraftfahrzeug angebracht werden; bei zulassungsfreien Anhängern in land- oder forstwirtschaftlichen Betrieben genügt ein Kennzeichen, das dem Halter des ziehenden Fahrzeugs für eines seiner Kraftfahrzeuge zugeteilt worden ist. Für die Anbringung und Beleuchtung des hinteren Kennzeichens gelten die Vorchriften der Absätze 2 und 4; auswechselbare Kennzeichentafeln sind zulässig.

(6) Außer dem amtlichen Kennzeichen darf das Nationalitätszeichen „D" nach den Vorschriften der Verordnung über internationalen Kraftfahrzeugverkehr vom 12. November 1934 (Reichsgesetzbl. I S. 1137) angebracht werden.

(7) Einrichtungen aller Art, die zur Verwechslungen mit amtlichen Kennzeichen Anlaß geben oder die Wirkung dieser Zeichen beeinträchtigen können, dürfen an Kraftfahrzeugen und ihren Anhängern nicht angebracht werden; über Ausnahmen, insbesondere für die Zeichen „CD" (Fahrzeuge von Angehörigen anerkannter diplomatischer Vertretungen) und „CC" (Fahrzeuge von Angehörigen zugelassener konsularischer Vertretungen), entscheidet der Bundesminister für Verkehr nach § 70. Als amtliche Kennzeichen im Sinne dieser Vorschrift gelten auch die nach der Verordnung über internationalen Kraftfahrzeugverkehr angeordneten oder zugelassenen Kennzeichen und Nationalitätszeichen.

Die Fassung des Abs. 1 (Sätze 2 und 3) beruhte auf der VO vom 3. 7. 1979, BGBl. I 901 **1**
(im Kommentar bereits berücksichtigt). In Kraft ab 1. 6. 1979 (Kap. 4 der VO). Die Änderung erfolgte in Anpassung an das Kraftfahrzeugsteuergesetz. Amtl. Begr. VkBl. 79, 443.

Die VO vom 6. 11. 1979, BGBl. I 1794, fügte in Abs. 1 Satz 2 Nr. 5 den neu geschaffenen **2**
Begriff der Leichtkrafträder ein. In Kraft ab 1. 4. 1980.

3 Die VO vom 15. 1. 1980, BGBl. I 37, ersetzte in Abs. 2 den Satz 7 durch die Sätze 7 und 8. Übergangsvorschrift für Satz 7: § 72 Abs. 2. In Satz 9 wurde „45°“ durch „30°“ ersetzt. Sätze 8 und 9 der Neufassung sind in Kraft ab 1. 2. 1980.

4 Bußgeldvorschrift: § 69 a Abs. 2 Nr. 4.

§ 66a

Lichttechnische Einrichtungen

(1) Während der Dämmerung, bei Dunkelheit oder wenn die Sichtverhältnisse es sonst erfordern, müssen die Fahrzeuge

1. nach vorn mindestens eine Leuchte mit weißem Licht,

2. nach hinten mindestens eine Leuchte mit rotem Licht in nicht mehr als 1500 mm Höhe über der Fahrbahn führen; an Krankenfahrstühlen müssen diese Leuchten zu jeder Zeit fest angebracht sein. Beim Mitführen von Anhängern genügt es, wenn der Zug wie ein Fahrzeug beleuchtet wird; jedoch muß die seitliche Begrenzung von Anhängern, die mehr als 400 mm über die Leuchten des vorderen Fahrzeugs hinausragen, durch mindestens eine Leuchte mit weißem Licht kenntlich gemacht werden. Für Handfahrzeuge gilt § 17 Abs. 5 der Straßenverkehrs-Ordnung.

(2) Die Leuchten müssen möglichst weit links und dürfen nicht mehr als 400 mm von der breitesten Stelle des Fahrzeugumrisses entfernt angebracht sein. Paarweise verwendete Leuchten müssen gleich stark leuchten, nicht mehr als 400 mm von der breitesten Stelle des Fahrzeugumrisses entfernt und in gleicher Höhe angebracht sein.

(3) Bei bespannten land- oder forstwirtschaftlichen Fahrzeugen, die mit Heu, Stroh oder anderen leicht brennbaren Gütern beladen sind, genügt eine nach vorn und hinten gut sichtbare Leuchte mit weißem Licht, die auf der linken Seite anzubringen oder von Hand mitzuführen ist.

(4) Alle Fahrzeuge müssen an der Rückseite mit zwei roten Rückstrahlern ausgerüstet sein. Diese dürfen nicht mehr als 400 mm (äußerster Punkt der leuchtenden Fläche) von der breitesten Stelle des Fahrzeugumrisses entfernt sowie höchstens 900 mm (höchster Punkt der leuchtenden Fläche) über der Fahrbahn in gleicher Höhe angebracht sein. Die Längsseiten der Fahrzeuge müssen mit mindestens je einem gelben Rückstrahler ausgerüstet sein, die nicht höher als 600 mm, jedoch so tief wie möglich angebracht sein müssen.

(5) Zusätzliche nach der Seite wirkende gelbe rückstrahlende Mittel sind zulässig.

(6) Leuchten und Rückstrahler dürfen nicht verdeckt oder verschmutzt sein; die Leuchten dürfen nicht blenden.

1 Die VO vom 15. 1. 1980, BGBl. I 37 fügte dem Abs. 1 Satz 1 den letzten Halbsatz an, faßte Abs. 4 neu und fügte Abs. 5 ein. Übergangsbestimmung: § 72 Abs. 2 betr. Inkrafttreten.

2 Bußgeldvorschrift: § 69 a Abs. 4 Nr. 7 a, Abs. 5 Nr. 3.

§ 67

Lichttechnische Einrichtungen an Fahrrädern

(1) Fahrräder müssen für den Betrieb des Scheinwerfers und der Schlußleuchte mit einer Lichtmaschine ausgerüstet sein, deren Nennleistung 3 W beträgt.

(2) An Fahrrädern dürfen nur die vorgeschriebenen und die für zulässig erklärten lichttechnischen Einrichtungen angebracht sein. Als lichttechnische Einrichtungen gelten auch Leuchtstoffe und rückstrahlende Mittel. Die lichttechnischen Einrichtungen müssen vorschriftsmäßig und fest angebracht sowie ständig betriebsfertig sein. Lichttechnische Einrichtungen dürfen nicht verdeckt sein.

(3) Fahrräder müssen mit einem nach vorn wirkenden Scheinwerfer für weißes Licht ausgerüstet sein. Der Lichtkegel muß mindestens so geneigt sein, daß seine Mitte in 5 m Entfernung vor dem Scheinwerfer nur halb so hoch liegt wie bei seinem Austritt aus dem Scheinwerfer. Der Scheinwerfer muß am Fahrrad so angebracht sein, daß er sich nicht unbeabsichtigt verstellen kann. Die Anbringung eines nach vorn wirkenden weißen Rückstrahlers ist zulässig.

(4) Fahrräder müssen an der Rückseite mit einer Schlußleuchte für rotes Licht und mit einem roten Rückstrahler ausgerüstet sein. Der niedrigste Punkt der leuchtenden Fläche der Schlußleuchte darf nicht weniger als 250 mm, der höchste Punkt der leuchtenden Fläche dieses Rückstrahlers darf nicht höher als 600 mm über der Fahrbahn liegen. Schlußleuchten und Rückstrahler dürfen zu einem Gerät vereinigt sein. Die Anbringung zusätzlicher roter Rückstrahler ist zulässig. Beiwagen von Fahrrädern müssen mit einem roten Rückstrahler ausgerüstet sein; Satz 2 gilt entsprechend.

(5) Fahrräder dürfen an der Rückseite mit einer zusätzlichen, auch im Stand wirkenden Schlußleuchte für rotes Licht ausgerüstet sein. Diese Schlußleuchte muß unabhängig von den übrigen Beleuchtungseinrichtungen einschaltbar sein.

(6) Fahrradpedale müssen mit nach vorn und nach hinten wirkenden gelben Rückstrahlern ausgerüstet sein; nach der Seite wirkende gelbe Rückstrahler an den Pedalen sind zulässig.

(7) Die Längsseiten müssen nach jeder Seite mit

1. mindestens zwei um 180° versetzt angebrachten, nach der Seite wirkenden gelben Speichenrückstrahlern an den Speichen des Vorderrades und des Hinterrades oder
2. ringförmig zusammenhängenden retroreflektierenden weißen Streifen an den Reifen des Vorderrades und des Hinterrades

kenntlich gemacht sein. Zusätzlich zu der Mindestausrüstung mit einer der Absicherungsarten dürfen Sicherungsmittel aus der anderen Absicherungsart angebracht sein. Werden mehr als zwei Speichenrückstrahler an einem Rad angebracht, so sind sie am Radumfang gleichmäßig zu verteilen.

(8) Zusätzliche nach der Seite wirkende gelbe rückstrahlende Mittel sind zulässig.

(9) Der Scheinwerfer darf nur zusammen mit der Schlußleuchte nach Absatz 4 einschaltbar sein.

(10) In den Scheinwerfern und Leuchten dürfen nur die nach ihrer Bauart dafür bestimmten Glühlampen verwendet werden.

(11) Rennräder sind für die Dauer der Teilnahme an Rennen von den Vorschriften der Absätze 1 bis 10 befreit.

1 Fassung beruht auf der VO vom 15. 1. 1980, BGBl. I 37. Übergangsbestimmung: § 72 Abs. 2; im übrigen in Kraft seit 1. 2. 1980.

2 Bußgeldvorschrift: § 69 a Abs. 4 Nr. 8.

§ 68

Zuständigkeiten

(1) Diese Verordnung wird, soweit nicht die höheren Verwaltungsbehörden zuständig sind, von den nach Landesrecht zuständigen unteren Verwaltungsbehörden oder den Behörden, denen durch Landesrecht die Aufgaben der unteren Verwaltungsbehörde zugewiesen werden, ausgeführt. Die höheren Verwaltungsbehörden werden von den zuständigen obersten Landesbehörden bestimmt.

(2) Örtlich zuständig ist, soweit nichts anderes vorgeschrieben ist, die Behörde des Wohnorts, mangels eines solchen des Aufenthaltsorts des Antragstellers oder Betroffenen, bei juristischen Personen, Handelsunternehmen oder Behörden die Behörde des Sitzes oder des Orts der beteiligten Niederlassung oder Dienststelle. Anträge können mit Zustimmung der örtlich zuständigen Behörde von einer gleichgeordneten auswärtigen Behörde behandelt und erledigt werden. Die Verfügung der Behörde (Satz 1 und 2) sind im Inland wirksam. Verlangt die Verkehrssicherheit ein sofortiges Eingreifen, so kann an Stelle der örtlich zuständigen Behörde jede ihr gleichgeordnete Behörde mit derselben Wirkung Maßnahmen auf Grund dieser Verordnung vorläufig treffen.

(3) Die Zuständigkeiten der Verwaltungsbehörden und höheren Verwaltungsbehörden auf Grund dieser Verordnung, im Falle des § 4 a Abs. 1 auch die Zuständigkeit der obersten Landesbehörde, werden für die Dienstbereiche der Bundeswehr, der Deutschen Bundesbahn, der Deutschen Bundespost, des Bundesgrenzschutzes und der Polizei durch deren Dienststellen nach Bestimmungen der Fachminister wahrgenommen.

1 Die VO vom 6. 11. 1979, BGBl. I 1794, hat auch die Entscheidungen im Falle des § 4 a Abs. 1 den in Abs. 3 genannten Behörden übertragen. In Kraft seit 1. 4. 1980.

69 a

Ordnungswidrigkeiten

(1) Ordnungswidrig im Sinne des § 24 des Straßenverkehrsgesetzes handelt, wer vorsätzlich oder fahrlässig

1. **entgegen § 2 Abs. 1 Satz 1 am Verkehr teilnimmt, ohne in geeigneter Weise Vorsorge getroffen zu haben, daß er andere nicht gefährdet,**
2. **entgegen § 2 Abs. 1 Satz 2 jemanden am Verkehr teilnehmen läßt, ohne als für ihn Verantwortlichen in geeigneter Weise Vorsorge getroffen zu haben, daß andere nicht gefährdet werden,**
3. **entgegen § 2 Abs. 4 Kennzeichen der in § 2 Abs. 2 und 3 genannten Art verwendet,**
4. **entgegen § 3 Abs. 1 Satz 1 ein Verbot, Fahrzeuge oder Tiere zu führen, nicht beachtet oder vollziehbaren Auflagen nicht nachkommt,**

4a) **entgegen § 4a Abs. 2 die Prüfbescheinigung nicht mitführt oder zuständigen Personen nicht zur Prüfung aushändigt;**

4b) **entgegen § 7 Abs. 1 Nr. 5 ein Kraftfahrzeug, für dessen Führung eine Fahrerlaubnis nicht erforderlich ist, vor Vollendung des 15. Lebensjahres führt,**

4c) **entgegen § 7 Abs. 1a ein Kind unter 7 Jahren auf einem Fahrrad mit Hilfsmotor im Sinne des § 4 Abs. 1 Nr. 1 mitnimmt, obwohl er noch nicht 16 Jahre alt ist,**

5. **gegen eine Vorschrift über Mitführung und Aushändigung**

   a) **des Führerscheins nach § 4 Abs. 2 Satz 2,**

   b) **des mit deutscher Übersetzung versehenen Ausbildungsscheins nach § 6 Abs. 2 Satz 3 oder**

   c) **des Führerscheins zur Fahrgastbeförderung nach § 15d Abs. 2 Satz 2**

   verstößt,
6. **entgegen § 12 Abs. 2 Satz 1 vollziehbaren Auflagen nicht nachkommt, unter denen die Verwaltungsbehörde die Fahrerlaubnis erteilt hat,**
7. **als Kraftfahrzeugführer gegen eine Vorschrift des § 15a Abs. 1 über die Tageslenkzeit oder die Wochenlenkzeit, des § 15a Abs. 3 über die Lenkzeitunterbrechungen oder des § 15a Abs. 7 oder 8 über die Arbeitszeitnachweise verstößt,**
8. **als Halter eines Kraftfahrzeugs entgegen § 15a Abs. 6 eine Überschreitung der Tageslenkzeit oder der Wochenlenkzeit, einen Verstoß gegen die Lenkzeitunterbrechungen oder Mindestruhezeiten anordnet oder zuläßt oder als Arbeitgeber entgegen § 15a Abs. 7 in Verbindung mit Artikel 14 der Verordnung (EWG) Nr. 543/69 und den §§ 1 bis 3 und 6 der Verordnung zur Durchführung der Verordnung (EWG) Nr. 543/69 an Kraftfahrzeugführer ein persönliches Kontrollbuch oder eine ausreichende Anzahl Schaublätter nicht aushändigt oder das ausgehändigte Kontrollbuch nicht registriert oder entgegen § 15a Abs. 7 oder 8 einen Arbeitszeitnachweis eines Kraftfahrzeugführers nicht aufbewahrt oder nicht vorlegt,**
9. **gegen eine Vorschrift des § 12a Abs. 1 Satz 3, des § 15b Abs. 3 oder des § 15k Abs. 2 über die Ablieferung oder die Vorlage von deutschen Führerscheinen oder die Vorlage von ausländischen Fahrausweisen verstößt,**

9a) **entgegen § 15b Abs. 1a vollziehbaren Auflagen nicht nachkommt, die die Verwaltungsbehörde wegen bedingter Eignung zum Führen von Kraftfahrzeugen angeordnet hat,**

10. entgegen § 15d Abs. 1 einen Kraftomnibus, eine Kraftdroschke, einen Mietwagen oder einen Krankenkraftwagen führt oder hinter einem Kraftfahrzeug einen Omnibusanhänger mitführt, obwohl er die dazu erforderliche Fahrerlaubnis zur Fahrgastbeförderung nicht besitzt,
11. entgegen § 15d Abs. 3 als Halter eines Fahrzeugs die Fahrgastbeförderung anordnet oder zuläßt, obwohl der Führer des Fahrzeugs oder Zuges die erforderliche Fahrerlaubnis zur Fahrgastbeförderung nicht besitzt oder
12. entgegen § 15g die Meldung über die Einstellung eines Kraftdroschken-, Mietwagen- oder Krankenkraftwagenführers unterläßt oder unvollständig abgibt.

(2) Ordnungswidrig im Sinne des § 24 des Straßenverkehrsgesetzes handelt auch, wer vorsätzlich oder fahrlässig

1. entgegen § 17 Abs. 1 einem Verbot, ein Fahrzeug in Betrieb zu setzen, zuwiderhandelt oder Beschränkungen nicht beachtet,
2. gegen eine Vorschrift des § 17 Abs. 2, des § 27 Abs. 3 Satz 4 Halbsatz 2, des § 29 Abs. 5 Satz 3 Halbsatz 2 oder des § 29d Abs. 1 über die Entstempelung des amtlichen Kennzeichens, über die Ablieferung des Fahrzeugscheins oder des Betriebserlaubnisnachweises oder über die Vorlage des Anhängerverzeichnisses verstößt,
3. ein Kraftfahrzeug oder einen Kraftfahrzeuganhänger entgegen § 18 Abs. 1 ohne die erforderliche Zulassung oder entgegen § 18 Abs. 3 ohne die erforderliche Betriebserlaubnis auf öffentlichen Straßen in Betrieb setzt,
4. einer Vorschrift des § 18 Abs. 4 Satz 1 oder 2, des § 23 Abs. 4 Satz 1, des § 28 Abs. 1 Satz 2 oder Abs. 2 Satz 1 oder des § 60 Abs. 1 bis 5 oder Abs. 7 Satz 1 über amtliche Kennzeichen an Fahrzeugen zuwiderhandelt, sofern nicht schon eine strafbare Handlung nach § 22 des Straßenverkehrsgesetzes vorliegt,
5. einer Vorschrift des § 29e Abs. 1, des § 29g Satz 1 oder des § 60a Abs. 1 bis 3 oder Abs. 5 über Versicherungskennzeichen an Fahrzeugen zuwiderhandelt,
6. gegen die Vorschrift des § 18 Abs. 4 Satz 3 über die Kennzeichnung bestimmter Fahrzeuge verstößt,
7. entgegen § 22a Abs. 2 Satz 1 oder Abs. 6 ein Fahrzeugteil ohne amtlich vorgeschriebenes und zugeteiltes Prüfzeichen zur Verwendung feilbietet, veräußert, erwirbt oder verwendet, sofern nicht schon eine Ordnungswidrigkeit nach § 23 des Straßenverkehrsgesetzes vorliegt,
8. gegen eine Vorschrift des § 21a Abs. 3 Satz 1 oder § 22a Abs. 5 Satz 1 oder Abs. 6 über die Kennzeichnung von Ausrüstungsgegenständen oder Fahrzeugteilen mit Prüfzeichen oder gegen ein Verbot nach § 21a Abs. 3 Satz 2 oder § 22a Abs. 5 Satz 2 oder Abs. 6 über die Anbringung von verwechslungsfähigen Zeichen verstößt,
9. gegen eine Vorschrift über Mitführung und Aushändigung
   a) des Fahrzeugscheins nach § 24 Satz 2 oder nach § 28 Abs. 1 Satz 3,
   b) des Anhängerverzeichnisses nach § 24 Satz 3,
   c) der Ablichtung oder des Abdrucks einer Allgemeinen Betriebserlaubnis nach § 18 Abs. 5,
   d) der Betriebserlaubnis für den Einzelfall nach § 18 Abs. 5,

e) der Ablichtung oder des Abdrucks einer Allgemeinen Betriebserlaubnis für den Motor nach § 18 Abs. 6,

f) der Sachverständigen-Bescheinigung über den Motor nach § 18 Abs. 6,

g) der Bescheinigung über das Versicherungskennzeichen nach § 29e Abs. 2 Satz 3 oder

h) der Urkunde über die Einzelgenehmigung nach § 22a Abs. 4 Satz 2

verstößt,

10. gegen die Vorschrift des § 18 Abs. 5 über Aufbewahrung und Aushändigung von Nachweisen über die Betriebserlaubnis verstößt,

11. gegen eine Vorschrift des § 25 Abs. 2 Satz 1 über die Meldung von verlustig gegangenen Fahrzeugbriefen oder deren Vordrucken oder des § 25 Abs. 4 Satz 2 und 3 über die Vorlage von Briefen verstößt,

12. einer Vorschrift des § 27 Abs. 1 über die Meldepflichten bei Änderung der tatsächlichen Verhältnisse, des § 27 Abs. 2 über die Antrags- oder Anzeigepflicht bei Standortänderung des Fahrzeugs, des § 27 Abs. 3 Satz 1 oder 2 über die Anzeige- und Antragspflichten bei Veräußerung des Fahrzeugs, des § 27 Abs. 3 Satz 4 Halbsatz 1 über die Beachtung des Betriebsverbots, des § 27 Abs. 4 Satz 3 oder Abs. 5 Satz 1 über die Vorlage- und Anzeigepflichten sowie die Pflichten zur Veranlassung der Entstempelung von Kennzeichen zuwiderhandelt,

13. einer Vorschrift des § 28 Abs. 3 Satz 1 oder 6 über die Ablieferung von roten Kennzeichen oder von Fahrzeugscheinen, des § 28 Abs. 3 Satz 3 über die Verwendung von Fahrzeugscheinen sowie über die Vornahme von Eintragungen in diese Scheine oder des § 28 Abs. 3 Satz 4 oder 5 über die Führung, Aufbewahrung und Aushändigung von Verwendungsverzeichnissen zuwiderhandelt,

14. einer Vorschrift des § 29 Abs. 1 in Verbindung mit den Nummern 2.1, 2.2, 2.8 Satz 2 oder 3.1 Satz 1, 2 oder 5 der Anlage VIII über Haupt-, Zwischen- oder Bremsensonderuntersuchungen zuwiderhandelt,

15. einer Vorschrift des § 29 Abs. 2 Satz 1 oder Abs. 3 über Prüfplaketten an Fahrzeugen, dem Betriebsverbot oder der Betriebsbeschränkung nach § 29 Abs. 5 Satz 3 Halbsatz 1 oder dem Verbot nach § 29 Abs. 6 über das Anbringen von verwechslungsfähigen Zeichen zuwiderhandelt,

16. einer Vorschrift der Nummer 3.3 Satz 1 oder 4.2.3 Satz 1 der Anlage VIII über die Wiedervorführung zur Nachprüfung der Mängelbeseitigung zuwiderhandelt,

17. gegen eine Vorschrift der Nummer 5.1 oder 5.3 Satz 1 oder 3 der Anlage VIII über das Führen, Vorlegen oder Aufbewahren von Prüfbüchern verstößt,

18. entgegen der Vorschrift in der Nummer 6.7 oder 7 der Anlage VIII das Betreten der Grundstücke oder Geschäftsräume, die Vornahme von Prüfungen oder Besichtigungen oder die Einsicht in Aufzeichnungen nicht ermöglicht.

(3) Ordnungswidrig im Sinne des § 24 des Straßenverkehrsgesetzes handelt ferner, wer vorsätzlich oder fahrlässig ein Kraftfahrzeug oder ein Kraftfahrzeug mit Anhänger (Zug) unter Verstoß gegen eine der folgenden Vorschriften in Betrieb nimmt:

1. des § 30 über allgemeine Beschaffenheit von Fahrzeugen;

2. des § 32 über Abmessungen von Kraftfahrzeugen, Anhängern und Zügen;

3. der §§ 32a, 42 Abs. 2 Satz 1 über das Mitführen von Anhängern, des § 33 Abs. 1 Satz 1 oder Abs. 2 Nr. 1 oder 6 über das Schleppen von Fahrzeugen, des § 43 über Einrichtungen zur Verbindung von Fahrzeugen oder des § 44 über Stützeinrichtungen und Stützlast von Fahrzeugen;

3a) des § 32b Abs. 1 oder 2 über Unterfahrschutz;

4. des § 34 Abs. 2, 3 über die zulässigen Achslasten und Gesamtgewichte, des § 34 Abs. 4 über die Beschriftung, des § 34 Abs. 6 oder 7 über Gleiskettenfahrzeuge oder des § 42 Abs. 1 oder Abs. 2 Satz 2 über die zulässige Anhängelast;

5. des § 34a über die Besetzung von Kraftomnibussen;

6. des § 35 über die Motorleistung;

7. des § 35a Abs. 1 bis 3 oder 5 über Anordnung und Beschaffenheit der Sitze im Fahrzeug, des Betätigungsraums für den Fahrzeugführer oder der Einrichtungen zum Führen des Fahrzeugs, des § 35a Abs. 4 über Sitz, Handgriff und Fußstützen für Beifahrer auf Krafträdern, des § 35a Abs. 6 über Verankerungen zum Anbringen von Sicherheitsgurten oder des § 35a Abs. 7 über Sicherheitsgurte oder Rückhaltesysteme;

7a) des § 35b Abs. 1 über die Beschaffenheit der Einrichtungen zum Führen von Fahrzeugen oder des § 35b Abs. 2 über das Sichtfeld des Fahrzeugführers;

7b) des § 35c über Heizung und Belüftung, des § 35d über Einrichtungen zum Auf- und Absteigen, über die Beschaffenheit der Fußböden sowie über die Beschaffenheit der Übergänge in Gelenkfahrzeugen, des § 35e über Türen und Türeinrichtungen oder des § 35f über Notausstiege in Kraftomnibussen;

7c) des § 35g Abs. 1 oder 2 über Feuerlöscher in Kraftomnibussen oder des § 35h über Erste-Hilfe-Material in Kraftfahrzeugen;

8. des § 36 Abs. 1 bis 4 oder Abs. 5 Satz 1 bis 5 über Bereifung und Beschaffenheit von Laufflächen oder des § 36 Abs. 5 Satz 6 über die zulässige Höchstgeschwindigkeit von Gleiskettenfahrzeugen, des § 36a Abs. 1 über Radabdeckungen, des § 36a Abs. 3 über die Sicherung außen am Fahrzeug mitgeführter Ersatzräder, des § 37 Abs. 1 über Gleitschutzeinrichtungen oder des § 37 Abs. 2 über Schneeketten;

9. des § 38 über Lenkeinrichtungen;

10. des § 38a über die Sicherung von Kraftfahrzeugen gegen unbefugte Benutzung;

11. des § 39 über Einrichtungen zum Rückwärtsfahren;

12. des § 40 Abs. 1 über die Beschaffenheit von Scheiben oder des § 40 Abs. 2 über Anordnung und Beschaffenheit von Scheibenwischern;

13. des § 41 Abs. 1 bis 13, 15, 16 und 17 über Bremsen oder des § 41 Abs. 14 über Ausrüstung mit Unterlegkeilen, ihre Beschaffenheit und Anbringung;

14. des § 45 über Kraftstoffbehälter oder des § 46 über Kraftstoffleitungen;

15. des § 47 über Abgase und ihre Ableitung;

16. des § 48 Abs. 2 über die Verhütung von Bränden beim Betrieb von Dampfkesseln oder Gaserzeugeranlagen;

17. des § 49 Abs. 1 über die zulässige Geräuschentwicklung;

18. des § 49a Abs. 1 bis 6, 9 oder 10, des § 50 Abs. 1 bis 3, 5 bis 6a oder 8, der §§ 51 oder 51a, des § 52 Abs. 1, 2 oder 7 Satz 2 oder 3 oder des § 53 über lichttechnische Einrichtungen;

19. des § 53a Abs. 1, 2, 4 oder 5 über Warndreiecke, Warnleuchten und Warnblinkanlagen oder des § 54b über die zusätzliche Mitführung einer Handlampe in Kraftomnibussen;

19a) des § 53b über die Kenntlichmachung von Anbaugeräten;

19b) des § 53c Abs. 2 über Tarnleuchten;

19c) des § 53d über Nebelschlußleuchten;

20. des § 54 Abs. 1 bis 4 oder 6 über Fahrtrichtungsanzeiger;

21. des § 54a über die Innenbeleuchtung in Kraftomnibussen;

22. des § 55 Abs. 1 bis 4 oder 6 über Einrichtungen für Schallzeichen;

23. des § 55a über Funkentstörung;

24. des § 56 Abs. 1 über Rückspiegel;

25. des § 57 Abs. 1 oder 2 über Geschwindigkeitsmesser, des § 57a Abs. 1 Satz 1, Abs. 1a oder 2 Satz 1 über Fahrtschreiber;

25a) des § 57a Abs. 3 Satz 2 über das Kontrollgerät nach der Verordnung (EWG) Nr. 1463/70 vom 20. Juli 1970;

26. des § 58 Abs. 1 über Geschwindigkeitsschilder an Kraftfahrzeugen oder Anhängern oder des § 59 Abs. 1 Satz 1 oder Abs. 2 oder Abs. 3 Satz 2 über Fabrikschilder und Fahrgestellnummern;

27. des § 61 über besondere Anforderungen bei Omnibusanhängern;

27a) des § 61a über Anhänger hinter Fahrrädern mit Hilfsmotor oder

28. des § 62 über die Beschaffenheit von elektrischen Einrichtungen der elektrisch angetriebenen Kraftfahrzeuge.

(4) Ordnungswidrig im Sinne des § 24 des Straßenverkehrsgesetzes handelt ferner, wer vorsätzlich oder fahrlässig ein anderes Straßenfahrzeug als ein Kraftfahrzeug oder einen Kraftfahrzeuganhänger oder wer vorsätzlich oder fahrlässig einen Zug solcher Fahrzeuge unter Verstoß gegen eine der folgenden Vorschriften in Betrieb nimmt:

1. des § 30 über allgemeine Beschaffenheit von Fahrzeugen;
2. des § 63 über Abmessungen, Achslast, Gesamtgewicht und Bereifung sowie die Wiegepflicht;
3. des § 64 Abs. 1 über Lenkeinrichtungen, Anordnung und Beschaffenheit der Sitze, Einrichtungen zum Auf- und Absteigen oder des § 64 Abs. 2 über die Bespannung von Fuhrwerken;
4. des § 64a über Schallzeichen an Fahrrädern oder Schlitten;
5. des § 64b über die Kennzeichnung von Gespannfahrzeugen;
6. des § 65 Abs. 1 über Bremsen oder des § 65 Abs. 3 über Bremshilfsmittel;
7. des § 66 über Rückspiegel;

7a) des § 66a über lichttechnische Einrichtungen oder

8. des § 67 Abs. 1 bis 7 über lichttechnische Einrichtungen an Fahrrädern, ihren Beiwagen oder ihren Anhängern.

(5) Ordnungswidrig im Sinne des § 24 des Straßenverkehrsgesetzes handelt schließlich, wer vorsätzlich oder fahrlässig

1. als Inhaber einer Allgemeinen Betriebserlaubnis für Fahrzeuge gegen eine Vorschrift des § 20 Abs. 3 Satz 3 über die Ausfüllung von Fahrzeugbriefen verstößt,

2. entgegen § 31 Abs. 1 ein Fahrzeug oder einen Zug miteinander verbundener Fahrzeuge führt, ohne zur selbständigen Leitung geeignet zu sein,

3. entgegen § 31 Abs. 2 als Halter eines Fahrzeugs die Inbetriebnahme anordnet oder zuläßt, obwohl ihm bekannt ist oder bekannt sein muß, daß der Führer nicht zur selbständigen Leitung geeignet oder das Fahrzeug, der Zug, das Gespann, die Ladung oder die Besetzung nicht vorschriftsmäßig ist oder daß die Verkehrssicherheit des Fahrzeugs durch die Ladung oder die Besetzung leidet,

4. entgegen § 31a Satz 2 als Halter oder dessen Beauftragter im Fahrtenbuch nicht unverzüglich nach Beendigung jeder einzelnen Fahrt einträgt, wer das Fahrzeug geführt hat,

4a) gegen eine Vorschrift des § 31a Satz 3 über die Aufbewahrung oder die Aushändigung des Fahrtenbuchs verstößt,

4b) entgegen § 31b mitzuführende Gegenstände nicht vorzeigt oder zur Prüfung nicht aushändigt,

4c) gegen eine Vorschrift des § 34 Abs. 5 über Pflichten zur Feststellung der zugelassenen Achslasten oder über das Um- oder Entladen bei Überlastung verstößt,

5. als Fahrpersonal oder Halter gegen eine Vorschrift des § 35g Abs. 3 über Ausbildung in der Handhabung von Feuerlöschern oder als Halter gegen eine Vorschrift des § 35g Abs. 4 über die Prüfung von Feuerlöschern verstößt,

5a) entgegen § 49 Abs. 2 Satz 1 die Geräuschentwicklung nicht feststellen läßt,

5b) entgegen § 52 Abs. 6 Satz 3 die Bescheinigung nicht mitführt oder zur Prüfung nicht aushändigt,

6. als Halter oder dessen Beauftragter gegen eine Vorschrift des § 57a Abs. 2 Satz 2 Halbsatz 2 oder 3 oder Satz 3 über die Ausfüllung und Verwendung von Schaublättern oder als Halter gegen eine Vorschrift des § 57a Abs. 2 Satz 4 über die Vorlage und Aufbewahrung von Schaublättern verstößt,

6a) als Halter gegen eine Vorschrift des § 57a Abs. 3 Satz 2 in Verbindung mit Artikel 16 der Verordnung (EWG) Nr. 1463/70 vom 20. Juli 1970 über die Aushändigung, Aufbewahrung oder Vorlage von Schaublättern verstößt,

6b) als Halter gegen eine Vorschrift des § 57b Abs. 1 Satz 1 über die Pflicht, Fahrtschreiber oder Kontrollgeräte prüfen zu lassen, oder des § 57b Abs. 3 über die Pflichten bezüglich des Einbauschildes verstößt,

6c) als Kraftfahrzeugführer entgegen § 57a Abs. 2 Satz 2 Halbsatz 1 Schaublätter vor Antritt der Fahrt nicht bezeichnet oder entgegen Halbsatz 3 mit Vermerken ver-

sieht, entgegen Satz 3 andere Schaublätter verwendet, entgegen Satz 4 Halbsatz 1 Schaublätter nicht vorlegt oder entgegen Satz 5 ein Ersatzschaublatt nicht mitführt,

7. gegen die Vorschrift des § 70 Abs. 3a über die Mitführung oder Aufbewahrung sowie die Aushändigung von Urkunden über Ausnahmegenehmigungen verstößt,

8. entgegen § 71 vollziehbaren Auflagen nicht nachkommt, unter denen eine Ausnahmegenehmigung erteilt worden ist,

9. (aufgehoben)

10. gegen eine Vorschrift des § 72 Abs. 2

a) (zu § 35f Abs. 1 und 2) über Notausstiege in Kraftomnibussen,

b) (zu § 41) über Bremsen oder (zu § 41 Abs. 9) über Bremsen an Anhängern oder

c) (zu § 42 Abs. 2) über Anhängelast bei Anhängern ohne ausreichende eigene Bremse

verstößt.

§ 72*)

Inkrafttreten und Übergangsbestimmungen

(1) Diese Verordnung tritt am 1. Januar 1938 in Kraft.

(2) Zu den nachstehend bezeichneten Vorschriften gelten folgende Bestimmungen:

§ 4a (Sonderbestimmung für Fahrräder mit Hilfsmotor bis 25 km/h)
gilt nicht für Führer der in § 4 Abs. 1 Satz 2 Nr. 1 bezeichneten Fahrzeuge, die vor dem 1. April 1980 das 15. Lebensjahr vollendet haben.

§ 7 Abs. 1 Satz 2 (Mindestalter für Führer von Leichtkrafträdern)
tritt für Führer von Leichtkrafträdern nach § 18 Abs. 2 Nr. 4a Buchstabe a am 1. Januar 1981 in Kraft und für Führer von Leichtkrafträdern nach § 18 Abs. 2 Nr. 4a Buchstabe b (Kleinkrafträder bisherigen Rechts) am 31. Dezember 1983 außer Kraft, jedoch mit Ausnahme der Fahrzeuge, die bis zu diesem Zeitpunkt erstmals in den Verkehr gekommen sind.

§ 11 Abs. 1 Satz 4 (Prüfungsfahrzeug für Klasse 1)
tritt in Kraft am 1. Januar 1981. Zur Ausbildung bestimmte Krafträder, die § 5 Abs. 1 Nr. 3 der Durchführungsverordnung zum Fahrlehrergesetz in der Fassung der Verordnung vom 13. Mai 1977 (BGBl. I S. 731) entsprechen, dürfen als Prüfungsfahrzeug noch bis zum 31. Dezember 1981 verwendet werden.

§ 11 Abs. 1 Satz 5 (Prüfungsfahrzeug für Klasse 1 mit Beschränkungsvermerk)
Leichtkrafträder nach § 18 Abs. 2 Nr. 4a Buchstabe b (Kleinkrafträder bisherigen Rechts) dürfen als Prüfungsfahrzeug noch bis zum 31. Dezember 1983 verwendet werden.

§ 11 Abs. 2 Satz 1 Nr. 3 (Praktische Prüfung)
tritt hinsichtlich der Prüfungsfahrt für Klasse 4 am 1. Januar 1981 in Kraft.

§ 11 Abs. 2 Satz 2 (Mindestdauer der Prüfungsfahrt)

Die zuständige oberste Landesbehörde kann längstens bis zum 30. Juni 1981 zulassen, daß die Dauer der reinen Fahrzeit bei der Prüfungsfahrt 30 Minuten unterschreitet, wenn nicht genügend amtlich anerkannte Sachverständige oder Prüfer für den Kraftfahrzeugverkehr zur Verfügung stehen.

§ 14 Abs. 3 Satz 2 (Geltungsdauer der Bescheinigung über Sonderführerscheine)

Abweichend von § 14 Abs. 3 Satz 2 gilt eine Frist von 5 Jahren nach dem Ausscheiden aus dem Kraftfahrdienst, wenn die Bescheinigung nach § 14 Abs. 2 Satz 2 vor dem 1. Mai 1975 ausgestellt worden ist.

§ 14a (DDR-Fahrerlaubnis)

Die in § 14a Abs. 2 genannte Frist beginnt für Inhaber einer nach den Rechtsvorschriften der Deutschen Demokratischen Republik erteilten Fahrerlaubnis, die vor dem 4. August 1974 ihren Wohnsitz im Geltungsbereich dieser Verordnung begründet haben, vom 4. August 1974 an.

§ 15d (Erlaubnispflicht und Ausweispflicht)

gilt für Krankenkraftwagenführer, soweit sie vor dem 20. Juli 1972 einer Fahrerlaubnis zur Fahrgastbeförderung nicht bedurften, erst vom 1. November 1972 an. Auf Mietwagen beschränkte Fahrerlaubnisse zur Fahrgastbeförderung, die vor dem 20. Juli 1972 erteilt worden sind, berechtigen auch zum Führen von Krankenkraftwagen.

§ 15e (Voraussetzungen für die Erteilung der Fahrerlaubnis zur Fahrgastbeförderung)

Absatz 1 Nr. 2 Halbsatz 1 und Nr. 4 gelten nicht für Bewerber, die eine Erlaubnis für Mietwagen haben wollen, wenn sie am 31. Juli 1969 bereits als Führer von Mietwagen tätig waren.

§ 15e Abs. 1 letzter Halbsatz (Ausbildung mindestens nach einem behördlich genehmigten Ausbildungsplan)

tritt in Kraft am 1. Dezember 1974.

§ 18 Abs. 2 Nr. 4 (bestimmte Kleinkrafträder wie Fahrräder mit Hilfsmotor zu behandeln)

Wie Fahrräder mit Hilfsmotor werden beim Vorliegen der sonstigen Voraussetzungen des § 18 Abs. 2 Nr. 4 behandelt

1. **Fahrzeuge mit einem Hubraum von mehr als 50 cm^3, wenn sie vor dem 1. September 1952 erstmals in den Verkehr gekommen sind und die durch die Bauart bestimmte Höchstleistung ihres Motors 0,7 kW (1 PS) nicht überschreitet,**
2. **Fahrzeuge mit einer durch die Bauart bestimmten Höchstgeschwindigkeit von mehr als 40 km/h, wenn sie vor dem 1. Januar 1957 erstmals in den Verkehr gekommen sind und das Gewicht des betriebsfähigen Fahrzeugs mit dem Hilfsmotor, jedoch ohne Werkzeug und ohne den Inhalt des Kraftstoffbehälters – bei Fahrzeugen, die für die Beförderung von Lasten eingerichtet sind, auch ohne Gepäckträger – 33 kg nicht übersteigt; diese Gewichtsgrenze gilt nicht bei zweisitzigen Fahrzeugen (Tandems) und Fahrzeugen mit 3 Rädern.**

§ 18 Abs. 2 Nr. 4a (Leichtkrafträder)

§ 18 Abs. 2 Nr. 4a Buchstabe a tritt am 1. Januar 1981 in Kraft, § 18 Abs. 2 Nr. 4a Buchstabe b tritt am 31. Dezember 1983 außer Kraft, jedoch mit Ausnahme der Fahrzeuge, die bis zu diesem Zeitpunkt erstmals in den Verkehr gekommen sind.

§ 18 Abs. 3 (Betriebserlaubnis für zulassungsfreie Fahrzeuge)
gilt für Anhänger, die vor dem 1. Juli 1961 erstmals in den Verkehr gekommen sind, erst von einem vom Bundesminister für Verkehr zu bestimmenden Tage an.

§ 18 Abs. 3 (Betriebserlaubnispflicht für land- oder forstwirtschaftliche Arbeitsgeräte über 3 t Gesamtgewicht)
tritt in Kraft am 1. April 1976, jedoch nur für die von diesem Tage an erstmals in den Verkehr kommenden Arbeitsgeräte.

§ 19 Abs. 2 (Betriebserlaubnis und Bauartgenehmigung nach Änderung der bauartbedingten Höchstgeschwindigkeit)
Soweit für eine Zugmaschine oder für einen Anhänger im Sinne des § 18 Abs. 2 Nr. 6 Buchstabe a, d, e oder o, die vor dem 20. Juli 1972 in den Verkehr gekommen sind, eine Betriebserlaubnis oder für eine Einrichtung an den vorgenannten Fahrzeugen eine Bauartgenehmigung für eine Höchstgeschwindigkeit im Bereich von 18 km/h bis weniger als 25 km/h erteilt ist, gilt ab 20. Juli 1972 die Betriebserlaubnis oder die Bauartgenehmigung als für eine Höchstgeschwindigkeit von nicht mehr als 25 km/h erteilt. Fahrzeugbrief und Fahrzeugschein brauchen erst berichtigt zu werden, wenn sich die Zulassungsstelle aus anderem Anlaß mit den Papieren befaßt.

§ 22a (Bauartgenehmigung für Fahrzeugteile)
gilt – mit Ausnahme von Warneinrichtungen nach § 53a Abs. 1 – nicht für Fahrzeugteile, die vor dem 1. Januar 1954 (im Saarland: vor dem 1. Juli 1961) in Gebrauch genommen worden sind und an Fahrzeugen verwendet werden, die vor diesem Tage erstmals in den Verkehr gekommen sind.

§ 22a Abs. 1 Nr. 1 (Heizungen)
tritt in Kraft am 1. Januar 1982 für Heizungen in Kraftfahrzeugen, die von diesem Tage an erstmals in den Verkehr kommen. Für Heizungen in Kraftfahrzeugen, die vor dem 1. Januar 1982 in den Verkehr gekommen sind, gilt die Verordnung in der Fassung der Bekanntmachung vom 15. November 1974 (BGBl. I S. 3195).

§ 22a Abs. 1 Nr. 3 (Sicherheitsglas)
gilt nicht für Sicherheitsglas, das vor dem 1. April 1957 in Gebrauch genommen worden ist und an Fahrzeugen verwendet wird, die vor diesem Tage erstmals in den Verkehr gekommen sind.

§ 22a Abs. 1 Nr. 6 (Einrichtungen zur Verbindung von Fahrzeugen)
gilt nicht für Einrichtungen zur Verbindung von

1. **Fahrrädern mit Hilfsmotor mit ihren Anhängern, wenn die Einrichtungen vor dem 1. Juli 1961 erstmals in den Gebrauch genommen worden sind und an Fahrzeugen verwendet werden, die vor diesem Tage erstmals in den Verkehr gekommen sind,**
2. **Personenkraftwagen mit Einradanhänger, wenn der Einradanhänger vor dem 1. Januar 1974 erstmals in den Verkehr gekommen ist.**

§ 22a Abs. 1 Nr. 10 (Nebelscheinwerfer)
gilt nicht für Nebelscheinwerfer, die vor dem 1. Januar 1961 in Gebrauch genommen worden sind und an Fahrzeugen verwendet werden, die vor diesem Tage erstmals in den Verkehr gekommen sind.

§ 22a Abs. 1 Nr. 11 (Kennleuchten für blaues Blinklicht)
gilt nicht für Kennleuchten für blaues Blinklicht, die vor dem 1. Januar 1961 in Ge-

brauch genommen worden sind und an Fahrzeugen verwendet werden, die vor diesem Tage erstmals in den Verkehr gekommen sind.

§ 22a Abs. 1 Nr. 12 (Kennleuchten für gelbes Blinklicht)
gilt nicht für Kennleuchten für gelbes Blinklicht, die vor dem 1. Januar 1961 in Gebrauch genommen worden sind und an Fahrzeugen verwendet werden, die vor diesem Tage erstmals in den Verkehr gekommen sind.

§ 22a Abs. 1 Nr. 16 (Warndreiecke, Warnleuchten)
gilt bereits für Warndreiecke und Warnleuchten, die in Kraftfahrzeugen mit einem zulässigen Gesamtgewicht von mehr als 2,5 t mitgeführt werden, und tritt für Warndreiecke und Warnleuchten in anderen Kraftfahrzeugen am 1. Januar 1969 in Kraft.

Warndreiecke und Warnleuchten, die vor dem 1. Januar 1969 in Gebrauch genommen und nicht in amtlich genehmigter Bauart ausgeführt sind, dürfen bis zu einem vom Bundesminister für Verkehr zu bestimmenden Tage weiter verwendet werden, jedoch in Kraftfahrzeugen, in denen Warndreiecke oder Warnleuchten in amtlich genehmigter Bauart mitgeführt werden müssen, nur zusätzlich zu diesen Warneinrichtungen.

§ 22a Abs. 1 Nr. 17 (Fahrtrichtungsanzeiger)
gilt nicht für Blinkleuchten als Fahrtrichtungsanzeiger, die vor dem 1. April 1957 in Gebrauch genommen worden sind und an Fahrzeugen verwendet werden, die vor diesem Tage erstmals in den Verkehr gekommen sind.

§ 22a Abs. 1 Nr. 18 (Glühlampen)
gilt nicht für Glühlampen für 40 V und 80 V, soweit solche Lampen vor dem 1. Oktober 1974 hergestellt worden sind.

§ 22a Abs. 1 Nr. 19 (Einsatzhorn)
gilt nicht für Warneinrichtungen mit einer Folge von Klängen verschiedener Grundfrequenz, die vor dem 1. Januar 1959 in Gebrauch genommen worden sind und an Fahrzeugen verwendet werden, die vor diesem Tage erstmals in den Verkehr gekommen sind.

§ 22a Abs. 1 Nr. 22 (Lichtmaschinen für Fahrräder)
gilt nicht für Lichtmaschinen, die vor dem 1. Juli 1956 erstmals in den Verkehr gekommen sind.

§ 22a Abs. 1 Nr. 22 (gelbe und weiße Rückstrahler, retroreflektierende Streifen an Reifen von Fahrrädern)
gilt nicht für gelbe und weiße Rückstrahler und für retroreflektierende Streifen an Reifen, die vor dem 1. Januar 1981 in Gebrauch genommen worden sind.

§ 22a Abs. 1 Nr. 24 (Beiwagen)
gilt bei Fahrrädern mit Hilfsmotor und Kleinkrafträdern mit einer durch die Bauart bestimmten Höchstgeschwindigkeit von nicht mehr als 40 km/h nicht für Beiwagen, die vor dem 1. Juli 1961 erstmals in Gebrauch genommen worden sind und an Fahrzeugen verwendet werden, die vor diesem Tage erstmals in den Verkehr gekommen sind.

§ 22a Abs. 2 (Prüfzeichen)
gilt nicht für Einrichtungen zur Verbindung von Fahrzeugen und lichttechnischen Einrichtungen – ausgenommen Warneinrichtungen nach § 53a Abs. 1 –, wenn die Einrichtungen vor dem 1. Januar 1954 erstmals in den Verkehr gekommen sind.

§ 22a Abs. 3 Nr. 2 (Einrichtungen ausländischer Herkunft)
gilt für Glühlampen,

1. soweit sie vor dem 1. Oktober 1974 erstmals in Gebrauch genommen worden sind und an Fahrzeugen verwendet werden, die vor diesem Tage erstmals in den Verkehr gekommen sind, oder
2. soweit sie aufgrund der Gegenseitigkeitsvereinbarungen mit Italien vom 24. April 1962 (Verkehrsbl. 1962 S. 246) oder mit Frankreich vom 3. Mai 1965 (Verkehrsbl. 1965 S. 292) in der Fassung der Änderung vom 12. November 1969 (Verkehrsbl. 1969 S. 681) als der deutschen Regelung entsprechend anerkannt werden.

§ 23 Abs. 1 Satz 3 (Anforderungen an Fahrzeugbriefe)
Im Saarland vor dem 1. September 1959 ausgefertigte Fahrzeugbriefe bleiben auch dann gültig, wenn sie kein für die Bundesdruckerei geschütztes Wasserzeichen haben.

§ 23 Abs. 1 Satz 4 (Angabe des Geburtsortes im Antrag auf Zuteilung eines amtlichen Kennzeichens)
tritt in Kraft am 1. August 1980.

§ 23 Abs. 1 letzter Satz (Verwendung der Bezeichnung „Personenkraftwagen“)
Kraftfahrzeuge, die unter der Bezeichnung „Kombinationskraftwagen“ zugelassen worden sind, gelten als Personenkraftwagen. Die Berichtigung der Angaben über die Art des Fahrzeugs in den Fahrzeugpapieren kann aufgeschoben werden, bis die Papiere der Zulassungsstelle aus anderem Anlaß vorgelegt werden. Dasselbe gilt für die Streichung der Angabe über die Nutzlast sowie für die Berichtigung des Leergewichts auf den sich durch die geänderte Anwendung des § 42 Abs. 3 ergebenden neuen Wert. Für diese Berichtigungen sind Gebühren nach der Gebührenordnung für Maßnahmen im Straßenverkehr nicht zu erheben.

§ 24 letzter Halbsatz (Inhalt des Anhängerverzeichnisses)
tritt am 1. Juli 1963 in Kraft. Ist der Tag der ersten Zulassung nicht bekannt und nicht festzustellen, so genügt die Angabe des Jahres der ersten Zulassung.

§ 26 Abs. 4 (Erfassung und Meldung der zulassungsfreien, aber kennzeichenpflichtigen Kraftfahrzeuge)
gilt für die zulassungsfreien Kraftfahrzeuge, denen vom 9. Dezember 1970 an ein amtliches Kennzeichen zugeteilt wird. Für die anderen Kraftfahrzeuge gilt weiterhin § 26 Abs. 4 in der Fassung der Bekanntmachung vom 6. Dezember 1960 (Bundesgesetzbl. I S. 897).

§ 26 Abs. 4 Satz 2 (Angabe des Geburtsortes in der Kartei)
tritt in Kraft am 1. August 1980.

§ 32 Abs. 1 Nr. 1 Buchstabe b (Breite von land- oder forstwirtschaftlichen Arbeitsgeräten)
tritt für erstmals in den Verkehr kommende Fahrzeuge am 1. Juli 1961, für die anderen Fahrzeuge nach näherer Bestimmung durch den Bundesminister für Verkehr in Kraft.

§ 32 b (Unterfahrschutz)
tritt in Kraft am 1. Januar 1975 für erstmals in den Verkehr kommende Fahrzeuge, für andere Fahrzeuge nach Bestimmung durch den Bundesminister für Verkehr.

§ 34 Abs. 4 (Angabe der Achslasten und Gewicht am Fahrzeug)
tritt in Kraft am 1. April 1961, jedoch für die Angabe der zulässigen Aufliegelast an Sattelzugmaschinen am 1. Januar 1974. An den vor dem 1. Juli 1961 in den Verkehr gekommenen zulassungsfreien Anhängern in land- und forstwirtschaftlichen Betrieben sind die zulässigen Achslasten und das zulässige Gesamtgewicht erst von einem vom Bundesminister für Verkehr zu bestimmenden Tage an anzuschreiben.

§ 34a (Besetzung von Kraftomnibussen)
Absatz 1, Absatz 2 Satz 1 und die Absätze 4 bis 6 gelten für die der gewerbsmäßigen Personenbeförderung dienenden Fahrzeuge und ab 1. Januar 1961 auch für andere Fahrzeuge, Absatz 2 Satz 4 tritt in Kraft am 1. Januar 1962 für Fahrzeuge, die von diesem Tage an erstmals in den Verkehr kommen,
für andere Fahrzeuge nach Bestimmung durch den Bundesminister für Verkehr.

§ 35 (Motorleistung)
gilt wie folgt:
Erforderlich ist eine Motorleistung von mindestens

1. **2,2 kW je Tonne bei Zugmaschinen, die vom 1. Januar 1971 an erstmals in den Verkehr kommen, sowie bei Zugmaschinenzügen, wenn das ziehende Fahrzeug von diesem Tage an erstmals in den Verkehr kommt;**
   bei anderen Zugmaschinen und Zugmaschinenzügen von einem durch den Bundesminister für Verkehr zu bestimmenden Tage an;
2. **3,7 kW je Tonne bei Sattelkraftfahrzeugen und Zügen mit einem Gesamtgewicht von mehr als 32 t, wenn das ziehende Fahrzeug vor dem 1. Januar 1966 erstmals in den Verkehr gekommen ist.**
3. **4,0 kW je Tonne bei Sattelkraftfahrzeugen und Zügen mit einem Gesamtgewicht von mehr als 32 t, wenn das ziehende Fahrzeug vom 1. Januar 1966 bis zum 31. Dezember 1968 erstmals in den Verkehr gekommen ist.**
4. **4,4 kW je Tonne bei anderen als in Nummern 1 bis 3 genannten Kraftfahrzeugen, Sattelkraftfahrzeugen und Zügen.**

§ 35a Abs. 2 Satz 2 bis 4 (Verriegelungs- und Entriegelungseinrichtungen, Rückenlehnen)
tritt in Kraft am 1. März 1976 für Fahrzeuge, die von diesem Tage an erstmals in den Verkehr kommen. § 35a Abs. 1a Satz 2 in der vor dem 28. Juni 1973 geltenden Fassung gilt weiterhin für Fahrzeuge, die vor dem 1. März 1976 erstmals in den Verkehr gekommen sind.

§ 35a Abs. 3 (Beifahrersitz an Zugmaschinen)
gilt nicht für Zugmaschinen, die vor dem 1. April 1952 (im Saarland: vor dem 1. Januar 1961) erstmals in den Verkehr gekommen sind.

§ 35a Abs. 5 und Anlage X (Sitze in Kraftomnibussen, Gangbreite)
treten in Kraft am 1. April 1974 für erstmals in den Verkehr kommende Kraftomnibusse.

Für andere Kraftomnibusse gelten wahlweise auch § 35a Abs. 4 und Anlage X in der Fassung der Bekanntmachung vom 6. Dezember 1960 (Bundesgesetzbl. I S. 897), und zwar

1. **für alle der gewerbsmäßigen Personenbeförderung dienenden Kraftomnibusse,**
2. **für andere Kraftomnibusse, die vom 1. Januar 1961 an, aber vor dem 1. April 1974 erstmals in den Verkehr gekommen sind.**

§ 35a Abs. 6 (Verankerungen für Sicherheitsgurte)
tritt in Kraft am 1. Januar 1974 für die von diesem Tage an erstmals in den Verkehr

kommenden Fahrzeuge, jedoch für den mittleren hinteren Sitzplatz in Fahrzeugen mit nicht mehr als 5 Sitzplätzen erst am 1. Januar 1975.

§ 35a Abs. 7 (Sicherheitsgurte und Rückhaltesysteme) gilt für die vom 1. Mai 1979 an erstmals in den Verkehr kommenden Fahrzeuge. Für vor diesem Termin erstmals in den Verkehr gekommenen Personenkraftwagen sowie Lastkraftwagen mit einem zulässigen Gesamtgewicht von nicht mehr als 2,8 t gilt § 35a Abs. 7 einschließlich seiner Übergangsvorschrift in § 72 Abs. 2 in der vor dem 31. Dezember 1978 geltenden Fassung.

Diese lautet:
§ 35a Abs. 7 (Sicherheitsgurte, Rückhaltesysteme)
gilt vom 1. Januar 1974 an für erstmals in den Verkehr kommende Fahrzeuge und tritt für Fahrzeuge, die vom 1. April 1970 an erstmals in den Verkehr gekommen und mit Verankerungen ausgerüstet sind, am 1. Januar 1978 in Kraft, jedoch müssen die Fahrzeuge, die vom 1. Januar 1976 an der Hauptuntersuchung (§ 29) oder einer Untersuchung in amtlich anerkannten Werkstätten nach Nummer 4.3.1 der Anlage VIII unterzogen werden, bereits vom Tage der Untersuchung an entsprechende Einrichtungen mitführen.

§ 35c (Heizung und Lüftung)
Die geschlossenen Führerräume der vor dem 1. Januar 1956 erstmals in den Verkehr gekommenen Kraftfahrzeuge – ausgenommen Kraftomnibusse – brauchen nicht heizbar zu sein.

§ 35d Abs. 2 (Höhe der Trittstufen bei Kraftomnibussen)
tritt in Kraft am 1. Juli 1961, jedoch nur für erstmals in den Verkehr kommende Fahrzeuge.

§ 35e Abs. 1 (Vermeidung störender Geräusche beim Schließen der Türen)
tritt in Kraft am 1. Juli 1961, jedoch nur für erstmals in den Verkehr kommende Fahrzeuge.

§ 35e Abs. 2 (Vermeidung des unbeabsichtigten Öffnens der Türen)
tritt in Kraft am 1. Juli 1961, jedoch nur für erstmals in den Verkehr kommende Fahrzeuge.

§ 35e Abs. 3 (Türbänder)
gilt für Kraftomnibusse, die der gewerbsmäßigen Personenbeförderung dienen, und tritt in Kraft am 1. Juli 1963 für andere Fahrzeuge, die nach diesem Tage erstmals in den Verkehr kommen.

§ 35e Abs. 4 (Ein- und Ausstiege bei Kraftomnibussen)
tritt in Kraft am 1. Juli 1961, jedoch nur für erstmals in den Verkehr kommende Fahrzeuge. Bei Fahrzeugen, die vor diesem Zeitpunkt erstmals in den Verkehr gekommen sind, darf die lichte Weite der Einstiege weniger als 650 mm betragen.

§ 35f. Abs. 1 und 2 (Notausstiege)
tritt in Kraft am 1. Januar 1962, jedoch nur für erstmals in den Verkehr kommende Fahrzeuge.

Fahrzeuge, die vor diesem Zeitpunkt erstmals in den Verkehr gekommen sind und der gewerbsmäßigen Personenbeförderung dienen, müssen in der Rückwand oder am hinteren Teil der linken Seitenwand eine Nottür haben. Die Nottür in der Rückwand kann durch ein Fenster in der Rückwand ersetzt werden, dessen lichte Weite mindestens 1200 mm x

430 mm betragen muß, und dessen Verglasung im Falle der Gefahr in kürzester Zeit beseitigt werden kann.

Abrundungen des Fensters in der Rückwand sind zulässig, wenn dadurch seine Verwendung als Notausstieg nicht beeinträchtigt wird.

Die Vorschriften über den Notausstieg in der Rückwand gelten nicht, wenn mindestens 2 Fenster auf jeder Seite so beschaffen sind, daß sie als Notausstieg dienen können.

§ 36 Abs. 2 a (Mischbereifung)
tritt in Kraft am 1. Januar 1981.

§ 36 a Abs. 3 (zwei Einrichtungen als Sicherung gegen Verlieren)
tritt in Kraft am 1. Januar 1981 für Fahrzeuge, die von diesem Tage an erstmals in den Verkehr kommen. Für die anderen Fahrzeuge gilt die Verordnung in der Fassung der Bekanntmachung vom 15. November 1974 (BGBl. I. S. 3195).

§ 37 Abs. 2 Satz 4 (Teilung der Kettenglieder)
Bei den vor dem 1. April 1974 hergestellten Schneeketten darf die Teilung der Kettenglieder etwa das Fünffache der Drahtstärke betragen.

§ 38 Abs. 2 (Lenkhilfe)
tritt in Kraft am 1. Juli 1961, jedoch nur für erstmals in den Verkehr kommende Kraftomnibusse.

§ 39 (Rückwärtsgang)
gilt für Kraftfahrzeuge mit einem Leergewicht von mehr als 400 kg und tritt in Kraft am 1. Juli 1961 für andere mehrspurige Kraftfahrzeuge, die nach diesem Tage erstmals in den Verkehr kommen.

§ 40 Abs. 2 (Scheibenwischer)
Bei Kraftfahrzeugen mit einer durch die Bauart bestimmten Höchstgeschwindigkeit von nicht mehr als 20 km/h, die vor dem 20. Juli 1973 erstmals in den Verkehr gekommen sind, genügen Scheibenwischer, die von Hand betätigt werden.

§ 41 (Bremsen)
Bei den vor dem 1. Januar 1962 erstmals in den Verkehr gekommenen Zugmaschinen, deren zulässiges Gesamtgewicht 2 t und deren durch die Bauart bestimmte Höchstgeschwindigkeit 20 km/h nicht übersteigt, genügt eine Bremsanlage, die so beschaffen sein muß, daß die Räder vom Führersitz aus festgestellt (blockiert) werden können und beim Bruch eines Teils der Bremsanlage noch mindestens ein Rad gebremst werden kann. Der Zustand der betriebswichtigen Teile der Bremsanlage muß leicht nachprüfbar sein. An solchen Zugmaschinen muß der Kraftstoff- oder Drehzahlregulierungshebel feststellbar oder die Bremse auch von Hand bedienbar sein.

§ 41 Abs. 5 (Wirkung der Feststellbremse)
Für die Feststellbremse genügt eine mittlere Verzögerung von 1 m/s² bei den vor dem 1. April 1952 (im Saarland: vor dem 1. Januar 1961) erstmals in den Verkehr gekommenen Kraftfahrzeugen mit einer durch die Bauart bestimmten Höchstgeschwindigkeit von nicht mehr als 20 km/h.

§ 41 Abs. 6 (Bremsen an Krafträdern)
Für Fahrräder mit Hilfsmotor, die vor dem 1. Januar 1957 (im Saarland: vor dem 1. Oktober 1960) erstmals in den Verkehr gekommen sind, sowie für die vor dem 1. Mai 1965 erstmals in den Verkehr gekommenen Fahrräder mit Hilfsmotor mit einer durch die Bauart bestimmten Höchstgeschwindigkeit von nicht mehr als 20 km/h gilt § 65.

§ 41 Abs. 9 Satz 6 (Allradbremse an Anhängern)
gilt nicht für die vor dem 1. April 1952 (im Saarland: vor dem 1. Januar 1961) erstmals in den Verkehr gekommenen Anhänger.

§ 41 Abs. 9 (Bremsen an Anhängern)
Bis zu einem vom Bundesminister für Verkehr zu bestimmenden Tage genügen an den vor dem 1. Januar 1961 erstmals in den Verkehr gekommenen und für eine Höchstgeschwindigkeit von nicht mehr als 20 km/h gekennzeichneten Anhängern Bremsen, die weder vom Führer des ziehenden Fahrzeugs bedient werden noch selbsttätig wirken können. Diese Bremsen müssen durch einen auf dem Anhänger befindlichen Bremser bedient werden; der Bremsersitz mindestens des ersten Anhängers muß freie Aussicht auf die Fahrbahn in Fahrtrichtung bieten.

§ 41 Abs. 14 Satz 1 und 2 (Ausrüstung mit Unterlegkeilen)
An einachsigen land- oder forstwirtschaftlichen Anhängern, die vor dem 1. April 1974 in den Verkehr gekommen sind, genügt ein Unterlegkeil.

§ 41 Abs. 16 (Zweikreisbremsanlage und Warndruckanzeiger bei Druckluftbremsanlagen)
tritt in Kraft am 1. Juli 1963, die Vorschrift über Zweikreisbremsanlagen jedoch nur für erstmals in den Verkehr kommende Kraftomnibusse.

§ 41 Abs. 17 (Zweileitungsbremsanlage)
tritt in Kraft am 1. April 1974 für die von diesem Tag an erstmals in den Verkehr kommenden Fahrzeuge.

§ 42 Abs. 2 (Anhängelast bei Anhängern ohne ausreichende eigene Bremse)
gilt auch für zweiachsige Anhänger, die vor dem 1. Oktoer 1960 erstmals in den Verkehr gekommen sind.

§ 43 Abs. 1 Satz 2 und 3 (Zuggabel, Zugöse)
gilt nicht für die hinter Zug- oder Arbeitsmaschinen mit nach hinten offenem Führersitz mitgeführten mehrachsigen land- oder forstwirtschaftlichen Anhänger mit einem zulässigen Gesamtgewicht von nicht mehr als 2 t, die vor dem 1. Juli 1961 erstmals in den Verkehr gekommen sind.

§ 43 Abs. 1 Satz 3 (Höheneinstellung an der Anhängerdeichsel)
gilt nicht für Fahrzeuge, die vor dem 1. April 1952 (im Saarland: vor dem 1. Januar 1961) erstmals in den Verkehr gekommen sind.

§ 43 Abs. 2 (Abschleppeinrichtung vorn)
gilt für Kraftfahrzeuge mit einem zulässigen Gesamtgewicht von mehr als 4 t und für Zugmaschinen und tritt in Kraft am 1. Oktober 1974 für andere Kraftfahrzeuge, soweit sie von diesem Tage an erstmals in den Verkehr kommen.

§ 43 Abs. 2 (Abschleppeinrichtung hinten)
tritt in Kraft am 1. Oktober 1974 für die von diesem Tage an erstmals in den Verkehr kommenden Fahrzeuge.

§ 43 Abs. 3 (roter Lappen)
gilt bereits, wenn der Abstand zwischen dem ziehenden und dem gezogenen Fahrzeug mehr als 2,75 m beträgt, und tritt für die anderen Fälle am 1. September 1973 in Kraft.

§ 44 Abs. 1 letzter Satz (Stütze muß sich selbsttätig anheben)
tritt in Kraft am 1. Oktober 1974 für die von diesem Tage an erstmals in den Verkehr kommenden Fahrzeuge.

§ 44 Abs. 3 letzter Satz (Angabe der Stützlasten)
Schilder, wie sie bis zum 21. Juni 1975 vorgeschrieben waren, sind an Anhängern, die in der Zeit vom 1. April 1974 bis zum Ablauf des 21. Juni 1975 erstmals in den Verkehr gekommen sind, weiterhin zulässig, auch wenn die Stützlast einen nach § 44 Abs. 3 zulässigen Wert von weniger als 25 kg erreicht.

§ 44 Abs. 3 letzter Satz (Angabe der Stützlasten)
tritt in Kraft

1. Am 1. April 1974 für die von diesem Tage an erstmals in den Verkehr gekommenen Anhänger und
2. am 1. Januar 1977 für andere Anhänger und für Personenkraftwagen.

§ 45 Abs. 2 (Lage des Kraftstoffbehälters)
gilt nicht für reihenweise gefertigte Fahrzeuge, für die eine Allgemeine Betriebserlaubnis vor dem 1. April 1952 erteilt worden ist, und nicht für Fahrzeuge, die im Saarland vor dem 1. Januar 1961 erstmals in den Verkehr gekommen sind.

§ 45 Abs. 3 (Kraftstoffbehälter in Kraftomnibussen)
gilt für die der gewerbsmäßigen Personenbeförderung dienenden Kraftomnibusse und tritt in Kraft am 1. April 1961 für andere Kraftomnibusse, die nach diesem Tage erstmals in den Verkehr kommen.

§ 46 Abs. 4 (Kraftstoffleitungen und Förderung des Kraftstoffs bei Kraftomnibussen)
gilt für die der gewerbsmäßigen Personenbeförderung dienenden Kraftomnibusse und tritt in Kraft am 1. April 1961 für andere Kraftomnibusse, die nach diesem Tage erstmals in den Verkehr kommen.

§ 47 Abs. 1 Satz 1 und Anlage XIV über die Prüfung Typ I (Abgase bei verschiedenen Betriebszuständen)
treten in Kraft am 1. Oktober 1975 für die von diesem Tage an erstmals in den Verkehr kommenden Kraftfahrzeuge.
Für Kraftfahrzeuge, die

1. vom 1. Oktober 1971 an auf Grund einer Allgemeinen Betriebserlaubnis oder
2. vom 20. April 1973 an auf Grund einer Betriebserlaubnis für Einzelfahrzeuge

bis zum 30. September 1975 erstmals in den Verkehr kommen, gilt die Anlage XIV in der vor dem 21. Juni 1975 geltenden Fassung.
Kraftfahrzeuge, deren Betriebserlaubnis sich auf Anlage XIII in der vor dem 20. Juli 1972 geltenden Fassung bezieht, gelten insoweit weiterhin als vorschriftsmäßig.

§ 47 Abs. 1 Satz 1 und Anlage XIV über die Prüfung Typ I (Abgase bei verschiedenen Betriebszuständen – Stickoxide)
treten in Kraft am 1. Oktober 1980 für die von diesem Tage an erstmals in den Verkehr kommenden Kraftfahrzeuge.

§ 47 Abs. 1 Satz 1 und Anlage XIV über die Prüfung Typ III (Kurbelgehäuseentlüftung) gelten für Kraftfahrzeuge, die

1. vom 1. Oktober 1970 an auf Grund einer Allgemeinen Betriebserlaubnis oder
2. vom 20. April 1973 an auf Grund einer Betriebserlaubnis für Einzelfahrzeuge

erstmals in den Verkehr kommen.

Fahrzeuge, deren Betriebserlaubnis sich auf Anlage XII in der vor dem 20. Juli 1972 geltenden Fassung bezieht, gelten insoweit weiterhin als vorschriftsmäßig.

§ 47 Abs. 1 Satz 2 und Anlage XIV über die Prüfung Typ II (Prüfung des CO-Gehaltes im Leerlauf)
treten in Kraft am 1. Oktober 1976 für die von diesem Tage an erstmals in den Verkehr kommenden Kraftfahrzeuge. Für Kraftfahrzeuge, die in der Zeit vom 1. Oktober 1970 bis zum 30. September 1976 erstmals in den Verkehr gekommen sind, gilt die Anlage XIV in der vor dem 21. Juni 1975 geltenden Fassung.

§ 47 Abs. 1 Satz 2 und Anlage XI (Prüfung des CO-Gehaltes im Leerlauf) gelten

1. **für die vom 1. Juli 1969 an erstmals in den Verkehr gekommenen Kraftfahrzeuge,**
2. **ab 21. Juni 1976 für die vor dem 1. Juli 1969 erstmals in den Verkehr gekommenen Kraftfahrzeuge und**
3. **außerdem im Verfahren auf Erteilung einer Betriebserlaubnis für die vom 1. Juli 1969 bis zum 30. September 1970 erstmals in den Verkehr gekommenen Kraftfahrzeuge.**

§ 47 Abs. 2 Satz 1 und Anlage XV (Prüfung der Emission verunreinigender Stoffe bei Dieselmotoren)
treten in Kraft am 1. Januar 1977 für die von diesem Tage an erstmals in den Verkehr kommenden Kraftfahrzeuge.

§ 47 Abs. 2 Satz 2 und Anlage XVI (Prüfung der Emission verunreinigender Stoffe bei Dieselmotoren zum Antrieb von land- oder forstwirtschaftlichen Zugmaschinen)
treten in Kraft am 1. Januar 1982 für die von diesem Tage an erstmals in den Verkehr kommenden Kraftfahrzeuge.

§ 50 Abs. 6 a (Scheinwerfer an Fahrrädern mit Hilfsmotor und an Kleinkrafträdern bis 40 km/h).
Bei Fahrzeugen, die vor dem 1. Januar 1961 erstmals in den Verkehr gekommen sind, sowie bei den vor dem 1. Mai 1965 erstmals in den Verkehr gekommenen Fahrrädern mit Hilfsmotor mit einer durch die Bauart bestimmten Höchstgeschwindigkeit von nicht mehr als 20 km/h genügt es, wenn die Anforderungen des § 67 Abs. 1 erfüllt sind.

§ 50 Abs. 8 (größte zulässige Belastungsabhängigkeit)
tritt in Kraft nach Bestimmung durch den Bundesminister für Verkehr.

§ 51 a (seitliche Kenntlichmachung)
ist vom 1. Februar 1980 an zulässig und tritt in Kaft am 1. Januar 1981 für die von diesem Tage an erstmals in den Verkehr kommenden Fahrzeuge. Weiße rückstrahlende Mittel an den Längsseiten von Kraftfahrzeugen und Kraftfahrzeuganhängern, die vor diesem Tage erstmals in den Verkehr gekommen sind, sind weiterhin zulässig.

§ 52 Abs. 2 Satz 4 (Schaltung der Rückfahrscheinwerfer)
Bei den vor dem 1. Juli 1961 erstmals in den Verkehr gekommenen Fahrzeugen genügt es, wen die Rückfahrscheinwerfer nur bei eingeschaltetem Rückwärtsgang brennen können.

§ 52 Abs. 3 Nr. 4 (Kennleuchten für blaues Blinklicht für Krankenkraftwagen)
Soweit Kraftfahrzeuge nach § 52 Abs. 3 Nr. 4 nach dem Fahrzeugschein als „Krankenwagen" anerkannt sind, braucht ihre Bezeichnung nicht in „Krankenkraftwagen" geändert zu werden.

§ 52 Abs. 6 (Dachaufsatz für Arzt-Fahrzeuge)

Ist die Berechtigung zum Führen des Schildes durch die Zulassungsstelle in einem auf den Arzt lautenden Fahrzeugschein vermerkt worden, so gilt dies als Berechtigung im Sinne des § 52 Abs. 6.

§ 53 Abs. 2 Satz 1 (Bremsleuchten)

An Fahrzeugen, die vor dem 1. Juli 1961 erstmals in den Verkehr gekommen sind, genügt eine Bremsleuchte.

§ 53 Abs. 2 (Farbe des Bremslichts)

An Fahrzeugen die vor dem 1. Januar 1983 erstmals in den Verkehr gekommen sind, sind

1. Bremsleuchten für gelbes Licht und

2. Bremsleuchten, die mit Blinkleuchten in einem Gerät vereinigt sind, und bei denen bei gleichzeitigem Bremsen und Einschalten einer Blinkleuchte nur eine der beiden Bremsleuchten brennt oder bei gleichzeitigem Bremsen und Einschalten des Warnblinklichts das Warnblinklicht die Funktion des Bremslichtes übernimmt,

weiterhin zulässig.

§ 53a Abs. 2 (Warndreiecke, Warnleuchten)

Statt der in § 53a Abs. 2 vorgeschriebenen Warndreiecke und Warnleuchten genügen folgende in § 53a Abs. 1 in der Fassung der Bekanntmachung vom 6. Dezember 1960 (Bundesgesetzbl. I S. 897) aufgeführte Warneinrichtungen, wenn sie in einer amtlich genehmigten Bauart (§ 22a Abs. 1 Nr. 16) vor dem 1. Januar 1969 hergestellt worden sind:

1. für Personenkraftwagen, land- oder forstwirtschaftliche Zug- oder Arbeitsmaschinen sowie für andere Kraftfahrzeuge mit einem zulässigen Gesamtgewicht von nicht mehr als 2,5 t mindestens eine rückstrahlende Warneinrichtung (Warndreieck), jedoch nur bis zu einem vom Bundesminister für Verkehr zu bestimmenden Tage;

2. für andere Kraftfahrzeuge mindestens 2 von der Lichtanlage des Fahrzeugs unabhängige, tragbare Sicherungsleuchten für gelbes oder rotes Dauerlicht oder gelbes Blinklicht oder mindestens 2 rückstrahlende Warneinrichtungen (Warndreiecke) oder eine solche Sicherungsleuchte mit einer solchen rückstrahlenden Warneinrichtung, jedoch nur bis zu einem vom Bundesminister für Verkehr zu bestimmenden Tage.

§ 53a Abs. 5 (Warnblinkanlagen an Fahrzeugen, für die sie nicht vorgeschrieben sind)

Bei Fahrzeugen, die vor dem 1. Januar 1969 mit einer Warnblinkanlage ausgerüstet worden sind, darf das Warnblinklicht auch durch vorhandene Blinkleuchten für rotes Licht abgestrahlt werden, wie sie bisher nach § 54 Abs. 3 Nr. 2 Buchstabe b in der Fassung der Bekanntmachung vom 6. Dezember 1960 (Bundesgesetzbl. I S. 897) zulässig waren, jedoch nur bis zu einem vom Bundesminister für Verkehr zu bestimmenden Tage.

Solange an Fahrzeugen noch Blinkleuchten für rotes Licht zulässig und vorhanden sind, darf das Warnblinklicht an der Rückseite durch 2 zusätzlich angebrachte Leuchten für gelbes Licht abgestrahlt werden. Statt einer Warnblinkanlage dürfen Fahrzeuge, die vor dem 1. Januar 1969 erstmals in den Verkehr gekommen sind, Springlicht im Sinne des § 53a Abs. 2 in der Fassung der Bekanntmachung vom 6. Dezember 1960 (Bundesgesetzbl. I S. 897) haben, jedoch nur bis zu einem vom Bundesminister für Verkehr zu bestimmenden Tage. Das Springlicht darf schon vor dem Anhalten des Fahrzeugs einschaltbar sein, jedoch muß dem Fahrzeugführer durch eine auffällige Kontrolleuchte für rotes Licht angezeigt werden, daß das Springlicht eingeschaltet ist.

§ 53d (Nebelschlußleuchten, Farbe der Kontrolleuchte, Schalterstellung)

Bei den vor dem 1. Januar 1981 mit Nebelschlußleuchten ausgerüsteten

1. Kraftfahrzeugen darf die Kontrolleuchte grünes Licht ausstrahlen;
2. Krafträdern und Zugmaschinen mit offenem Führersitz darf die Einschaltung durch die Stellung des Schalters angezeigt werden.

§ 54 (Fahrtrichtungsanzeiger)
gilt nicht für Krafträder, die vor dem 1. Januar 1962 erstmals in den Verkehr gekommen sind.

§ 54 Abs. 3 (Blinkleuchten für rotes Licht)
Statt der in § 54 Abs. 3 aufgeführten Blinkleuchten für gelbes Licht dürfen an den vor dem 1. Januar 1970 in den Verkehr gekommenen Fahrzeugen Blinkleuchten für rotes Licht angebracht sein, wie sie bisher nach § 54 Abs. 3 Nr. 2 Buchstabe b in der Fassung der Bekanntmachung vom 6. Dezember 1960 (Bundesgesetzbl. I S. 897) zulässig waren.

§ 54 Abs. 3 (Winker für gelbes Blinklicht und Pendelwinker)
Statt der in § 54 Abs. 3 vorgeschriebenen Blinkleuchten für gelbes Licht dürfen an den vor dem 1. April 1974 erstmals in den Verkehr gekommenen Fahrzeugen Winker für gelbes Blinklicht oder Pendelwinker für gelbes Dauerlicht angebracht sein, wie sie bisher nach § 54 Abs. 3 Nr. 3 in der Fassung der Bekanntmachung vom 6. Dezember 1960 (Bundesgesetzbl. I S. 897) zulässig waren.

§ 57 Abs. 1 Halbsatz 1 (Geschwindigkeitsmesser und Wegstreckenzähler)
gilt nicht für die vor dem 1. Januar 1961 erstmals in den Verkehr gekommenen Fahrräder mit Hilfsmotor.

§ 57 Abs. 2 Nr. 1 (Abweichungen der Anzeige von Geschwindigkeitsmessern vom Sollwert)
Bei Geschwindigkeitsmessern, die vor dem 1. Juli 1961 erstmals in den Verkehr gekommen sind, darf die Anzeige vom Sollwert in den letzten beiden Dritteln des Anzeigebereichs um 0 bis plus 7 vom Hundert des Skalenendwerts abweichen.

§ 57a Abs. 1a (Verplombung der Fahrtschreiber)
tritt in Kraft am 1. Mai 1980.
Bei den im Verkehr befindlichen Kraftfahrzeugen, deren Fahrtschreiber oder Kontrollgerät noch nicht verplombt ist, muß die Verplombung bei der nächsten fälligen Prüfung nach § 57b vorgenommen werden.

§ 57b Abs. 1 (Änderung des Einbauschildes)
tritt in Kraft am 1. Mai 1980.
Bei den im Verkehr befindlichen Kraftfahrzeugen, deren Fahrtschreiber oder Kontrollgerät noch kein Einbauschild mit der Angabe der Fahrgestellnummer hat, muß das Schild mit dieser Angabe bei der nächsten fälligen Prüfung nach § 57b angebracht werden.

§ 59 Abs. 1 (Fabrikschilder)
An Fahrzeugen, die vor dem 1. April 1952 erstmals in den Verkehr gekommen sind, genügen Fabrikschilder, die in folgenden Punkten von § 59 abweichen:

1. Die Angabe des Fahrzeugstyps kann fehlen.
2. Bei Anhängern braucht das zulässige Gesamtgewicht nicht angegeben zu sein.

3. Bei Kraftfahrzeugen kann das Fabrikschild an jeder Stelle des Fahrgestells angebracht sein, sofern es leicht zugänglich und gut lesbar ist.

An Fahrzeugen, die im Saarland in der Zeit vom 8. Mai 1945 bis zum 1. Januar 1961 erstmals in den Verkehr gekommen sind, genügen Fabrikschilder, die den Hersteller des Fahrzeugs angeben. § 59 gilt nicht für die vor dem 1. Januar 1957 (im Saarland: vor dem 1. Januar 1961) erstmals in den Verkehr gekommenen Fahrräder mit Hilfsmotor.

An den vor dem 1. Juli 1961 erstmals in den Verkehr gekommenen zulassungsfreien Anhängern in land- oder forstwirtschaftlichen Betrieben sind Angaben auf dem Fabrikschild über das zulässige Gesamtgewicht und zulässigen Achslasten nicht erforderlich.

§ 59 Abs. 2 (Fahrgestellnummer)
Satz 1 tritt in Kraft am 1. Oktober 1969, jedoch nur für die von diesem Tag an erstmals in den Verkehr kommenden Fahrzeuge. An Fahrzeugen, die vor dem 1. Oktober 1969 erstmals in den Verkehr gekommen sind, darf die Fahrgestellnummer an zugänglicher Stelle am vorderen Teil der rechten Seite des Fahrzeugs auch auf einem angenieteten Schild oder in anderer Weise dauerhaft angebracht sein.

§ 60 Abs. 1 (Größe der Kennzeichenschilder an Krafträdern)
An Krafträdern, die vor dem 1. Juli 1958 (im Saarland: vor dem 1. Januar 1959) erstmals in den Verkehr gekommen sind, deren Hubraum 50 cm^3 übersteigt und bei denen das vorschriftsmäßige Anbringen und Beleuchten der Kennzeichen nach Muster b der Anlage V außergewöhnlich schwierig ist, dürfen Kennzeichen nach Muster a der Anlage V verwendet werden.

§ 60 Abs. 1 Satz 2 (grüne amtliche Kennzeichen)
Soweit Kraftomnibusse, die überwiegend im Linienverkehr verwendet werden, amtliche Kennzeichen führen, deren Beschriftung grün auf weißem Grund ist, kann es dabei verbleiben, bis aus anderem Anlaß die Kennzeichen zu ändern sind.

§ 60 Abs. 2 Satz 5 (Mindestabstand der hinteren Kennzeichen von der Fahrbahn)
An Krafträdern, die vor dem 1. Juli 1958 (im Saarland: vor dem 1. Januar 1959) erstmals in den Verkehr gekommen sind, darf der Abstand des unteren Randes des hinteren Kennzeichens von der Fahrbahn wenn nötig bis auf 150 mm verringert werden. Bei Fahrrädern mit Hilfsmotor, die vor dem 1. März 1961 erstmals in den Verkehr gekommen sind, darf der untere Rand des hinteren Kennzeichens nicht weniger als 270 mm über der Fahrbahn liegen.

§ 60 Abs. 2 Satz 7 (größte Anbringungshöhe des hinteren Kennzeichens)
tritt in Kraft am 1. Januar 1983 für die von diesem Tage an erstmals in den Verkehr kommenden Fahrzeuge.

§ 61 Abs. 1 (Anwendung des § 35e Abs. 4 auf Omnibusanhänger)
Ist bei Omnibusanhängern, die vor dem 1. Juli 1961 erstmals in den Verkehr gekommen sind, die Länge der nutzbaren Grundfläche kleiner als 7 m, so genügt ein Mitteleinstieg von 1000 mm lichter Weite.

§ 61 Abs. 6 (Druckluftbremse)
tritt in Kraft am 1. April 1961, jedoch nur für erstmals in den Verkehr kommende Omnibusanhänger.

§ 66a Abs. 1 Satz 3 (Leuchten an Krankenfahrstühlen)
tritt in Kraft am 1. Januar 1981 für Krankenfahrstühle, die von diesem Tage an erstmals in den Verkehr gebracht werden.

§ 66a Abs. 4 (Rückstrahler)
tritt in Kraft am 1. Januar 1981 für die von diesem Tage an erstmals in den Verkehr kommenden Fahrzeuge und am 1. Januar 1985 für andere Fahrzeuge, jedoch müssen sie bis zu diesen Zeitpunkt an der Rückseite mit mindestens einem Rückstrahler ausgerüstet sein; im ürbrigen gilt § 66a Abs. 2 entsprechend.

§ 67 Abs. 7 (seitliche Kenntlichmachung)
tritt in Kraft am 1. Januar 1982 für die von diesem Tage an erstmals in den Verkehr kommenden Fahrräder.

Abschnitt „Ergänzungsbestimmungen" der Anlage V

(Kennzeichen in fetter Engschrift)

Absatz 3 Satz 2 in der Fassung der Verordnung vom 30. Juli 1974 (Bundesgesetzbl. I S. 1629) tritt in Kraft am 1. Januar 1975, jedoch nur für Kennzeichen, die von diesem Tage ab erstmals verwendet werden.

Anlage VIII Abschnitt 2.1.2 (Untersuchung von Fahrzeugen nach § 1 Nr. 4 Buchstabe d und g der Freistellungs-Verordnung)
tritt in Kraft am 1. Mai 1980. Für Fahrzeuge, die bereits im Sinne von § 1 Nr. 4 Buchstabe d und g der Freistellungs-Verordnung verwendet werden, beginnt die Frist für die jährliche Untersuchung mit dem Zeitpunkt, an dem die Untersuchung nach Anlage VIII Abschnitt 2 in der vor dem 19. Januar 1980 geltenden Fassung stattfinden müßte.

Anlage VIII Abschnitt 2.1.6 (Zeitabstand der Untersuchungen)

Für selbstfahrende Arbeitsmaschinen bis 2,8 t, die sich bereits im Verkehr befinden, ist die vom 1. Februar 1980 an geltende Untersuchungsfrist erst nach Durchführung der nächsten Hauptuntersuchung anzuwenden.

Anlage VIII Abschnitt 2.1.8 (Bremsensonderuntersuchungen)

Die erstmalige Bremsensonderuntersuchung bei den in 2.1.8 genannten Kraftfahrzeugen – ausgenommen Krankenkraftwagen – mit einem zulässigen Gesamtgewicht von mehr als 6 t ist nicht erforderlich, wenn am 1. Mai 1980 die Frist für die Anmeldung zur nächstfälligen Hauptuntersuchung kürzer als 3 Monate ist.

Anlage IX (Prüfplakette)
Die Darstellung der Zahlen entgegen dem Uhrzeigersinn braucht erst bei Prüfplaketten vom Anmeldungsjahr 1983 an vorhanden zu sein. Prüfplaketten, die dem Muster in der vor dem 1. Februar 1980 geltenden Fassung entsprechen, dürfen längstens für den Anmeldemonat Dezember 1982 angebracht werden.

Muster 1 (Führerschein)

Gültig bleiben

1. **Führerscheine, die vor dem 1. Januar 1961 nach den vor dem 1. August 1960 im Saarland geltenden Vorschriften von saarländischen Verwaltungsbehörden ausgefertigt worden sind,**
2. **Führerscheine, die vor dem 1. April 1957 nach dieser Verordnung von deutschen Verwaltungsbehörden außerhalb des Bundesgebiets ausgefertigt worden sind.**

Muster 1 a (Bundeswehrführerschein)

Führerscheine, die vor dem 1. Oktober 1960 von Dienststellen der Bundeswehr nach Muster 1 a dieser Verordnung in der Fassung der Bekanntmachung vom 29. März 1956 (Bundesgesetzbl. I S. 271) ausgefertigt worden sind, bleiben gültig.

Führerscheinvordrucke, die von Muster 1 a in der ab 1. April 1980 geltenden Fassung abweichen, dürfen aufgebraucht werden; die Erteilung der Fahrerlaubnis der Klassen 4 und 5 ist entsprechend dem Muster 1 a zu vermerken.

Muster 2 a und Muster 2 b (Fahrzeugscheine)

Kraftfahrzeugscheine und Anhängerscheine, die

1. **den Mustern 2, 2 a, 2 b, 3 und 3 a in der Fassung der Bekanntmachung vom 6. Dezember 1960 (Bundesgesetzbl. I S. 897) oder**
2. **den Mustern 2 a, 2 b und 3 in der Fassung der Verordnung vom 21. Juli 1969 (Bundesgesetzbl. I S. 845)**

entsprechen, dürfen weiter verwendet werden. Scheine nach den in Nummer 2 genannten Mustern dürfen noch bis zum 31. Dezember 1973 ausgefertigt werden.

Fahrzeugscheine mit dem Format DIN A 5, deren Vorderseite dem Muster 2 a in der Fassung dieser Bekanntmachung entspricht, deren Rückseite jedoch die Seiten 2 und 3 der in Nummer 2 genannten Muster enthält, sind zulässig.

Fahrzeugscheine nach den Mustern 2 a und 2 b der Verordnung in der Fassung der Bekanntmachung vom 15. November 1974 (BGBl. I S. 3195) sind ebenfalls zulässig.

*) Die Übergangsbestimmungen zu den Mustern 1, 1 a und 1 b wurden durch die VO v. 3. 12. 1980 geändert. Änderungsvorschrift: Seite 192.

IV. Ergänzungen
durch Änderungen während der Drucklegung

1. Änderungen der Verwaltungsvorschriften zur StVO

VwV zu § 12: 1
Zu Absatz 1

Halten ist eine gewollte Fahrtunterbrechung, die nicht durch die Verkehrslage oder eine Anordnung veranlaßt ist.

Zu Absatz 3 Nr. 1 und Nr. 8 Buchst. d)
Wo an einer Kreuzung oder Einmündung die 5-m-Zone ausreichende Sicht in die andere Straße nicht schafft oder das Abbiegen erschwert, ist die Parkverbotsstrecke, z. B. durch die Grenzmarkierung (Zeichen 299), angemessen zu verlängern. Da und dort wird auch die bloße Markierung der 5-m-Zone zur Unterstreichung des Verbots ratsam sein.

Zu Absatz 3a
I. Die Straßenverkehrsbehörden sollten bei den Gemeinden die Anlage von Parkplätzen anregen, wenn es für ortsansässige Unternehmer unmöglich ist, eigene Betriebshöfe zu schaffen.
Bei Anlage derartiger Parkplätze ist darauf zu achten, daß von ihnen keine Störung der Nachtruhe der Wohnbevölkerung ausgeht.
II. Wirkt sich das regelmäßige Parken schwerer Kraftfahrzeuge oder Anhänger in anderen als den aufgeführten Gebieten, z. B. in Mischgebieten, störend aus, kommen örtliche, zeitlich beschränkte Parkverbote in Betracht (§ 45 Abs. 1).

Zu Absatz 4
Wo es nach dem äußeren Anschein zweifelhaft ist, ob der Seitenstreifen für ein auf der Fahrbahn parkendes Fahrzeug fest genug ist, darf wegen Nichtbenutzung des Seitenstreifens nicht eingeschritten werden. Über die Kennzeichnung unzureichend befestigter Seitenstreifen vgl. zu Zeichen 388.

VwV zu § 13: 2
Zu Absatz 1

I. Wo Parkuhren aufgestellt sind, braucht das Zeichen 286 nicht angebracht zu werden.

II. Parkuhren sind vor allem dort aufzustellen, wo der Parkraum besonders kostbar ist und daher erreicht werden muß, daß möglichst viele Fahrzeuge nacheinander für möglichst kurze, nach oben genau begrenzte Zeit, parken können. Die Parkzeiten sind dort nach den örtlichen Bedürfnissen festzulegen. Vor Postämtern kann z. B. eine Höchstparkdauer von 15 Minuten genügen, vor anderen öffentlichen Gebäuden und Kaufhäusern je nach Art der dort geleisteten Dienste oder der Art der Warenangebote eine solche von 30 Minuten bis zu 1 Stunde. Wo das Parken für längere Zeit erlaubt werden kann oder nur das Dauerparken unterbunden werden muß, können Parkuhren mit einer Höchstparkdauer von mehr als einer Stunde aufgestellt werden.

III. Vor dem Aufstellen von Parkuhren sind die Auswirkungen auf den fließenden Verkehr und auf benachbarte Straßen zu prüfen.

IV. Parkuhren sind wirksam zu überwachen. Es empfiehlt sich, dafür Hilfskräfte einzusetzen.

V. Unerlaubt haltende Fahrzeuge können nach Maßgabe der polizeilichen Vorschriften kostenpflichtig abgeschleppt werden.

VI. Über Parkuhren in Halteverbotszonen vgl. III zu den Zeichen 290 und 292.

VII. Parkscheinautomaten kommen insbesondere in Betracht, wo Parkflächen mehrfach genutzt werden sollen (z. B. als Markt- und Parkplatz).

Der Parkschein soll mindestens folgende gut lesbare Angaben enthalten:
1. Name des Parkplatzes,
2. Datum und
3. Ende der Parkzeit.

Zu Absatz 2

I. Parken mit Parkscheibe darf nur in Haltverbotszonen (Zeichen 290) oder dort erlaubt werden, wo das Zeichen 314 oder 315 aufgestellt ist.

II. Die höchstzulässige Parkdauer darf nicht niedriger als auf eine Stunde angesetzt werden.

III. Auf der Vorderseite der Parkscheibe sind Zusätze, auch solche zum Zwecke der Werbung, nicht zulässig.

3 *VwV zu § 30:*
Zu Absatz 1

I. Unnötiger Lärm wird auch verursacht durch

1. unnötiges Laufenlassen des Motors stehender Fahrzeuge,
2. Hochjagen des Motors im Leerlauf und beim Fahren in niedrigen Gängen,
3. unnötig schnelles Beschleunigen des Fahrzeugs, namentlich beim Anfahren,
4. zu schnelles Fahren in Kurven,
5. unnötig lautes Zuschlagen von Wagentüren, Motorhauben und Kofferraumdeckeln.

II. Vermeidbare Abgasbelästigungen treten vor allem bei den in Nummer 1 bis 3 aufgeführten Ursachen auf.

Zu Absatz 2

I. Als Nachtzeit gilt die Zeit zwischen 22 und 6 Uhr.

II. Nur Veranstaltungen mit nur wenigen Kraftfahrzeugen und solche, die weitab von menschlichen Behausungen stattfinden, vermögen die Nachtruhe nicht zu stören.

III. Die Polizei und die betroffenen Gemeinden sind zu hören.

Zu Absatz 3

I. Vom Sonntagsfahrverbot sind nicht betroffen Zugmaschinen, die ausschließlich dazu dienen, andere Fahrzeuge zu ziehen, ferner Zugmaschinen mit Hilfsladefläche, deren Nutzlast nicht mehr als das 0,4fache des zulässigen Gesamtgewichts beträgt. Das Sonntagsfahrverbot gilt ebenfalls nicht für Kraftfahrzeuge, bei denen die beförderten Gegenstände zum Inventar der Fahrzeuge gehören (z. B. Ausstellungs-, Filmfahrzeuge).

II. Fahrten von und nach Berlin sowie im Verkehr mit der DDR sind auch Fahrten

1. vom Ausland durch die Bundesrepublik Deutschland nach Berlin oder der DDR,
2. von Berlin oder der DDR durch die Bundesrepublik Deutschland in das Ausland.

4 *VwV zu § 41:*
Zu den Zeichen 237 und 241

I. In der Regel genügt bei diesen Zeichen ein Durchmesser von 400 mm.

II. Ein Schild, das die Sinnbilder der Zeichen 237 und 241 durch einen senkrechten weißen Strich getrennt zeigt, ist dann zwischen beiden Sonderwegen aufzustellen.

III. Ein gemeinsamer Geh- und Radweg kommt innerhalb geschlossener Ortschaften in der Regel nur in Betracht, wenn Fahrräder mit Hilfsmotor ausgeschlossen werden.
Das Zeichen für einen gemeinsamen Geh- und Radweg ist an jeder Kreuzung und Einmündung zu wiederholen.

IV. Das Ende dieser Sonderwege bedarf keiner Kennzeichnung.

VwV zu § 42: 5
Zu Zeichen 314 Parkplatz

I. Das Zeichen ist 750 mm hoch und 500 mm breit.

II. Das Zeichen ist in der Regel am Eingang des Parkplatzes aufzustellen. Am Beginn von Parkplätzen im Straßenraum ist es nur anzubringen, wenn das zur Klarstellung notwendig ist und Parkraum größeren Umfangs vorhanden ist. Sonst genügt es, die Parkflächen zu markieren (Nummer 7 vor Zeichen 299).

III. Beschränkungen der Parkerlaubnis dürfen nur auf einem Zusatzschild angeordnet werden. Es dürfen nur die im Verkehrsblatt bekanntgemachten Zusatzschilder verwendet werden.

IV. Zu größeren Parkplätzen und Parkhäusern, auch wenn sie von Privatpersonen betrieben werden, sollte gewiesen werden.

V. Auf Parkplätzen, an denen Wanderwege beginnen, darf das Zeichen in der im Verkehrsblatt 1972 Seite 462 ff. veröffentlichten Ausführung aufgestellt werden. Dies gilt jedoch nicht für Autobahnparkplätze.

VI. Vgl. I und II zu Nummer 7 Parkflächenmarkierungen vor Zeichen 299.

Zu Zeichen 325 und 326

I. Allgemeines 6

1. Die Zeichen sind 650 mm hoch und 1000 mm breit.

2. Am Anfang solcher Bereiche ist Zeichen 325 so aufzustellen, daß es bereits auf ausreichende Entfernung vor dem Einbiegen in den Bereich wahrgenommen werden kann. Am Ende ist Zeichen 326 höchstens 30 m vor der nächsten Einmündung oder Kreuzung aufzustellen.

II. Örtliche Voraussetzungen

Die Kennzeichnung von verkehrsberuhigten Bereichen setzt voraus, daß die in Betracht kommenden Straßen, insbesondere durch geschwindigkeitsmindernde Maßnahmen des Straßenbaulastträgers oder der Straßenbaubehörde, überwiegend Aufenthalts- und Erschließungsfunktionen haben.

III. Bauliche Voraussetzungen

1. Maßgebend für die Beschilderung von verkehrsberuhigten Bereichen sind – neben der damit angestrebten Erhöhung der Verkehrssicherheit – Gesichtspunkt des Städtebaus, insbesondere der Verbesserung des Wohnumfeldes durch Umgestaltung des Straßenraumes.

2. Die mit Zeichen 325 erfaßten Straßen müssen durch ihre Gestaltung den Eindruck vermitteln, daß die Aufenthaltsfunktion überwiegt und der Fahrzeugverkehr hier eine untergeordnete Bedeutung hat. Dies kann u. a. dadurch erreicht werden, daß der Ausbau der Straße sich deutlich von angrenzenden Straßen, die nicht mit Zeichen 325 beschildert sind, unterscheidet. In der Regel wird ein niveaugleicher Ausbau für die ganze Straßenbreite erforderlich sein.

3. Straßen, die mit Zeichen 325 beschildert sind, dürfen von Fußgängern zwar in ihrer ganzen Breite benutzt werden; dies bedeutet aber nicht, daß auch Fahrzeugführern ermöglicht werden muß, die Straße überall zu befahren. Daher kann es im Einzelfall zweckmäßig sein, Flächen für Fußgänger zu reservieren und diese in geeigneter Weise (z. B. durch Poller, Bewuchs) von dem befahrbaren Bereich abzugrenzen.

4. Die Straße muß ein Befahren für alle dort zu erwartenden Fahrzeugarten gestatten.

5. Der Parkraumbedarf sollte in angemessener Weise berücksichtigt werden.

Die zum Parken bestimmten Flächen innerhalb des verkehrsberuhigten Bereichs brauchen nicht durch Parkplatzschilder gekennzeichnet zu sein.

Es genügt eine andere Kennzeichnung, z. B. eine Bodenmarkierung (§ 41 Abs. 3 Nr. 7) oder Pflasterwechsel.

IV. Die Kennzeichnung von verkehrsberuhigten Bereichen kommt sowohl für alle Straßen eines abgegrenzten Gebietes als auch für einzelne Straßen und Straßenabschnitte in Betracht. Die Zeichen 325, 326 dürfen nur angeordnet werden, wenn die unter Nummern II und III aufgeführten Voraussetzungen vorliegen. Dabei muß jede Straße oder jeder Straßenabschnitt diesen Voraussetzungen genügen, sofern nicht die örtlichen Gegebenheiten – auch im Hinblick auf die Verkehrssituation – einzelne Abweichungen zulassen.

V. Innerhalb der durch die Zeichen 325, 326 gekennzeichneten Bereiche sind weitere Zeichen, z. B. Gefahrzeichen und Verkehrseinrichtungen in der Regel entbehrlich.

VI. Sonstiges
Neben der Einrichtung von verkehrsberuhigten Bereichen (Zeichen 325) kommen zur Verbesserung der Verkehrssicherheit und aus städtebaulichen Gründen u. a. folgende Maßnahmen in Frage:

1. Veränderungen des Straßennetzes oder der Verkehrsführung, um den Durchgangsverkehr zu verhindern, wie die Einrichtung von Sackgassen, Sperrung von „Schleichwegen", Diagnolsperre von Kreuzungen,

2. die Sperrung für bestimmte Verkehrsarten, ggf. nur für die Nachtstunden,

3. die Anordnung von Haltverboten und Geschwindigkeitsbeschränkungen an besonderen Gefahrenstellen (z. B. Zeichen 274 mit 136),

4. die Einrichtung von Einbahnstraßen,

5. Aufpflasterungen.

Erfahrungsgemäß verspricht nur die Kombination mehrerer dieser Maßnahmen Erfolg.

7 *VwV zu § 45 Verkehrszeichen und Verkehrseinrichtungen:*
Zu Absatz 1

I. Vor jeder Entscheidung sind die Straßenbaubehörde und die Polizei zu hören. Wenn auch andere Behörden zu hören sind, ist dies bei den einzelnen Zeichen gesagt.

II. Vor jeder Entscheidung sind erforderlichenfalls zumutbare Umleitungen im Rahmen des Möglichen festzulegen.

III. 1. Die Straßenverkehrsbehörde bedarf der Zustimmung der obersten Landesbehörde oder der von ihr bestimmten Stelle zur Anbringung und Entfernung folgender Verkehrszeichen:

a) auf allen Straßen der Zeichen 201, 269, 275, 279, 290, 292, 330, 331, 334, 336, 368, 380, 460 sowie des Zusatzschildes „abknickende Vorfahrt" (hinter Zeichen 306),

b) auf Autobahnen, Kraftfahrstraßen und Bundesstraßen:
des Zeichens 250, auch mit auf bestimmte Verkehrsarten beschränkenden Sinnbildern, wie Zeichen 251 oder 253, sowie der Zeichen 262 und 263,

c) auf Autobahnen, Kraftfahrstraßen sowie auf Bundesstraßen außerhalb geschlossener Ortschaften:
der Zeichen 276, 277, 280, 281, 295 als Fahrstreifenbegrenzung und 296,

d) auf Autobahnen und Kraftfahrstraßen:
der Zeichen 209 bis 214, 274 und 278,

e) auf Bundesstraßen:

des Zeichens 274 samt dem Zeichen 278 dann, wenn die zulässige Höchstgeschwindigkeit auf weniger als 60 km/h ermäßigt wird.

2. Die obersten Landesbehörden sollten jedenfalls für Straßen von erheblicher Verkehrsbedeutung, die in Nummer 1 Buchst. b) bis e) nicht aufgeführt sind, entsprechende Anweisungen geben.

3. Der Zustimmung bedarf es nicht, wenn jene Maßnahmen zur Durchführung von Arbeiten im Straßenraum oder zur Verhütung außerordentlicher Schäden an den Straßen getroffen werden oder durch unvorhergesehene Ereignisse, wie Unfälle, Schadensstellen oder Verkehrsstauungen, veranlaßt sind.

IV. Die Straßenverkehrsbehörde bedarf der Zustimmung der höheren Verwaltungsbehörde oder der von ihr bestimmten Stelle zur Aufstellung und Entfernung folgender Verkehrszeichen auf allen Straßen:
der Zeichen 293, 306, 307 und 354 sowie des Zusatzschilds „Nebenstrecke".

V. Die Straßenverkehrsbehörde bedarf der Zustimmung der obersten Landesbehörde oder der von ihr bestimmten Stelle zur Anordnung von Maßnahmen zum Schutz der Nachtruhe in Wohngebieten.

VI. Der Zustimmung bedarf es in den Fällen III und IV a nicht, wenn und soweit die oberste Landesbehörde die Straßenverkehrsbehörde vom Erfordernis der Zustimmung befreit hat.

VII. Unter Landschaftsgebieten, die überwiegend der Erholung der Bevölkerung dienen, sind Naturparke zu verstehen.

VIII. Parkmöglichkeiten für Schwerbehinderte mit außergewöhnlicher Gehbehinderung und Blinde.
Der begünstigte Personenkreis ist derselbe wie in „Zu § 46, zu Absatz 1 Nr. 11" aufgeführt.
Wegen der Ausgestaltung der Parkplätze wird auf die DIN 18 024, Teil 1 „Bauliche Maßnahmen für Behinderte und alte Menschen im öffentlichen Bereich; Planungsgrundlagen; Straßen, Plätze und Wege" verwiesen.

1. a) Parkplätze, die allgemein dem erwähnten Personenkreis zur Verfügung stehen, kommen, ggf. mit zeitlicher Beschränkung, insbesondere dort in Betracht, wo der erwähnte Personenkreis besonders häufig auf einen derartigen Parkplatz angewiesen ist, z. B. in der Nähe von Behörden, Krankenhäusern, Orthopädischen Kliniken.

b) Für die Benutzung dieser Parkplätze genügt die nach § 46 Abs. 1 Nr. 11 erteilte Ausnahmegenehmigung.

c) Die Kennzeichnung dieser Parkplätze erfolgt in der Regel durch die Zeichen 314 oder 315 mit dem Zusatzschild „Rollstuhlfahrersymbol".
Ausnahmsweise (§ 41 Abs. 3 Nr. 7) kann eine Bodenmarkierung „Rollstuhlfahrersymbol" genügen.

2. a) Parkplätze für bestimmte Schwerbehinderte mit außergewöhnlicher Gehbehinderung und Blinde, z. B. vor der Wohnung oder in der Nähe der Arbeitsstätte, setzen eine Prüfung voraus, ob
– ein Parksonderrecht erforderlich ist. Das ist z. B. nicht der Fall, wenn Parkraummangel nicht besteht oder der Schwerbehinderte in zumutbarer Entfernung eine Garage oder einen Abstellplatz außerhalb des öffentlichen Verkehrsraumes hat,
– ein Parksonderrecht vertretbar ist. Das ist z. B. nicht der Fall, wenn ein Haltverbot (Zeichen 283) angeordnet wurde,
– ein zeitlich beschränktes Parksonderrecht genügt.

b) In diesen Fällen erteilt die zuständige Straßenverkehrsbehörde einen besonderen bundeseinheitlichen Parkausweis, den der Bundesminister für Verkehr im Verkehrsblatt bekanntgibt.

c) Die Kennzeichnung dieser Parkplätze erfolgt durch die Zeichen 314, 315 mit dem Zusatzschild „(Rollstuhlfahrersymbol) mit Parkausweis Nr. ...".

IX. Sonderparkberechtigungen für Anwohner

1. Anwohner sind nur diejenigen Personen, die in den in Betracht kommenden Straßen tatsächlich wohnen und dort amtlich gemeldet sind.

2. Das Kraftfahrzeug, für das eine Sonderparkberechtigung gewährt werden soll, muß auf den Anwohner als Halter zugelassen sein oder nachweislich vom Antragsteller dauernd genutzt werden.

3. Jeder Anwohner erhält die Sonderparkberechtigung jeweils nur für ein Kraftfahrzeug.

4. Sonderparkberechtigungen für Anwohner sollten nur dort angeordnet werden, wo ausreichender Parkraum für alle Parkplatzsucher nicht anderweitig geschaffen werden kann. Eine Reservierung des gesamten Parkraums für Anwohner sollte jedoch nicht erfolgen.

5. Die Sonderparkplätze werden entweder mit dem Zeichen 286 oder mit den Zeichen 314, 315 – jeweils mit Zusatzschild – gekennzeichnet. Die Kennzeichnung mit den Zeichen 314, 315 ist hierbei vorzuziehen.

6. Der Parkausweis wird von der zuständigen Straßenverkehrsbehörde erteilt. Sie hat hierfür das bundeseinheitliche Muster, welches der Bundesminister für Verkehr im Verkehrsblatt bekannt gibt, zu verwenden.

Ergänzungen

Zu Absatz 2
Zu Satz 1

I. Die Straßenverkehrsbehörde ist mindestens zwei Wochen vor der Durchführung der in S. 1 genannten Maßnahmen davon zu verständigen; sie hat die Polizei rechtzeitig davon zu unterrichten; sie darf die Maßnahmen nur nach Anhörung der Straßenbaubehörde und der Polizei aufheben oder ändern. Ist von vornherein mit Beschränkungen oder Verboten von mehr als drei Monaten Dauer zu rechnen, so haben die Straßenbaubehörden die Entscheidung der Straßenverkehrsbehörden über die in einem Verkehrszeichenplan vorgesehenen Maßnahmen einzuholen.

II. Schutz gefährdeter Straßen

1. Straßenbau- und Straßenverkehrsbehörden und die Polizei haben ihr Augenmerk darauf zu richten, daß frostgefährdete, hitzegefährdete und abgenutzte Straßen nicht in ihrem Bestand bedroht werden.

2. Für Verkehrsbeschränkungen und Verkehrsverbote, welche die Straßenbaubehörde zum Schutz der Straße außer wegen Frost- oder Hitzegefährdung erlassen hat, gilt I entsprechend. Die Straßenverkehrsbehörde darf Verkehrsbeschränkungen und Verkehrsverbote, welche die Straßenbaubehörde zum Schutz der Straße erlassen hat, nur mit Zustimmung der höheren Verwaltungsbehörde aufheben oder einschränken.

3. Als vorbeugende Maßnahmen kommen in der Regel Geschwindigkeitsbeschränkungen (Zeichen 274) und beschränkte Verkehrsverbote (z. B. Zeichen 262) in Betracht. Das Zeichen 274 ist auf Straßen mit schnellerem oder stärkerem Verkehr in der Regel 400 m vor dieser durch einen Vorwegweiser, je mit einem Zusatzschild, das die Entfernung, und einen zweitem, das die betroffenen Fahrzeugarten angibt, anzukündigen. Auf Straßen, auf denen nicht schneller als 50 km/h gefahren wird, genügt der Vorwegweiser; auf Straßen von geringerer Verkehrsbedeutung entfällt auch er.

4. Für frostgefährdete Straßen stellt die Straßenbaubehörde alljährlich frühzeitig im Zusammenwirken mit der Straßenverkehrsbehörde und der Polizei einen Verkehrszeichenplan auf. Dabei sind auch Vertreter der betroffenen Straßenbenutzer zu hören. Auch die technischen Maßnahmen zur Durchführung sind rechtzeitig vorzubereiten. Die Straßenbaubehörde bestimmt bei eintretender Frostgefahr möglichst drei Tage zuvor den Tag des Beginns und der Beendigung dieser Maßnahmen, sorgt für rechtzeitige Beschilderung, teilt die Daten der Straßenverkehrsbehörde und der Polizei mit und unterrichtet die Öffentlichkeit (vgl. dazu IV zu den Zeichen 454 bis 466).

Zu Satz 3

I. Dazu müssen die Bahnunternehmen die Straßenverkehrsbehörde, die Straßenbaubehörde und die Polizei hören. Das gilt nicht, wenn ein Planfeststellungsverfahren vorausgegangen ist.

III. Für Übergänge anderer Schienenbahnen vgl. IX. zu Zeichen 201.

Zu Absatz 3

Zu den Verkehrszeichen gehören nicht bloß die in der StVO genannten, sondern auch die nach III 1 zu den §§ 39 bis 43 vom Bundesminister für Verkehr zugelassenen Verkehrsschilder.

Zu Satz 1

I. Vor der Entscheidung über die Anbringung oder Entfernung jedes Verkehrszeichens und jeder Verkehrseinrichtung sind die Straßenbaubehörde und die Polizei zu hören, in Zweifelsfällen auch andere Sachverständige. Ist nach § 5 b StVG ein Dritter Kostenträger, so soll auch er gehört werden.

II. Bei welchen Verkehrsschildern die Zustimmung nicht übergeordneter anderer Behörden und sonstiger Beteiligter einzuholen ist, wird bei den einzelnen Verkehrszeichen gesagt.

III. Überprüfung der Verkehrszeichen und Verkehrseinrichtungen

1. Die Straßenverkehrsbehörden haben bei jeder Gelegenheit die Voraussetzungen für einen reibungslosen Ablauf des Verkehrs zu prüfen. Dabei haben sie besonders darauf zu achten, daß die Verkehrszeichen und die Verkehrseinrichtungen, auch bei Dunkelheit, gut sichtbar sind und sich in gutem Zustand befinden, daß die Sicht an Kreuzungen, Bahnübergängen und Kurven ausreicht und ob sie sich noch verbessern läßt. Gefährliche Stellen sind darauf zu prüfen, ob sie sich ergänzend zu den Verkehrs-

zeichen oder an deren Stelle durch Verkehrseinrichtungen, wie Leitpfosten, Leittafeln oder durch Schutzplanken oder durch bauliche Maßnahmen ausreichend sichern lassen. Erforderlichenfalls sind solche Maßnahmen bei der Straßenbaubehörde anzuregen. Straßenabschnitte, auf denen sich häufig Unfälle bei Dunkelheit ereignet haben, müssen bei Nacht besichtigt werden.

2. a) Alle zwei Jahre haben die Straßenverkehrsbehörden zu diesem Zweck eine umfassende Verkehrsschau vorzunehmen, auf Straßen von erheblicher Verkehrsbedeutung und überall dort, wo nicht selten Unfälle vorkommen, alljährlich, erforderlichenfalls auch bei Nacht. An den Verkehrsschauen haben sich die Polizei und die Straßenbaubehörden zu beteiligen; auch die Träger der Straßenbaulast, die öffentlichen Verkehrsunternehmen und ortsfremde Sachkundige aus Kreisen der Verkehrsteilnehmer sind dazu einzuladen. Bei der Prüfung der Sicherung von Bahnübergängen sind die Bahnunternehmen, für die Deutsche Bundesbahn deren Betriebsämter, für andere Schienenbahnen gegebenenfalls die für die technische Bahnaufsicht zuständigen Behörden hinzuziehen. Über die Durchführung der Verkehrsschau ist eine Niederschrift zu fertigen.

b) Eine Verkehrsschau darf nur mit Zustimmung der höheren Verwaltungsbehörde unterbleiben.

c) Die zuständigen obersten Landesbehörden sorgen dafür, daß bei der Verkehrsschau überall die gleichen Maßstäbe angelegt werden. Sie führen von Zeit zu Zeit eigene Landesverkehrsschauen durch, die auch den Bedürfnissen überörtlicher Verkehrslenkung dienen.

IV. Den obersten Landesbehörden wird empfohlen, in Übereinstimmung mit den Fern- und Nahzielverzeichnissen für die wegweisende Beschilderung an Bundesfernstraßen entsprechende Verzeichnisse für ihre Straßen aufzustellen.

Zu Satz 3

Die Straßenverkehrsbehörde und die Polizei sind unverzüglich zu benachrichtigen.

Zu Absatz 5

Wer zur Unterhaltung der Verkehrszeichen und Verkehrseinrichtungen verpflichtet ist, hat auch dafür zu sorgen, daß diese jederzeit deutlich sichtbar sind (z. B. durch Reinigung, durch Beschneiden oder Beseitigung von Hecken und Bäumen).

Zu Absatz 6

I. Soweit die Straßenbaubehörde zuständig ist, ordnet sie die erforderlichen Maßnahmen an, im übrigen die Straßenverkehrsbehörde. Vor jeder Anordnung solcher Maßnahmen ist die Polizei zu hören.

II. Straßenverkehrs- und Straßenbaubehörde sowie die Polizei sind gehalten, die planmäßige Kennzeichnung der Verkehrsregelung zu überwachen und die angeordneten Maßnahmen auf ihre Zweckmäßigkeit zu prüfen. Zu diesem Zweck erhält die Polizei eine Abschrift des Verkehrszeichenplans von der zuständigen Behörde.

III. Die Straßenbaubehörden prüfen die für Straßenbauarbeiten von Bauunternehmern vorgelegten Verkehrszeichenpläne. Die Prüfung solcher Pläne für andere Arbeiten im Straßenraum obliegt der Straßenverkehrsbehörde, die dabei die Straßenbaubehörde, gegebenenfalls die Polizei zu beteiligen hat.

IV. Der Vorlage eines Verkehrszeichenplans durch den Unternehmer bedarf es nicht

1. bei Arbeiten von kurzer Dauer und geringem Umfang der Arbeitsstelle, wenn die Arbeiten sich nur unwesentlich auf den Straßenverkehr auswirken,

2. wenn ein geeigneter Regelplan besteht oder

3. wenn die zuständige Behörde selbst einen Plan aufstellt.

Zu Absatz 7

I. Die Zustimmung der Straßenverkehrsbehörden ist entbehrlich, wenn ein Planfeststellungsverfahren nach dem Telegraphenwegegesetz vorausgegangen ist.

II. Zur laufenden Straßenunterhaltung gehört z. B. die Beseitigung von Schlaglöchern, die Unterhaltung von Betonplatten, die Pflege der Randstreifen und Verkehrssicherungsanlagen, in der Regel dagegen nicht die Erneuerung der Fahrbahndecke.

III. Notmaßnahmen sind z. B. die Beseitigung von Wasserrohrbrüchen und von Kabelschäden.

Zu Absatz 8

Die Zustimmung der höheren Verwaltungsbehörde oder der von ihr bestimmten Stelle ist erforderlich. VI zu Abs. 1 gilt auch hier.

VwV zu § 46
Zu Nummer 11

8 I. Parkerleichterungen

1. Schwerbehinderten mit außergewöhnlicher Gehbehinderung kann gestattet werden

a) an Stellen, an denen das eingeschränkte Haltverbot angeordnet ist (Zeichen 286 StVO), bis zu drei Stunden zu parken. Antragstellern kann für bestimmte Haltverbotsstrecken eine längere Parkzeit genehmigt werden. Die Ankunftszeit muß sich aus der Einstellung auf einer Parkscheibe (§ 13 Abs. 2 Nr. 2, Bild 291 StVO) ergeben,

b) Im Bereich eines Zonenhaltverbots (Zeichen 290 StVO) die zugelassene Parkdauer zu überschreiten,

c) an Stellen, die durch Zeichen 314 und 315 StVO gekennzeichnet sind und für die durch ein Zusatzschild eine Begrenzung der Parkzeit angeordnet ist, über die zugelassene Zeit hinaus zu parken,

d) in Fußgängerzonen, in denen das Be- oder Entladen für bestimmte Zeiten freigegeben ist, während der Ladezeiten zu parken.

e) an Parkuhren und bei Parkscheinautomaten zu parken, ohne Gebühr und zeitliche Begrenzung, sofern in zumutbarer Entfernung keine andere Parkmöglichkeit besteht.

2. Die Berechtigung ist durch einen Ausweis, der gut sichtbar hinter der Windschutzscheibe anzubringen ist, nachzuweisen.

II. Voraussetzungen der Ausnahmegenehmigung

1. Als Schwerbehinderte mit außergewöhnlicher Gehbehinderung sind solche Personen anzusehen, die sich wegen der Schwere ihres Leidens dauernd nur mit fremder Hilfe oder nur mit großer Anstrengung außerhalb ihres Kraftfahrzeuges bewegen können.
Hierzu zählen:
Querschnittsgelähmte, Doppeloberschenkelamputierte, Doppelunterschenkelamputierte, Hüftexartikulierte und einseitig Oberschenkelamputierte, die dauernd außerstande sind, ein Kunstbein zu tragen, oder nur eine Beckenkorbprothese tragen können oder zugleich unterschenkel- oder armamputiert sind sowie andere Schwerbehinderte, die nach versorgungsärztlicher Feststellung, auch auf Grund von Erkrankungen, dem vorstehend angeführten Personenkreis gleichzustellen sind.

2. Schwerbehinderten mit außergewöhnlicher Gehbehinderung, die keine Fahrerlaubnis besitzen, und Blinden, die auf die Benutzung eines Kraftfahrzeuges angewiesen sind und die sich nur mit fremder Hilfe bewegen können, kann ebenfalls eine Ausnahmegenehmigung (Abschnitt I Nr. 1) erteilt werden.

In diesen Fällen ist den Behinderten eine Ausnahmegenehmigung des Inhalts auszustellen, daß der sie jeweils befördernde Kraftfahrzeugführer von den entsprechenden Vorschriften der StVO befreit ist.

III. Das Verfahren

1. Der Antrag auf Ausnahmegenehmigung ist bei der örtlich zuständigen Straßenverkehrsbehörde zu stellen.

2. Die Dauerausnahmegenehmigung soll in der Regel auf 2 Jahre in stets widerruflicher Weise erteilt werden.
Antragstellern mit nichtbesserungsfähigen Körperschäden kann die Ausnahme unbefristet unter Widerrufsvorbehalt genehmigt werden.

3. Die Ausnahmegenehmigung soll in der Regel gebührenfrei erteilt werden.

IV. Inhalt der Genehmigung

Für den Genehmigungsbescheid und den Ausweis ist ein bundeseinheitliches Formblatt zu verwenden.

V. Geltungsbereich

Die Ausnahmegenehmigungen gelten für das ganze Bundesgebiet.

Parkerleichterungen für Ärzte

I. Ärzte handeln bei einem „rechtfertigenden Notstand“ (§ 16 OWiG) nicht rechtswidrig, wenn sie die Vorschriften der StVO nicht beachten.

II. Ärzte, die häufig von dieser gesetzlichen Ausnahmeregelung Gebrauch machen müssen, erhalten von der zuständigen Landesärztekammer ein Schild mit der Aufschrift

„Arzt – Notfall –
Name des Arztes . . .
Landesärztekammer
. . . .,“

das im Falle von I gut sichtbar hinter der Windschutzscheibe anzubringen ist.“

Zu Nummer 12 **9**

Eine Ausnahmegenehmigung soll grundsätzlich erteilt werden, wenn die Betroffenen über keine eigenen Betriebshöfe oder Abstellflächen verfügen und sich solche Möglichkeiten auch nicht in zumutbarer Weise beschaffen können und wenn sich zugleich keine Parkplätze mit Abstellerlaubnis in der näheren Umgebung befinden und auch nicht geschaffen werden können.

2. Änderungen der Straßenverkehrszulassungs-Ordnung durch die VO vom 3.12.1980, BGBl. I 2231

Übersicht

Vorbemerkung

Die Verordnung vom 3. 12. 1980 änderte wiederum zehn Vorschriften der StVZO, zum Teil auch Bestimmungen, die erst durch die ÄnderungsVO vom 15. 1. 1980 betroffen waren. Die Änderungen sollen vor allem sicherstellen, daß bei der Ausbildung von Fahrerlaubnisbewerbern neben der Gefahrenlehre auch ausreichende Kenntnisse über lärmmindernde und energiesparende Fahrweise vermittelt werden.

Schwerpunkt der Verordnung vom 3. 12. 1980 ist die Ausfüllung der Ergänzung des § 2 StVG (Gesetz vom 6. 4. 1980, BGBl. I 413), soweit dort Voraussetzung für den Erwerb einer Fahrerlaubnis künftig auch der Nachweis über die Beherrschung der Grundzüge der energiesparenden Fahrweise ist (§ 11 a StVZO; amtl. Begr.).

Ein weiterer Schwerpunkt der Verordnung ist die Einfügung in § 13 Abs. 3 StVZO, die eine absolute Tilgungsfrist im Verkehrszentralregister von 5 Jahren für Ordnungswidrigkeiten vorsieht, mit Ausnahme der Zuwiderhandlungen gegen § 24 a StVG.

Muster 1 b der Anlage zur StVZO wurde als entbehrlich aufgehoben; Übergangsvorschrift hierzu: § 72 Abs. 2 StVZO.

In Art. 2 hebt die Verordnung vom 3. 12. 1980 die Gebühr für eine Fahrerlaubnisprüfung der Klasse 4 an und setzt eine Gebühr für die Prüfung der Fahrerlaubnisbewerber über die Beherrschung der Grundzüge der energiesparenden Fahrweise fest.

Die Verordnung vom 3. 12. 1980 gilt auch in Berlin (Art. 3). Die Verordnung trat grundsätzlich am 1. 1. 1981 in Kraft. Ausnahmen hiervon wurden bei den einzelnen Bestimmungen vermerkt. Die amtliche Begründung ist veröffentlicht im VkBl. 1980, 824.

§ 8

Antrag auf Erteilung der Fahrerlaubnis

(1) Der Antrag auf Erteilung der Fahrerlaubnis ist bei der zuständigen örtlichen Behörde einzureichen.

(2) Beizufügen sind

1. **ein amtlicher Nachweis über Ort und Tag der Geburt,**
2. **ein Lichtbild in der Größe 36 mm × 47 mm bis 45 mm × 60 mm, das den Antragsteller ohne Kopfbedeckung im Halbprofil zeigt,**
3. **bei einem Antrag auf Erteilung der Fahrerlaubnis der Klasse 5 die Bescheinigung einer von der zuständigen Behörde bestimmten Stelle darüber, daß der Antragsteller nachgewiesen hat, daß er**
   a) **ausreichende Kenntnisse der für den Führer eines Kraftfahrzeugs maßgebenden gesetzlichen Vorschriften und der lärmmindernden Fahrweise hat,**
   b) **mit den Gefahren des Straßenverkehrs und den zu ihrer Abwehr erforderlichen Verhaltensweisen vertraut ist und**
   c) **die Grundzüge der energiesparenden Fahrweise beherrscht.**

(3) Der Antragsteller hat die Erteilung eines Führungszeugnisses zur Vorlage bei der Verwaltungsbehörde nach den Vorschriften des Bundeszentralregistergesetzes zu beantragen.

Die VO vom 3. 12. 1980, BGBl. I 2231 faßte Abs. 2 Nr. 3 neu. Die geänderte Vorschrift **1**
tritt in Kraft am 1. 4. 1981 (Art. 4 d. VO v. 3. 12. 1980). Lärmmindernde Fahrweise: § 11 Abs. 2 Nr. 1 der Neufassung; energiesparende Fahrweise: § 11 a. Amtl. Begr.: VkBl. 80, 824.

§ 10

Ausfertigung des Führerscheins

(1) Ergeben sich keine Bedenken gegen die Eignung des Antragstellers, so hat die Verwaltungsbehörde, wenn eine Fahrerlaubnis der Klasse 5 beantragt ist, diese zu erteilen. Sie hat einen Antrag auf Erteilung der Fahrerlaubnis der Klasse 1, 2, 3 oder 4 oder auf Streichung der Beschränkung der Fahrerlaubnis der Klasse 1 auf Leichtkrafträder einem amtlich anerkannten Sachverständigen oder Prüfer für den Kraftfahrzeugverkehr zu übersenden, der prüft, ob der Antragsteller zum Führen von Kraftfahrzeugen befähigt ist (§ 11) und ob er die Grundzüge der energiesparenden Fahrweise beherrscht (§ 11 a). Ein vorbereiteter Führerschein (Muster 1) ohne Datumsangabe ist beizufügen, der vom Sachverständigen oder Prüfer nach dem Einsetzen des Aushändigungsdatums dem Antragsteller auszuhändigen ist, wenn die Prüfungen (§ 11, 11 a) bestanden werden; die Aushändigung hat der Sachverständige oder Prüfer der Verwaltungsbehörde unter Angabe des Datums der Aushändigung mitzuteilen. Ist der Antragsteller bereits im Besitz des Führerscheins für eine andere Klasse oder für eine andere Betriebsart, so kann – ausgenommen bei Führerscheinen nach Muster 1 b – die Ausfertigung eines neuen Führerscheins unterbleiben und die Erweiterung der Fahrerlaubnis in den vorhandenen Schein eingetragen werden; die Beschränkung der Fahrerlaubnis der Klasse 1 auf Leichtkrafträder kann gestrichen werden.

Bei Erweiterung der Fahrerlaubnis auf die Klasse 2 sind die §§ 8 b und 12 a anzuwenden; § 8 a ist bei Erweiterung der Fahrerlaubnis auf eine der anderen Klassen nicht anzuwenden. Bei Erweiterung der Fahrerlaubnis und bei Streichung der Beschränkung der Fahrerlaubnis der Klasse 1 auf Leichtkrafträder ist auch § 11 a nicht anzuwenden.

Wird ein neuer Schein ausgefertigt, so ist bei seiner Aushändigung der bisherige Schein einzuziehen und die Einziehung auf dem neuen Schein unter Angabe des Tages zu vermerken, an dem die Fahrerlaubnis vor der Erweiterung erteilt worden ist.

(2) Die Verwaltungsbehörde hat die von ihr vorbereiteten Führerscheine vor Übersendung an den Sachverständigen oder Prüfer in eine Liste einzutragen, deren laufende Nummer im Führerschein anzugeben ist. Über die ausgehändigten Führerscheine hat die Verwaltungsbehörde außerdem eine Kartei zu führen, die nach den Anfangsbuchstaben der Namen der Führerscheininhaber zu ordnen ist.

(3) Sprechen keine besonderen Gründe dagegen, so kann die Verwaltungsbehörde von der Prüfung nach § 11 absehen,

1. wenn der Bewerber bei einer Behörde einer im Geltungsbereich dieser Verordnung stationierten Truppe eines der nichtdeutschen Vertragsstaaten des Nordatlantikpaktes mit Erfolg eine Fahrprüfung abgelegt hat, bei der die deutschen Verkehrsvorschriften berücksichtigt worden sind,
2. wenn es sich um die Erweiterung einer vor dem 1. Dezember 1954 in der Klasse 2, 3 oder 4 erteilten Fahrerlaubnis auf die Klasse 1 handelt.

Unterbleibt die nochmalige Prüfung nach § 11, so entfällt auch die Prüfung nach § 11 a; außerdem gilt Absatz 1 Satz 1 entsprechend auch für die Fahrerlaubnis der Klassen 1, 2, 3 und 4.

(4) Für die den Angehörigen der Bundeswehr aus dienstlichen Gründen zu erteilenden Fahrerlaubnisse sind Führerscheine nach Muster 1 a auszufertigen.

1 Die VO v. 3. 12. 1980, BGBl. I 2231, brachte wesentliche Änderungen. Neu gefaßt wurde Abs. 1 Satz 2 (bislang zweiter Halbsatz des Satzes 1). Satz 3 wurde dem neu eingefügten § 11 a angepaßt. Neugefaßt ist auch Satz 4 Halbsatz 1; eingefügt wurde Satz 6. In Abs. 3, Halbsatz 1 ist Prüfung „nach § 11“ eingefügt, Satz 2 neu gefaßt worden. Die ÄndVO strich Abs. 5.

2 Der neugefaßte Satz 4 Halbsatz 1 des Absatzes 1 („Ist der Antragsteller bereits im Besitz . . .) trat am 1. 1. 1981, die übrigen Änderungen treten am 1. 4. 1981 in Kraft (Art. 4 d. VO v. 3. 12. 1980).

3 Die amtl. Begr. führt zu den vorgenommenen Änderungen aus:
„In § 10 Abs. 1 wird für den Prüfungsauftrag, den die Verwaltungsbehörde einem amtlich anerkannten Sachverständigen oder Prüfer für den Kraftfahrzeugverkehr zu erteilen hat, die Konsequenz daraus gezogen, daß künftig neben die Befähigungsprüfung eine gesonderte Prüfung zum Nachweis der Beherrschung der Grundzüge der energiesparenden Fahrweise tritt. Die Prüfung wird nur von Fahrerlaubnisbewerbern verlangt. Der neue Satz hinter Satz 5 stellt deshalb klar, daß die Prüfung dann nicht durchgeführt zu werden braucht, wenn es sich nur um einen Antrag auf Erweiterung der Fahrerlaubnis oder auf Streichung der Beschränkung der Fahrerlaubnis der Klasse 1 auf Leichtkrafträder handelt. Die übrigen Änderungen in Absatz 1 sind vornehmlich redaktioneller Art.

4 Die Änderung in Absatz 3 Satz 2 trägt dem auch sonst in dieser Verordnung (vgl. § 11 a Abs. 1 Satz 1 Halbsatz 2, § 15 c Abs. 2 Satz 2) verwirklichten Grundsatz Rechnung, daß bei einem Verzicht auf die nochmalige Befähigungsprüfung auch auf die Prüfung über die Beherrschung der Grundzüge der energiesparenden Fahrweise verzichtet wird. Die

besonderen Gründe, die es in den aufgeführten Fällen sinnvoll und vertretbar erscheinen lassen, keine erneute Befähigungsprüfung abzuhalten, sprechen auch dafür, es in diesen Fällen dem Betroffenen zu ersparen, sich lediglich wegen der Kenntnisse in energiesparender Fahrweise einem Prüfungsverfahren zu stellen.

In die Liste der Fahrerlaubnisse, für die Absatz 1 Satz 1 entsprechend gilt, wird der **5**
Vollständigkeit halber die Fahrerlaubnis der Klasse 4 aufgenommen, nachdem mit der Verordnung vom 6. November 1979 auch für die Klasse 4 eine praktische Prüfung eingeführt worden ist.

Der Streichung des Absatzes 5 liegen folgende Erwägungen zugrunde:

Das Führerscheinmuster 1b gilt für die Fahrerlaubnisklasse 5. Für diese Klasse ein **6**
eigenes Muster vorzuhalten, war sinnvoll, solange die Klasse 5 die Mopeds/Mokicks umfaßte. Dies ist seit Änderung der Einteilung der Fahrerlaubnisklassen durch die Verordnung vom 6. November 1979 nicht mehr der Fall; denn seitdem bilden die Mopeds/Mokicks die Klasse 4. Für die Kraftfahrzeuge, die nunmehr in der Klasse 5 zusammengefaßt sind, bedarf es keines besonderen Führerscheinmusters. Für sie reicht – wie das früher auch der Fall war – das übliche Führerscheinmuster 1 aus. Das Muster 1b wird daher aufgelassen (Artikel 1 Nr. 15). Folgeänderungen sind Übergangsvorschriften (Artikel 1 Nr. 12 Buchstabe b) und Änderungen am Muster 1 (Artikel 1 Nr. 14)."

§ 11

Prüfung der Befähigung des Antragstellers durch einen amtlich anerkannten Sachverständigen oder Prüfer für den Kraftfahrzeugverkehr

(1) Der Sachverständige oder Prüfer bestimmt Zeit und Ort der Prüfung. Der Prüfling hat ein Kraftfahrzeug der Betriebsart und Klasse, für die er seine Befähigung nachweisen will, für die Prüfung bereitzustellen. Das Fahrzeug muß ausreichende Sitzplätze für den Sachverständigen, den Fahrlehrer und den Prüfling bieten; das gilt nicht bei Fahrzeugen der Klasse 1 oder 4 sowie dann, wenn die Fahrerlaubnis nur für Fahrzeuge der Klasse 2 oder 3 mit nicht mehr als 2 Sitzen (z. B. nur für Zugmaschinen) erteilt werden soll. Das Prüfungsfahrzeug für Klasse 1 muß mindestens 20 kW und mindestens 150 kg Leergewicht haben. Soll die Fahrerlaubnis der Klasse 1 auf Leichtkrafträder (§ 18 Abs. 2 Nr. 4a) beschränkt werden, so muß als Prüfungsfahrzeug ein Leichtkraftrad verwendet werden.

(2) In der Prüfung hat sich der Sachverständige oder Prüfer zu überzeugen, ob der Prüfling

1. **ausreichende Kenntnisse der für den Führer eines Kraftfahrzeugs maßgebenden gesetzlichen Vorschriften und der lärmmindernden Fahrweise hat,**
2. **mit den Gefahren des Straßenverkehrs und den zu ihrer Abwehr erforderlichen Verhaltensweisen vertraut ist und**
3. **über die zur sicheren Führung eines Kraftfahrzeugs im Verkehr erforderlichen technischen Kenntnisse verfügt und zu ihrer praktischen Anwendung fähig ist.**

Bei der Prüfungsfahrt darf die reine Fahrzeit 30 Minuten nicht unterschreiten, sofern der Prüfling nicht schon vorher gezeigt hat, daß er den Anforderungen der Prüfung nicht gewachsen ist. Ein Teil der Gesamtprüfstrecke muß, ausgenommen bei Leichtkrafträdern, über Autobahnen oder Kraftfahrstraßen führen. Ist dies ohne erhebliche Überschreitung

der Mindestfahrzeit nicht möglich, so muß die Fahrprüfung Straßenzüge einschließen, auf denen eine höhere Geschwindigkeit als 60 km/h erlaubt ist. Die Prüfung zur Streichung der Beschränkung der Fahrerlaubnis der Klasse 1 auf Leichtkrafträder (§ 18 Abs. 2 Nr. 4 a) erstreckt sich nur auf den Umfang nach Nummer 3, wenn die Streichung spätestens 5 Jahre nach Erteilung der beschränkten Fahrerlaubnis beantragt wird. Hat der Bewerber die Prüfung nicht bestanden, so darf er sie wiederholen, wenn er nachweist, daß er in der Zwischenzeit gründlichen Unterricht genommen oder andere ihm von der Verwaltungsbehörde auferlegte Bedingungen erfüllt hat. Die Prüfung darf nicht vor Ablauf eines angemessenen Zeitraums (in der Regel nicht weniger als 2 Wochen) wiederholt werden.

(3) Macht der Sachverständige oder Prüfer Beobachtungen, die bei ihm Zweifel über die körperliche oder geistige Eignung des Prüflings (insbesondere Seh- oder Hörvermögen, körperliche Beweglichkeit, Nervenzustand) begründen, so hat er der Verwaltungsbehörde Mitteilung zu machen, damit sie nach § 12 verfahren kann.

(4) Nach der Prüfung sendet der Sachverständige oder Prüfer den Antrag unter Mitteilung des Prüfungsergebnisses an die Verwaltungsbehörde zurück.

1 Die VO v. 3. 12. 1980, BGBl. I 2231, ergänzte Abs. 2 Nr. 1, wonach der Prüfling künftig auch ausreichende Kenntnisse der lärmmindernden Fahrweise nachzuweisen hat. Die Ergänzung tritt am 1. 4. 1981 in Kraft.

2 § 11 ist Ausführungsbestimmung des § 2 StVG. Vgl. dazu auch § 8 Abs. 2 Nr. 3 und § 15 Abs. 2 Nr. 1 StVZO.

§ 11 a

Prüfung der Beherrschung der Grundzüge der energiesparenden Fahrweise

(1) Der Sachverständige oder Prüfer hat sich auch zu überzeugen, ob der Prüfling die Grundzüge der energiesparenden Fahrweise beherrscht. Die Prüfung soll unmittelbar im Anschluß an die theoretische Befähigungsprüfung nach § 11 stattfinden; sonst bestimmt der Sachverständige oder Prüfer Zeit und Ort der Prüfung. Das Ergebnis der Prüfung ist von dem der Befähigungsprüfung unabhängig.

(2) Nicht bestandene Prüfungen nach Absatz 1 können wiederholt werden; die einschränkenden Bestimmungen für die Wiederholung der Befähigungsprüfung in § 11 Abs. 2 gelten nicht.

(3) § 11 Abs. 3 und 4 ist anzuwenden.

1 Eingefügt durch VO v. 3. 12. 1980, BGBl. I 2231. Der frühere **§ 11 a** wird **§ 11 b** (Art. 1 Nr. 6 der VO v. 3. 12. 1980).

2 Der neu eingefügte § 11 a tritt am 1. 4. 1981 in Kraft.
Prüfungsrichtlinien für energiesparende Fahrweise: VkBl. 80, 826.

3 Die amtl. Begr. (VkBl. 80, 824) führt zur Einfügung des § 11 a aus:

§11a mit seinem neuen Inhalt – der bisherige §11a wird §11b – verdeutlicht, daß die Prüfung der Beherrschung der Grundzüge der energiesparenden Fahrweise nicht Teil der Befähigungsprüfung nach § 11 Abs. 2 Satz 1 ist, sondern neben sie tritt und von der

Befähigungsprüfung unabhängig ist. Der Fahrerlaubnisbewerber muß sowohl die eine wie die andere Prüfung bestanden haben, ehe ihm der Sachverständige oder Prüfer den Führerschein aushändigen darf.

Organisatorisch soll die neue Prüfung möglichst unmittelbar im Anschluß an die theoretische Befähigungsprüfung durchgeführt werden. Sie wird – wie diese – eine Prüfung mittels eines Fragebogens sein, der Fragen und vorgegebene Antworten enthält, von denen der Bewerber jede anzukreuzen hat, die er für richtig hält. Um eine einheitliche und gleichmäßige Handhabung der Prüfung über die Grundzüge der energiesparenden Fahrweise zu gewährleisten, wird der Bundesminister für Verkehr nach Absprache mit den zuständigen obersten Landesbehörden nähere Richtlinien über die Durchführung der Prüfung bekanntgeben.

Die Wiederholung einer nicht bestandenen Befähigungsprüfung ist nach § 11 Abs. 2 an bestimmte Voraussetzungen gebunden, u. a. auch daran, daß sie in der Regel erst frühestens nach zwei Wochen stattfinden darf. Auf solche einschränkenden Regelungen kann für die Wiederholung einer nicht bestandenen Prüfung über die Grundzüge der energiesparenden Fahrweise zu Gunsten der Bewerber verzichtet werden.“

§ 13 a

Tilgung der Eintragungen im Verkehrszentralregister

(1) Eintragungen in das Verkehrszentralregister sind nach Ablauf einer bestimmten Frist zu tilgen; dies gilt nicht für eine Entscheidung, mit der die Erteilung einer Fahrerlaubnis für immer untersagt oder das Recht, von einem ausländischen Fahrausweis Gebrauch zu machen, für immer aberkannt worden ist. Die Frist beginnt mit dem Tag des ersten Urteils und bei Strafbefehlen mit dem Tag der Unterzeichnung durch den Richter. Dieser Tag bleibt auch maßgebend, wenn eine Gesamtstrafe oder eine einheitliche Jugendstrafe gebildet oder nach § 30 Abs. 1 des Jugendgerichtsgesetzes auf Jugendstrafe erkannt wird oder eine Entscheidung im Wiederaufnahmeverfahren ergeht, die eine registerpflichtige Verurteilung enthält. Bei Entscheidungen der Gerichte oder der Staatsanwaltschaft nach § 153 a der Strafprozeßordnung beginnt die Frist mit dem Tage der Entscheidung. Bei gerichtlichen oder verwaltungsbehördlichen Bußgeldentscheidungen sowie bei anderen Verwaltungsentscheidungen beginnt die Frist mit dem Tag der Rechtskraft oder Unanfechtbarkeit der beschwerenden Entscheidung.

(2) Die Frist beträgt

1. 2 Jahre

a) bei Entscheidungen wegen einer Ordnungswidrigkeit,

b) wenn auf Erziehungsmaßregeln oder Zuchtmittel erkannt worden ist,

c) wenn eine Jugendstrafe von nicht mehr als einem Jahr nach § 21 Abs. 1 des Jugendgerichtsgesetzes zur Bewährung ausgesetzt oder bei einer solchen Strafe nach § 88 des Jugendgerichtgesetzes die Vollstreckung des Restes zur Bewährung ausgesetzt worden ist,

d) bei Entscheidungen der Gerichte oder der Staatsanwaltschaft nach § 153 a der Strafprozeßordnung,

2. 5 Jahre

a) wenn auf Geldstrafe, auf Freiheitsstrafe von nicht mehr als 3 Monaten oder auf Jugendstrafe erkannt worden ist,

b) wenn von Strafe abgesehen worden ist,

c) wenn die Untersagung der Erteilung einer Fahrerlaubnis auf Zeit oder ein Fahrverbot nach § 44 des Strafgesetzbuches angeordnet oder das Recht, von einem ausländischen Fahrausweis Gebrauch zu machen, auf Zeit aberkannt worden ist, es sei denn, daß nach der im Zusammenhang hiermit ausgesprochenen Verurteilung eine Tilgungsfrist von 10 Jahren anzusetzen ist,

d) bei Verboten, ein Fahrzeug zu führen, nach § 3,

e) bei Versagung oder Entziehung einer Fahrerlaubnis nach § 2 Abs. 1 Satz 2 oder § 4 des Straßenverkehrsgesetzes oder bei Aberkennung des Rechts, von einem ausländischen Fahrausweis Gebrauch zu machen, nach § 11 Abs. 2 der Verordnung über internationalen Kraftfahrzeugverkehr, wenn der Betroffene im Zeitpunkt der beschwerenden Entscheidung noch nicht 18 Jahre alt war,

3. 10 Jahre

in allen übrigen Fällen.

(3) Eintragungen von strafgerichtlichen Entscheidungen mit Ausnahme solcher, in denen von Strafe abgesehen worden ist oder das Gericht das Verfahren nach § 153 a Abs. 2 der Strafprozeßordnung eingestellt hat, hindern die Tilgung aller anderen gerichtlichen Entscheidungen, der Entscheidungen der Gerichte oder der Staatsanwaltschaft nach § 153 a der Strafprozeßordnung und der verwaltungsbehördlichen Entscheidungen wegen Ordnungswidrigkeiten; Eintragungen von Entscheidungen wegen Ordnungswidrigkeiten hindern die Tilgung von Entscheidungen wegen anderer Ordnungswidrigkeiten. Abweichend von Satz 1 wird die Eintragung einer Entscheidung wegen einer Ordnungswidrigkeit – ausgenommen wegen einer Ordnungswidrigkeit nach § 24 a des Straßenverkehrsgesetzes – spätestens nach Ablauf von 5 Jahren getilgt.

(4) Ohne Rücksicht auf den Lauf der Fristen werden getilgt

1. Eintragungen über Entscheidungen, wenn ihre Tilgung im Bundeszentralregister angeordnet oder wenn die Entscheidung im Wiederaufnahmeverfahren oder nach den §§ 86, 102 Abs. 2 des Gesetzes über Ordnungswidrigkeiten rechtskräftig aufgehoben wird,

2. Eintragungen, die in das Bundeszentralregister nicht aufzunehmen sind, wenn ihre Tilgung durch die nach Landesrecht zuständige Behörde angeordnet wird; die Anordnung darf nur ergehen, wenn dies zur Vermeidung ungerechtfertigter Härten erforderlich ist und öffentliche Interessen nicht gefährdet werden,

3. Eintragungen über eine Schuldfeststellung nach § 27 des Jugendgerichtsgesetzes, wenn der Schuldspruch nach § 30 Abs. 2 des Jugendgerichtsgesetzes getilgt oder nach § 31 Abs. 2, § 66 des Jugendgerichtsgesetzes in eine Entscheidung einbezogen worden ist, die in das Erziehungsregister einzutragen ist.

(5) Die Tilgung nach den Absätzen 2 bis 4 unterbleibt, solange die Erteilung einer neuen Fahrerlaubnis untersagt oder das Recht, von einem ausländischen Fahrausweis Gebrauch zu machen, aberkannt oder eine Jugendstrafe nach Absatz 1 Nr. 1 Buchstabe c noch nicht erlassen worden ist. Die Eintragung einer gerichtlichen Entscheidung, durch welche die Erteilung der Fahrerlaubnis für immer untersagt oder das Recht, von einem ausländischen Fahrausweis Gebrauch zu machen, für immer aberkannt worden ist, hindert die Tilgung anderer Eintragungen nur, wenn zugleich auf eine Strafe erkannt worden ist,

für die allein die Tilgungsfrist nach Absatz 2 oder 3 noch nicht abgelaufen wäre. Die Sätze 1 und 2 gelten nicht, wenn eine Entscheidung im Wiederaufnahmeverfahren oder nach den §§ 86, 102 Abs. 2 des Gesetzes über Ordnungswidrigkeiten rechtskräftig aufgehoben worden ist.

(6) Eintragungen von gerichtlichen Entscheidungen über die vorläufige Entziehung der Fahrerlaubnis und von anfechtbaren Entscheidungen der Verwaltungsbehörden sind zu tilgen, wenn die Entscheidungen aufgehoben werden. Wird die vorläufige Entziehung der Fahrerlaubnis nicht aufgehoben, so ist ihre Eintragung zusammen mit dem Vermerk über die rechtskräftige Entscheidung zu tilgen.

(6 a) Eintragungen von Entscheidungen der Gerichte oder der Staatsanwaltschaft nach § 153 a der Strafprozeßordnung sind zu tilgen, wenn wegen Nichterfüllung der Auflagen oder Weisungen dem Ermittlungsverfahren der Staatsanwaltschaft oder dem gerichtlichen Verfahren Fortgang gegeben worden ist.

(7) Mit der Eintragung einer beschwerenden Entscheidung sind auch die Eintragungen von nichtbeschwerenden Entscheidungen zu tilgen, die sich auf sie beziehen.

(8) Eintragungen, die zu tilgen sind, werden aus dem Verkehrszentralregister entfernt oder darin unkenntlich gemacht.

Die VO v. 3. 12. 1980, BGBl. I 2231, fügte dem Abs. 3 den letzten Satz an. Künftig **1** werden deshalb alle im Verkehrszentralregister eingetragenen Ordnungswidrigkeiten spätestens nach Ablauf von 5 Jahren getilgt, auch wenn weitere Eintragungen (Ordnungswidrigkeiten oder Straftaten) vorgenommen worden sind. Ausgenommen von dieser Tilgung wurden nur die Ordnungswidrigkeiten wegen Führung eines Kraftfahrzeuges unter Alkoholeinfluß (§ 24 a StVG). Die neue Tilgungsvorschrift trat in Kraft am 1. 1. 1981.

Die getilgten Eintragungen dürfen im Verfahren, das die Erteilung oder Entziehung **2** der Fahrerlaubnis zum Gegenstand, nicht mehr berücksichtigt werden, da insoweit eine Meldepflicht des Kraftfahrt-Bundesamtes nicht mehr besteht und § 50 Abs. 2 BZRG nicht entsprechend anwendbar ist.

Die amtl. Begr. (VkBl. 80, 824) führt aus: **4**
„Die Vorschrift durchbricht das Prinzip der gegenseitigen Tilgungshemmung durch neu hinzukommende Verstöße, indem Eintragungen über Verkehrsordnungswidrigkeiten spätestens nach 5 Jahren getilgt werden. Ausgenommen hiervon sind Ordnungswidrigkeiten nach § 24 a StVG (Führen eines Kraftfahrzeugs mit einem Blutalkoholgehalt von mindestens 0,8 Promille). Diese Ausnahme entspricht dem Regierungsentwurf eines Verkehrszentralregistergesetzes (vgl. dort § 18 Abs. 2, § 17 Nr. 1 Buchstabe a; BT-Drucks. 8/3900).

Durch die Einführung einer absoluten Tilungsfrist wird verhindert, daß durch neue Verkehrsverstöße jeweils kurz vor Eintritt der Tilgungsreife Eintragungen über weit zurückliegende Ordnungswidrigkeiten über Gebühr lange ‚mitgeschleppt werden'. Die Bundesregierung hat in der Begründung ihres Gesetzentwurfs dazu u. a. folgendes ausgeführt: ‚Dieser Zeitraum (von 5 Jahren) ist für die Eignungsbegutachtung ausreichend; ein weiteres ‚Mitschleppen' länger zurückliegender Ordnungswidrigkeiten ist unter dem Gesichtspunkt der Verhältnismäßigkeit der Mittel nicht geboten.'"

§ 14

Sonderbestimmungen für das Führen von Kraftfahrzeugen im öffentlichen Dienst

(1) Die Erlaubnis zum Führen von Kraftfahrzeugen der Bundeswehr, der Deutschen Bundesbahn, der Deutschen Bundespost, des Bundesgrenzschutzes und der Polizei, die durch deren Dienststellen erteilt wird (§ 68 Abs. 3), berechtigt, soweit sich aus § 7 nichts anderes ergibt, zum Führen aller Fahrzeuge der betreffenden Betriebsart und Klasse, gleichgültig ob es sich um Dienstfahrzeuge handelt oder nicht. Dies gilt auch für die Bescheinigung nach § 4 a. Die Erlaubnis gilt nur für die Dauer des Dienstverhältnisses; die ist auf dem Führerschein zu vermerken, wenn es sich nicht um eine Fahrerlaubnis der Bundeswehr handelt. Außerdem ist auf dem Führerschein anzugeben, ob der Inhaber eine allgemeine Fahrerlaubnis besitzt.

(2) Bei Beendigung des Dienstverhältnisses oder der Verwendung als Kraftfahrzeugführer ist der Führerschein einzuziehen. Auf Antrag ist dem Inhaber zu bescheinigen, für welche Betriebsart und Klasse von Kraftfahrzeugen ihm die Erlaubnis erteilt war.

(3) Dem Inhaber einer Fahrerlaubnis nach Absatz 1 erteilt die Verwaltungsbehörde auf Antrag eine allgemeine Fahrerlaubnis für die entsprechende Betriebsart und Klasse von Kraftfahrzeugen ohne eine nochmalige Prüfung nach § 11, wenn nicht Tatsachen vorliegen, die den Bewerber als ungeeignet zum Führen von Kraftfahrzeugen erscheinen lassen. Dasselbe gilt bei Vorlage einer Bescheinigung nach Absatz 2, wenn die Erteilung der allgemeinen Fahrerlaubnis innerhalb von 2 Jahren nach dem Ausscheiden aus dem Kraftfahrdienst beantragt wird. Die §§ 8 a, 8 b und 11 a sind nicht anzuwenden.

(4) In den Fällen des Absatzes 3 Satz 1 teilt die Verwaltungsbehörde der Stelle, die den Vermerk nach Absatz 1 letzter Satz anzubringen hat, die Gewährung der allgemeinen Fahrerlaubnis unverzüglich mit.

1 Die VO v. 3. 12. 1980, BGBl. I 2231, paßte lediglich den letzten Satz des Absatzes 3 dem neu eingefügten § 11 a an. In Kraft ab 1. 4. 1981.

2 Die Einfügung des § 11 a soll lediglich verdeutlichen, daß bei „Umschreibung“ von Führerscheinen der Sonderverwaltungen und von DDR-Führerscheinen keine Prüfung in energiesparender Fahrweise zu erfolgen braucht (amtl. Begr.: VkBl. 80, 824).

§ 14 a

Sonderbestimmungen für Inhaber einer DDR-Fahrerlaubnis

(1) Dem Inhaber einer nach den Rechtsvorschriften der Deutschen Demokratischen Republik erteilten Fahrerlaubnis ist die Fahrerlaubnis für die entsprechende Klasse von Kraftfahrzeugen zu erteilen, wenn keine Bedenken gegen seine Eignung bestehen und er seinen Wohnsitz im Geltungsbereich dieser Verordnung hat. Die §§ 8 a, 8 b und 11 a sind nicht anzuwenden.

(2) Unbeschadet der Vorschriften des Vertrages zwischen der Bundesrepublik Deutschland und der Deutschen Demokratischen Republik über Fragen des Verkehrs vom 26. Mai 1972 (Bundesgesetzbl. II S. 1449) berechtigt die nach den Rechtsvorschriften der Deutschen Demokratischen Republik erteilte Fahrerlaubnis bis zur Erteilung der

Fahrerlaubnis nach Absatz 1 auch im Geltungsbereich dieser Verordnung zum Führen von Kraftfahrzeugen der entsprechenden Klasse, längstens jedoch ein Jahr vom Tage des Grenzübertritts an.

Die VO v. 3. 12. 1980, BGBl. I 2231, paßte den letzten Satz des Absatzes 1 dem neu eingefügten § 11 a an. Die Änderung tritt in Kraft am 1. 4. 1981. 1

Vgl. Rdn. 2 zu § 14 StVZO. 2

§ 15

Sonderbestimmungen für Inhaber einer ausländischen Fahrerlaubnis

(1) Dem Inhaber einer ausländischen Fahrerlaubnis ist die deutsche Fahrerlaubnis für die entsprechende Klasse von Kraftfahrzeugen zu erteilen, wenn

1. keine Bedenken gegen seine Eignung bestehen,

2. er seinen Wohnsitz im Inland hat,

3. er sich seit einem Jahr überwiegend im Inland aufgehalten hat,

4. er während dieser Zeit ein Kraftfahrzeug der beantragten Fahrerlaubnisklasse geführt hat.
Die §§ 8 a und 8 b sind nicht anzuwenden.

(2) Erfüllt der Antragsteller die Voraussetzungen des Absatzes 1 Nr. 2 bis 4 nicht, so ist die Fahrerlaubnis zu erteilen, wenn er in einer Prüfung nachweist, daß er

1. ausreichende Kenntnisse der für den Führer eines Kraftfahrzeugs maßgebenden gesetzlichen Vorschriften und der lärmmindernden Fahrweise hat,

2. mit den Gefahren des Straßenverkehrs und den zu ihrer Abwehr erforderlichen Verhaltensweisen vertraut ist und

3. die Grundzüge der energiesparenden Fahrweise beherrscht.

Durch die VO v. 3. 12. 1980, BGBl. I 2231, wurde Abs. 2 neu gefaßt und damit dem § 8 Abs. 2 Nr.3 angepaßt. Die Änderung tritt in Kraft am 1. 4. 1981. 1

Die amtl. Begr. (VkBl. 80, 824) führt zur Änderung aus:

„Hat der Inhaber einer ausländischen Fahrerlaubnis bei ‚Umschreibung' seines Führerscheins in eine deutsche Fahrerlaubnis aus den besonderen Gründen des § 15 Abs. 2 eine Prüfung abzulegen, so soll er dann auch nachweisen müssen, daß er die Grundzüge der energiesparenden Fahrweise beherrscht. Eine Gleichsetzung mit den Inhabern einer deutschen Fahrerlaubnis, d. h. grundsätzlich der Verzicht auf die Prüfung in energiesparender Fahrweise, ist nicht angebracht. Die besondere Betonung der lärmmindernden Fahrweise als Gegenstand der theoretischen Befähigungsprüfung beruht auf den im allgemeinen Teil genannten Gründen." 2

§ 15 c

Erteilung einer neuen Fahrerlaubnis

(1) Für die Neuerteilung einer Fahrerlaubnis nach vorangegangener Entziehung gelten die Vorschriften für die Ersterteilung.

(2) Die Verwaltungsbehörde kann auf eine Fahrerlaubnisprüfung verzichten, wenn keine Tatsachen vorliegen, die die Annahme rechtfertigen, daß der Bewerber die nach § 11 Abs. 2 Satz 1 erforderlichen Kenntnisse und Fähigkeiten nicht mehr besitzt. Unterbleibt die Prüfung nach § 11, so entfällt auch die Prüfung nach § 11 a; außerdem gilt § 10 Abs. 1 Satz 1 entsprechend auch für Fahrerlaubnisse der Klasse 1, 2, 3 oder 4. Ein Verzicht auf die Prüfungen ist nicht zulässig, wenn seit der Entziehung oder der vorläufigen Entziehung oder der Beschlagnahme des Führerscheins oder einer sonstigen Maßnahme nach § 94 der Strafprozeßordnung mehr als 2 Jahre verstrichen sind.

(3) War die Fahrerlaubnis entzogen worden, weil der Bewerber wiederholt gegen verkehrsrechtliche Vorschriften oder Strafgesetze verstoßen hatte, so hat die Verwaltungsbehörde unbeschadet der Bestimmungen des § 12 vor der Neuerteilung der Fahrerlaubnis in der Regel die Beibringung eines Gutachtens einer amtlich anerkannten medizinisch-psychologischen Untersuchungsstelle anzuordnen. Dies gilt auch, wenn die Fahrerlaubnis wiederholt entzogen worden war.

1 Die VO v. 3. 12. 1980, BGBl. I 2231, faßte Abs. 2 Satz 2 neu und ersetzte in Satz 3 das Wort „Prüfung“ durch das Wort „Prüfungen“. Die Änderung war erforderlich durch die Einfügung des § 11 a. Sie tritt am 1. 4. 1981 in Kraft.

Vgl. amtl. Begr. zur Änderung zu § 10 Abs. 3 StVZO (Rdn. 4 zu § 10 StVZO).

§ 72

Inkrafttreten und Übergangsbestimmungen

1. a) Die Übergangsbestimmungen zu Muster 1 wird wie folgt geändert:

aa) Der bisherige Wortlaut wird Absatz 1.

bb) Folgender Absatz 2 wird angefügt:

„(2) Führerscheinvordrucke, die dem Muster 1 in der vor dem 1. Januar 1981 geltenden Fassung entsprechen, dürfen bis zum 31. Dezember 1981 aufgebraucht werden. Führerscheine, die bis zu diesem Tage ausgefertigt worden sind, bleiben gültig.“

b) Nach der Übergangsbestimmung zu Muster 1 a wird folgende Übergangsbestimmung eingefügt:

„Muster 1 b (ehemals Führerschein Klasse 5)

Führerscheinvordrucke, die dem Muster 1 b in der vor dem 1. Januar 1981 geltenden Fassung entsprechen, dürfen bis zum 31. Dezember 1981 aufgebraucht werden. Führerscheine, die bis zu diesem Tage ausgefertigt worden sind, bleiben gültig.“

2. Die Überschrift zu den Mustern 1 bis 1 e erhält folgende Fassung:

„Muster 1, 1a, 1c, 1e.“

3. Muster 1 Seite 2 erhält die aus der Anlage ersichtliche Fassung.

4. Das Muster 1b wird aufgehoben.

Geändert durch die VO v. 3. 12. 1980, BGBl. I 2231. 1

Die amtl. Begr. (VkBl. 80, 824) führt u. a. aus: 2

„Es handelt sich um notwendige Änderungen wegen der Streichung des Führerscheinmusters 1b. Außerdem wird die Seite 2 des Musters 1 neu gestaltet, um in der Praxis aufgetretene Zweifel auszuräumen, wie diese Seite nach den durch die Verordnung vom 6. November 1979 vorgenommenen Textstreichungen drucktechnisch zu gestalten ist.“

MIX
Papier | Fördert gute Waldnutzung
FSC® C083411

Zeitfracht Medien GmbH
Ferdinand-Jühlke-Straße 7
99095 Erfurt, Deutschland
produktsicherheit@kolibri360.de